화엄이란 무엇인가

화엄이란
무엇인가

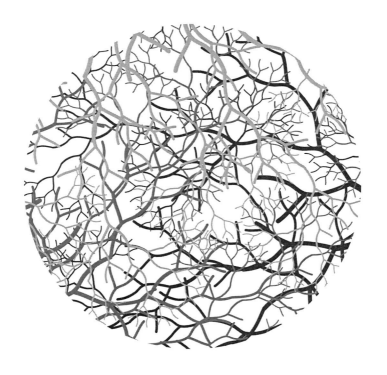

다케무라 마키오 저

조배균 역

씨
아이
알

일러두기

이 책은 竹村牧男, 『華厳とは何か』新装版(東京: 春秋社, 2017)을 번역한 것이다.

본문 [ ] 안의 내용은 원저 본문( ) 안의 내용을 번역한 것이다.

각주는 대부분 이 책의 기초가 된 竹村牧男, 『ブッダの宇宙を語る: 華厳の思想』(東京: NHK 出版, 2002)에 있는 해설 내용을 옮긴 것이고, 여기에 역자가 몇 가지를 추가했다.

Contents

Part 03

Part

01

1 화엄의 세계로

『화엄경』과 화엄종

겨울에서 봄으로 햇살이 부드러운 따뜻한 계절이 되면, 제가 사는 츠쿠바는 초봄부터 차례로 꽃이 피어납니다. 주목, 유채꽃, 개나리, 벚꽃, 산딸나무, 진달래 등의 각종 초목이 봄의 진행과 함께 꽃을 피웁니다. 츠쿠바의 일 년 가운데 가장 아름답고 즐거운 계절입니다. 그건 일본 어디서든 마찬가지입니다.

꽃이 국토를 장식합니다. 그것을 제목으로 하는 불교 경전이 있습니다. 이름은 잘 알려졌다고 생각하지만, 『화엄경(華嚴經)』이라는 경전입니다. '엄(嚴)'은 장엄의 엄으로 장식한다는 의미입니다.

『화엄경』은 초기대승불교의 대표적인 경전 중 하나입니다. 상세히는 『대방광불화엄경(大方廣佛華嚴經)』이라고 합니다. 원제는 티베트어역에 의하면 『Buddha · avataṃsaka nāma mahā · vaipulya · sutra』입니다.

'『불화엄(佛華嚴)』이라는 대방광경전(大方廣經典)'의 의미입니다.

'mahā'는 위대한 'vaipulya'는 광대하다는 것으로 모두 위대한 대승경전을 의미합니다. 'buddha'는 깨달은 사람에 관한 것이지만, 물론 부처에 관한 것입니다. 'avataṃsaka'는 화만(華鬘) 곧 꽃장식이라는 의미이며, 'Buddha-avataṃsaka'는 부처의 모임이라는 의미가 됩니다.

그러나 화엄종(華嚴宗)에서는 화엄의 원어를 'gaṇḍa·vyūha'라고 봅니다. 'gaṇḍa·vyūha'라는 말의 의미는 상당히 어려워서 '모든 계절에 있어서 시현(示現)한다'의 뜻 같지만, 이 'gaṇḍa·vyūha'라는 말도 중국에서는 'gaṇḍa'는 잡화(雜華), 'vyūha'는 엄식(嚴飾)으로, 화엄(華嚴)을 의미한다고 취한 것입니다. 실제 인도에서도 『화엄경』의 전체를 『Gaṇḍa·vyūha』로 본 사례도 있습니다.

당나라 시대에 화엄종을 집대성한 현수대사(賢首大師) 법장(法藏)* 의 『화엄경』에 대한 주석서 『화엄경탐현기(華嚴經探玄記)』(이하 『탐현기』)에서는 이 '불화엄(佛華嚴)'이라는 말에 대해서,

불(佛)이란 결과가 원만해 깨달음이 가득한 것을 말한다. 화

---

* 현수대사(賢首大師) 법장(法藏): 643-712년. 중국 화엄종의 제3조. 당나라 시대 장안에서 태어나서 재가의 몸으로 지엄(智儼)에게 사사(師事)하여 화엄을 연구한다. 28세에 출가하여 측천무후(則天武后)의 귀의를 받고, 실차난타(實叉難陀), 현장(玄奘), 의정(義淨) 등의 역경을 도왔다. 『화엄경탐현기(華嚴經探玄記)』, 『화엄오교장(華嚴五教章)』, 『기신론의기(起信論義記)』, 『화엄경전기(華嚴經傳記)』 등의 저서가 있다.

(華)란 만행(萬行)을 열어서 펼친 것에 비유한다. 엄(嚴)이란 이
것의 본체를 장식하는 것에 비유한다.

라고 합니다.

『화엄경』의 교주(敎主)는 비로자나불(毘盧遮那佛)이라고 합니다. 이
부처는 본원(本願)을 근본으로 해서 온갖 만행(漫行)을 수행하여, 그 하
나하나의 행을 완성하고 마침내 부처가 되었습니다. 그 만행의 공덕으
로 장엄된 부처, 그것을 다양한 꽃으로 장식한 부처로 나타내고, 그 부처
의 세계를 설명하는 것이『화엄경』입니다. 부처의 세계를 밝힌다는 일
가운데는 과보로서의 부처뿐 아니라, 그 과보를 실현한 다양한 수행[萬
行]을 말하고, 그 근원에 있는 본원을 말합니다. 한편 그 부처의 국토에서
현재 수행하는 다양한 수행자의 모습을 말하기도 합니다. 불과(佛果)를
실현한 바에서 보면, 수행 기간의 만행(萬行) 하나하나도, 부처 그 자체
입니다.

『탐현기(探玄記)』에 의하면, 법장과 교류했던 인도의 승려 일조삼장
(日照三藏)은 "서쪽 나라에는 vyūha라는 공양을 위한 불교의식 용구가 있
다. 그 형태는 육중(六重)으로, 아래가 넓고 위가 좁게 되어 있다. 꽃 형태
의 보옥(寶玉)[華宝]으로 장식되어 있고, 각 겹의 안에 모두 불상(佛像)이
안치되어 있다."라고 말했습니다. 육중이란 보살 수행의 계위를 나타냅
니다. 그 전체가 부처인 것입니다.

앞에서 기술했듯이 옛날부터 화엄은 '잡화엄식(雜華嚴飾)'이라고 하

며, 부처의 세계는 봄의 다양한 꽃들이 일제히 핀 화원(花園)처럼 다양하고 훌륭한 수행의 공덕에 의해서 장엄되고, 그 수행과 과보의 전체를 설한 것이 『화엄경』이라고 해석되어왔습니다.

『화엄경』이 오늘날처럼 전체로서 정리된 것은 4세기 중엽에 이르러서이고, 장소는 특정할 수 없습니다. 어떤 설에서는 서역(西域)의 코탄(Khotan) 근처일 것이라고 합니다. 다만 그 가운데의 「십지품(十地品)」은 이미 『십지경(十地經)』으로 독립해서 사용되어왔고, 「보왕여래성기품(寶王如來性起品)」, 「입법계품(入法界品)」도 일찍부터 독립된 경전으로 사용되어왔습니다. 『십지경』이나 「입법계품」은 산스크리트어 원전이 남아 있지만, 『화엄경』 전체로서의 산스크리트어본은 없습니다.

중국에서는 전체가 번역된 적이 두 번 있었습니다. 한 번은 동진(東晋) 시대에 불타발타라(佛馱跋陀羅)가 번역한 것으로, 『육십화엄(六十華嚴)』이라고 부르는 전체 60권의 것입니다. 또 한 번은 당나라 시대에 실차난타(實叉難陀)가 번역한 것으로, 『팔십화엄(八十華嚴)』이라고 부르는 전체 80권의 것입니다. 그 외에 같은 당나라 시대에 반야 삼장(般若三藏)이 번역한 『사십화엄(四十華嚴)』이라고 부르는 전체 40권의 것도 있습니다. 이것은 「입법계품」에 해당하는 부분일 뿐입니다.

또한 티베트어역도 있습니다. 지나미트라(Jinamitra), 서렌드라보디(Surrendrabodhi) 등이 번역한 것으로 9세기 말 무렵의 번역입니다.

『화엄경』의 내용은 이후에 전체를 대강 살펴보려고 하지만, 대체로 대승경전은 비유나 상징, 이야기 등을 구사하여 만듭니다. 『화엄경』도

예외는 아니어서 그 환상적이고 신비한 광경의 서술은 다른 경전을 압도합니다. 하나의 장대한 신화적 가극인 판타지의 세계라고도 말할 수 있지만, 얼마 지나지 않아 중국에서는 그 가운데에 포함된 사상을 논리적으로 정리하고, 체계적으로 조직해서 화엄의 철학·사상이 형성되고, 화엄종이 성립되었습니다.

화엄종은 전통적으로는 두순(杜順) − 지엄(智儼) − 법장(法藏) − 징관(澄觀) − 종밀(宗密)로 상승(相承)되었다고 하지만, 사실상 화엄사상을 엮어낸 사람은 지엄입니다. 지엄의 업적을 받아들여 그것을 정리·집대성해 화엄종의 교리를 확립한 사람이 법장입니다. 법장은『탐현기』,『화엄오교장(華嚴五教章)』(이하『오교장』) 등을 지어서 화엄종의 사상을 분명히 합니다.

일본에서는 나라 시대의 불교인 남도육종(南都六宗) 가운데에 화엄종이 있습니다. 그것은 나라의 대불(大佛)로 유명한 도다이지(東大寺)에서 연구되었습니다. 그 시작은 료벤(良弁)이 신라 출신의 심상(審祥)에게 청하여 긴쇼산지(金鐘山寺)에서『화엄경』을 강의해준 사실에 있다고 합니다. 심상은 법장에게 직접 가서 배운 사람이므로, 일본의 화엄종은 두순 − 지엄 − 법장 − 심상 − 료벤이라는 차례라고 할 수 있습니다.

심상이『화엄경』육십권본을『탐현기』에 의거해 강의한 것이 740년(天平 12)으로, 이듬해 쇼무천황(聖武天皇)은 훗날 도다이지를 총국분사(總國分寺)로 하는 국분사(國分寺) 제도를 펴고, 거기에『화엄경』의 교주인 비로자나불상의 건립을 발원했습니다. 그리고 마침내 752년(天平勝

寶 4) 4월에 대불(大佛)의 개안(開眼) 대공양이 개최되었는데, 그것은 대단히 성대한 의식이었다고 합니다. 덧붙여 2002년(平成4)은 도다이지의 대불개안 1250년에 해당합니다.

이러한 일본의 불교와 국가 형성의 동향은 당시 동아시아의 동향과 밀접하게 관련됩니다. 도다이지의 대불은 중국의 낙양(洛陽)·용문석굴(龍門石窟) 봉선사(奉先寺)의 노사나불상(盧舍那佛像)[675년 완성]에서 본보기를 취한 것입니다. 그 배경에는 더욱더 멀리 미얀마의 대불(大佛)[4-6세기경 제작]도 있었습니다.

이 책에서는 이제부터『화엄경』과 화엄종의 사상에 대한 여러 가지를 소개하고, 그 의미·의의에 대해서 생각해가고자 합니다.

무한한 관계성의 세계

『화엄경』에는 물론 다양한 사상을 설합니다. 유심사상(唯心思想)도, 여래장사상(如來藏思想)도, 무자성(無自性)·공(空)*의 사상도 모두 있습니다.『화엄경』에 기초한 화엄종의 사상도 자연히 다양합니다.

그러나 그 가운데 굳이 '화엄사상의 핵심은 무엇인가'라고 한다면, 그것은 아마 '일즉일체(一卽一切)·일체즉일(一切卽一)', '일입일체(一入

---

* 무자성(無自性)·공(空): 모든 것은 인연에 의해 발생하므로 고유한 실체를 지니지 않는다는 것.

一切)・일체입일(一切入一)'이라는 말로 이야기하는 아찔할 듯한 관계성의 세계, 이른바 중중무진(衆衆無盡)한 연기(緣起)의 세계를 설하는 일에 있을 것입니다.

『화엄경』은 곳곳에서 이 사실을 일상의 의식을 뒤흔드는 것과 같은 화려한 묘사로써 설합니다. 예컨대 보현보살이 여러 보살 대중에게 비로자나불의 세계에 대해서 설하는 게송 가운데에는 다음과 같은 표현이 있습니다.

하나의 털구멍 속에
한없는 부처국토가
깨끗한 모습으로
널찍하게 안주하네.

그 모든 곳마다
노사나불은
대중의 바다에 오셔서
바른 법을 연설하시네.

하나의 티끌 속에
모든 티끌 숫자와 같은
미세한 국토가
모조리 머무네.

모든 세계의
갖가지 형상을
부처님은 모조리 그 속에서
존귀한 가르침으로 설하시네.

이것은 넓은 서원
자재한 힘이어서
하나하나의 티끌 속에
모든 국토를 드러내네.

예를 들면 환상과 같이 변화하고
또한 허공과도 같나니
갖가지 심업(心業)의 힘에서
장엄하는 바이네.

하나하나의 티끌 속에
중생들의 수와 같은
다양한 화불(化佛)의 위신력도
또한 자유자재하시네.

티끌 속에서
부처 국토에 잘 머무시고
노사나불의
법을 드러내신 일은 이와 같네.

여기에 "하나의 털구멍 속에 한없는 부처국토가" 안주하고, "하나의 티끌 속에 모든 티끌 숫자와 같은 [막대한 수의] 미세한 국토가 모조리 머무네" 등이 있습니다. 가장 미세한 것 속에 온 우주를 담는다는 상태입니다.

또한 마지막의 「입법계품」에서는 보현보살의 다음과 같은 게송이 있습니다.

하나하나의 털구멍 속에
널리 여래의 바다를 나타내 보이시고
부처님은 여래의 자리에 머무시며
보살대중에게 둘러싸여 계시네.

하나하나의 털구멍 속에
한량없는 제불해(諸佛海)에 오시어
각각 도량의 연화좌에 앉으셔서
깨끗하고 미묘한 법륜을 굴리시네.

하나하나의 털구멍 속에
모든 국토의 티끌 수와 같은 부처님이
결가부좌하시고
보현행을 연설하시네.

부처님은 하나의 국토에 앉으셔

시방 세계에 충만하시고
무궁무진한 보살들은
구름처럼 부처님께로 모여 오네.

한량없는 수억의 불국토에
티끌 숫자와 같은 보살이 운집해서
여래를 둘러싸고
여러 가지 법계를 말하네.

모두 보현행에 머물고
전부 법계에 노닐고
널리 모든 국토를 나타내며
다 같이 제불대회(諸佛大會)에 들어가네.

　　여기서는 하나의 털구멍에 한량없이 파고 들어감과 동시에 한 사람
의 부처는 시방세계에 충만하다는 사실을 말합니다. 바로 '일즉일체·
일체즉일', '일입일체·일체입일'의 상징적인 표현입니다.
　　이와 같은 경전의 서술을 보면, 저는 문득 료칸(良寬)의 다음 노래가
생각납니다.

가랑눈 속에 서 있는 삼천대천세계
또 그 속에 가랑눈 내리네.

앞에서도 말했듯이 『화엄경』에는 이와 같은 광경의 묘사를 무릇 도처에서 설합니다.

화엄종에서는 이들 경전의 상징적인 표현 등을 기초로 하면서, 거기에 있는 논리구조를 분석·정리해서 몇 가지의 교리로 묶어냅니다. 뒤에서 자세히 소개할 예정이지만, 예를 들면 사사무애법계(事事無礙法界)[사물과 사물이 걸림 없이 융합되고 있는 세계]의 설과, 십현연기무애법문(十玄緣起無礙法門)[일즉일체·일체즉일 등을 열 가지 관점에서 이야기한다], 육상원융의(六相圓融義)[전체와 부분, 부분과 부분 등의 상호포섭 관계를 여섯 가지 관점에서 이야기한다] 등의 사상을 주창합니다. 이들은 모두 끝없는 관계성의 세계, 중중무진의 연기구조를 설명하는 것입니다.

이러한 화엄사상의 핵심은 이 무한한 관계성을 보는 일, 그 속에서 자기 자신을 깨달아 아는 일에 있다고 생각합니다.

법장은 불교 각 종파의 전부를 10가지 입장으로 나누어보는 십종판(十宗判)의 교리에서 화엄의 입장을 '원명구덕종(圓明具德宗)'으로 부릅니다. 『오교장』에서는 이 원명구덕종에 대해서,

> 별교일승(別教一乘)의 주도하는 것과 수반하는 것이 완전하게 갖추어져(主伴具足), 다함없이 자재하게(無盡自在) 나타난 법문과 같은 것이다.

라고 합니다. 갑과 을이 관계하고 있을 때, 갑이 주(主)가 되면 을은 반(伴)이 됩니다. 을이 주도하면 갑은 수반하게 됩니다. 관계를 관계 전체로서 받아내는 앎의 입장에서는 그 쌍방의 견지가 동시에 가능합니다.

예를 들어 교사가 있기 때문에 학생이 학생일 수 있습니다. 그러나 학생이 있기 때문에 교사도 교사라고 할 것입니다. 관계하는 것의 사이에는 결코 한 방향만이 아니라 이와 같은 존재방식이 성립하고 있다면, 관계는 단순히 쌍방향적일 뿐만 아니라 소위 다방향적·전방향적으로 성립할 것입니다. 자연히 바로 무진자재하다는 것이 되지만, 이것을 설한 가르침이야말로 가장 완전한 가르침[圓敎]이라는 셈입니다. 한마디로 말하면 중중무진의 연기를 설한 가르침, 그것이 화엄사상의 핵심이라고 할 수 있습니다.

또한 이 관계성은 단순히 공간적일 뿐만 아니라 시간적으로도 성립합니다. 과거는 미래에 관계하고, 미래는 과거에 관계하는 것입니다. 그래서 이 관계성은 움직이거나 변화하는 모습에서 다이내믹(dynamic)한 움직임으로 볼 수 있어야 합니다.

현대사회의 모습들

그렇다면 그 사상은 오늘날 어떤 의미를 가진다고 할 수 있을까요? 저는 오늘날 상황에서 이 사상은 매우 중요한 의미를 가지는 것이 아닐까 하고 생각합니다. 왜냐하면 현대는 다양한 차원에서 본래 존재하는 관계가 상실되거나 혹은 훼손되고 있는 이른바 관계가 단절된 시대이기 때문입니다. 이제 이것을 세 가지 국면, 즉 '자기와 자연', '자기와 타자[사회(社會)]', '자기와 성스러운 것'이라는 세 가지 국면에서 검토해봅시다.

일찍이 인간은 자연 속에 녹아들어서 자연과 함께 살아왔습니다. 특히 일본인은 사계절의 변화를 민감하게 느끼면서, 자연과 조화를 꾀하는 생활을 보내왔다고 생각합니다. 청경우독(晴耕雨讀)이라는 말은 바로 그러한 본연의 자세를 이야기합니다. 봄은 들에 나가서 논밭을 갈고, 여름은 일찍 일어나 들일하고, 저녁때의 선들바람을 쐬고, 가을은 풍성한 결실을 수확합니다. 겨울은 동면하는 것처럼 집에 틀어박혀 부지런히 손끝으로 일합니다. 봄은 꽃을 보고, 가을은 붉은 잎을 감상하고, 꽃 보고 한잔, 눈 보고 한잔으로 자연을 즐겼습니다.

그러나 오늘날 공업화·도시화가 이루어지며 생활양식도 완전히 변해 사람들은 냉난방이 좋은 빌딩 안에서 일을 하고, 밤에도 휘황찬란하게 전기를 켜고, 텔레비전 등의 기계를 상대로 시간을 보냅니다. 거리의 길은 포장되고, 빌딩이 죽 늘어서고, 흙과 초록은 사라져 도저히 자연의 품에 안길 듯한 감각은 가질 수 없습니다.

의식주를 생각해도 옷은 기계로 대량생산한 것이 대부분이고, 머무는 집도 자연의 소재는 감소하고 공장에서 만든 것을 옮겨서 짓는 일이 많아집니다. 결국 우리를 둘러싼 환경은 완전히 인위적·인공적인 것이 되고 있습니다. 더구나 IT혁명으로 불리는 이 시대에서 우리는 마치 컴퓨터의 거대한 네트워크 속에 산다고 해도 과언이 아닐 정도입니다.

그러나 인간은 본래 자연에서 만들어진 생물이기 때문에 지나치게 인공적·기계적인 환경 속에 놓아두면, 본래의 자연, 생생한 자연을 절실히 그리워합니다. 자연과 단절되어버린 현대인은 때때로 그 연결의 회복을 찾아 산을 거닐러 가거나 알려지지 않은 온천을 방문하거나 혹은 일상생활 속에서 있는 힘을 다해서 자연의 소재를 도입하려고 합니다. 그러나 기본적으로 우리의 일상생활은 너무도 자연에서 멀리 떨어진 방향으로 진행되고 있어서, 거기에 현대인이 안고 있는 상당히 근본적인 왜곡이 있습니다.

또한 오늘날에는 사람과 사람의 연계나 사회적 관계도 아주 분단되어버렸습니다. 예전 농촌 공동체에서는 마을 사람들이 일체가 되어서 일을 하고, 서로 도우며, 모두가 서로의 일을 잘 알고 있어서 하나의 유기적인 공동체가 존재했습니다. 사람과 사람의 관계는 맞대면(face to face)하는 전인격적인 것이었습니다.

그러나 공업화·도시화의 흐름 속에서 예전부터 내려온 공동체는 점차 파괴되어가고, 도시에서는 고독한 군중이 방황하게 되었습니다. 가치관은 분산·확산되고, 사람들은 서로의 이해가 공통되는 동안만 결합되어서 전인격적이기보다는 부분적으로 밖에 교제하지 않게 되어버렸습니다. 뿐만 아니라 오늘날의 사회는 명백히 경쟁사회입니다. 근대화의 물결 속에서도 일본 사회에서는 일본의 독자적 연공서열·종신고

용제가 살아 있었지만, 오늘날에는 완전히 실력주의가 되어서 업적 등의 경쟁에서 이기지 않으면 살 수 없는 시대입니다.

또한 개인 존중은 대단히 중요한 일이지만, 때때로 너무 지나치면 반드시 좋은 인간관계를 형성한다고만은 할 수 없고, 바람직한 인간관계를 훼손하는 사례도 적지 않습니다. 이제 우리는 깊고 풍부한 인간관계를 유지하면서 자아실현을 해가는 일이 더욱 어려워지고 있는지도 모릅니다.

'성스러운 것'의 상실

또한 사람들은 '성스러운 것'을 잃어갑니다. 일본에서 성스러운 것은 구체적으로 신불(神佛)을 말하지만, 오늘날 과학적 세계관이 크게 침투해서 예전처럼 신불과 어울리면서 사는 생활은 멀어져버렸습니다. 가미다나(神棚)*나 불단(佛壇)은 핵가족화된 가정에서 모시는 일이 적고, 있어도 일상생활의 기점이 되는 일은 적은 듯합니다. 선조 대대의 위패를 모신 절과의 관계는 일이 있을 때 이외에는 소원하고, 지역의 수호신은 축제 때나 약간의 통과의례(通過儀禮)[신사참배, 아이들 성장 축하 행사 등] 때에만 의식되는 정도입니다.

---

* 가미다나(神棚): 집 안에 신(神)을 모셔놓은 감실(龕室).

예전에는 교육·복지·예술 등등에 깊이 관여했던 종교가 근대화·합리화된 오늘날의 사회에서는 이들 영역에서 손을 뗄 수밖에 없어서, 종교는 바야흐로 종교의 영역만으로 봉쇄되어왔습니다. 그 종교 자체가 사람들의 신앙을 얻지 못하고 있습니다. 실은 최근에는 과학적 사고의 한계가 의식되어서 비합리적인 것, 신비적인 것에 대한 동경이 오히려 높아지고 있지만, 그것은 명료한 초점을 맺고 있지 못합니다.

성스러운 것은 일본의 전통문화를 볼 때, 반드시 신불과 같은 종교적 존재만으로 제한되지 않는 것 같습니다. 예를 들어 일본의 집은 지극히 정신적·영성적인 요소를 가지고 있다고 생각합니다. 현관(玄關)이라는 말은 무엇인가 심오한 것으로의 입구를 보여줍니다. 중심이 되는 방에는 정신성이 높은 글을 편액으로 걸거나 도코노마*가 있고, 산수화나 선승의 글씨 등의 족자가 걸려 있기도 합니다. 산수는 단순한 자연의 모사가 아니라 "오늘의 산수는 고불(古佛)의 도가 현성한 것이다."**라고 하듯이 깨달은 경지의 표현, 적어도 속세의 티끌을 벗어난 청정한 경지의 표현일 것입니다. 마당이 비록 좁아도 수목에 돌 등을 정교하게 짜서 깨달은 경지·청정한 경지를 나타내는 심산유곡의 정취를 비춥니다. 그와 같이 지극히 보통의 가정에서도 성스러운 것과의 접점은 다양하게 준비되어 있었습니다. 그 속에서 자라는 것으로 일본인은 인간으로서의 수양을 위해서 혼을 닦았습니다.

---

* 　도코노마(床の間): 방의 윗자리에 바닥을 한층 높게 만든 곳.
** 　道元, 『正法眼藏』, 「山水經」.

그러나 오늘날의 집은 쾌적한 생활에 대한 배려만이 우선시되고, 성스러운 것에 대한 관심을 배제하고 있습니다. 새로 만든 거리도 마찬가지입니다. 제가 사는 인공적으로 만든 도시 츠쿠바에 츠쿠바센터라는 장소가 있지만, 공간적인 중심일 뿐 정신적·문화적인 중심으로는 느껴지지 않습니다. 물론 성스러운 것으로의 통로 같은 것은 찾을 수가 없는 실정입니다.

　　이상으로 그저 조금 생각을 돌렸을 뿐이지만, '자기와 자연', '자기와 타자[사회]', '자기와 성스러운 것' 그 모든 장면에서 전에는 풍부하게 존재하던 관계가 단절되고 있습니다. 그것이 현대사회에 살아가는 사람들의 현실입니다. 그러나 원래 인간은 자기 혼자서만 살아갈 수 없습니다. 대자연 속에서 태어나 다른 사람들과 서로 의지하고 사는 동시에 또한 자기를 넘어선 무언가 보이지 않는 힘에 기초해 살아갑니다. 자기의 생명을 움직이는 일은 단순한 자아의식을 넘어선 곳에서부터일 것입니다. 그런데도 현대인은 이성에 대한 신뢰에 기초한 개아의식(個我意識)을 비대화하고, 더구나 경쟁사회 속에서 농락당하여 성스런 것에 대한 시선도 잃어갑니다. 모든 국면에서 본래 있는 바의 혹은 있어야 할 바의 풍부한 관계를 잃고서 고독과 불안이 깊어지고 있습니다.

과학적 세계관과 관계주의적 세계관

그렇다면 이른바 이런 인간 생명의 위기적인 상황에서 우리는 어떻게 하면 좋을까요? 말할 필요도 없이 중요한 일은 잃어버리고, 끊기고 말았던 다양한 관계를 되찾는 것입니다. 그러기 위해서는 그와 같은 관계성의 단절을 초래하게 된 세계관·인간관을 검증·반성하고, 본래의 생명 모습에 따른 관점·사고방식을 자각하여, 그 아래에서 자기와 세계를 조명하는 일이 중요할 것입니다.

현대의 상황을 이끈 세계관은 근대 합리주의라는 과학적 세계관입니다. 과학적 세계관이란 사물을 분할해서 최소단위까지 도달하여, 거기에서 다시 그것들을 조합해서 전체를 재현하려는 것입니다. 분할하고 나눈다는 것에 그 특징이 있습니다. 확실히 우리는 어떤 것을 아는 경우에 '안다'거나 '판단한다'라고 하므로, 나눈다는 일은 앎의 기본입니다. 그러한 과학적 사유를 근거로 해서 우리는 매우 많은 이익을 받고, 적어도 물질적으로는 상당히 풍족한 생활을 누립니다.

그렇지만 대량 생산에 의한 대량 소비는 한편으로 대량 폐기도 수반하는 것이 사실이고, 심각한 공해문제와 환경파괴를 일으키는 것은 두루 아는 사실입니다. 효율과 업적만을 추구하는 사회 시스템은 인간의 생활 방식·직업을 매우 세분화된 전문 분야로 특화하여 인간성의 상실을 초래하고, 신(神)의 죽음을 인정하는 것은 니힐리즘을 가져왔습니다. 과학적 세계관이 큰 이익과 함께 많은 문제를 낳아온 것도 부정할 수 없는 사실입니다. 과학의 사고방식을 한마디로 말하면 '나누어서 지배하는' 곧 'divide and rule'이라는 것입니다. 그렇지만 그것은 다른 여러 가지 문제를 발생시킨 것도 사실이었습니다. 그렇지만 과학 자체가 이제 단순히 나눌 뿐 아니라, 오히려 전체의 관계를 중시한다고 생각합니다.

물리학에서는 소립자를 다른 소립자와의 관계없이 기술할 수 없다는 학설이 있다고 합니다. 생물학에서는 동일한 세포가 분화되어서 다른 기관으로 되가는 이상, 단순한 요소환원주의로는 생물을 해명할 수 없다고 주장합니다. 뇌과학에서도 인간의 다양한 마음과 관련된 기능을 대뇌 · 소뇌 각각의 부위에 특정하는 것만으로는, 뇌의 처리 과정을 충분히 기술하기 어려울 것입니다. 의학에서는 병의 근원을 특정하는 것과 그것에 대한 처치라는 단순한 치료를 넘어서 인간의 전체성을 배려한 의료를 추구하여, 인간의 몸과 마음의 조화 회복을 가져오는 치유를 목표로 합니다.

이러한 동향을 대표하는 것이 절실한 환경문제에 대응하려고 나온 생태학(ecology)의 사고방식입니다. 생태계는 전부 관련해 연결되어 있으며, 인간은 어디까지나 그 일부에 지나지 않고, 지구 자체가 하나의 생명체라는 것입니다. 생명체는 공간적으로만 연결되어 있는 것이 아닙니다. 우리들의 현재 환경을 소비하고 얻는 이익의 향수가 미래의 자자손손 시대에 반드시 연결되어 분리될 수 없다는 사실도 생각해야 합니다.

생태적인 시점을 강조하는 사람들은 그런 의미에서 '지속가능한 발전'을 외칩니다. 즉, 에콜로지는 시간과 공간의 쌍방향에서 연속성 · 관계성으로의 눈빛임을 생각해야 합니다. 적어도 이러한 사고방식을 도입하지 않는 한, 우리들은 한 사람 인간에게 본래 갖추어진 다양한 방면의 풍부한 관계성을 회복·자각할 수 없다고 생각합니다.

이렇게 근대 합리주의의 기초가 되는 'divide and rule'의 사고방식을 하나의 세계를 보는 방법으로서 상대화하고, 좀 더 전체나 사물 상호의 관계성을 그냥 있는 그대로 보는 시점, 또한 그것들의 관계에 대한 상태 분석도 포함하는 유기적인 세계관을 고려해야 할 것입니다.

물론 전체를 본다고 해도 소위 전체주의와 같은 사고방식을 존중해야 한다는 것은 아닙니다. 개개의 존재가 둘도 없는 개성과 가치를 실현하면서도, 서로 관계하면 오히려 각각이 둘도 없는 모습이 되어가는 것과 같은, 그것에 의해서 전체가 진정으로 풍부하게 창조되어가는 것과 같은 그러한 존재 방식과 논리를 생각해나가야 합니다.

이러한 문제의식을 자각할 때, 불교의 연기관(緣起觀), 특히 화엄의 시간과 공간의 쌍방에서 전개되는 중중무진의 연기사상은, 무엇인가 미래 세상을 여는 세계관의 힌트를 주는 것은 아닐까 생각합니다.

『화엄경』의 개요

화엄사상의 현대적 의의에 대해서 전망해보았습니다. 그렇다면『화엄경』과 화엄사상이란 구체적으로 어떤 것일까요? 앞으로 그것에 대해 좀 더 이야기하며, 이 책의 서장으로 해두고자 합니다.

이미 『화엄경』에 대해 간단히 언급했지만, 그 구성을 지금 60권 본으로 보면 다음과 같습니다. 전체 34품으로 이것이 8회의 설법으로 이야기됩니다. 8회의 법회(法會) 장소는 ①적멸도량(寂滅道場), ②보광법당(普光法堂), ③도리천궁(切利天宮), ④야마천궁(夜摩天宮), ⑤도솔천궁(兜率天宮), ⑥타화천궁(他化天宮), ⑦보광법당 중회(重會), ⑧중각강당(重閣講堂)입니다.

맨 처음의 '적멸도량'은 석존(釋尊)이 깨달음을 이루었던 보리수 아래라는 장소입니다. 원래 도량(道場)의 '도(道)'란 깨달음에 관한 것으로, 도량이란 깨달음을 연 자리입니다. '보광법당'은 그곳에서 그리 멀지 않은 가까운 장소에 있습니다. 이후 보리수 아래의 깨달은 자리를 떠나지 않고 하늘에 올라가 각각의 천궁에서 설법을 합니다. 일곱 번째는 다시 보광법당에 돌아와서 거기서 두 번째의 설법[重會]을 합니다. 마지막에는 기원정사(祇園精舍)에 있는 '중각강당'에서 설법을 갖습니다. 이렇게 장소로서는 한 곳인 보광법당이 중복되니 일곱 개 장소이지만, 여덟 번의 법회로 구성되는 셈입니다.[7처8회(七處八會)]

34품인 그 품명을 들어 봅시다.

적멸도량회(寂滅道場會)
　제1 세간정안품(世間淨眼品)
　제2 노사나불품(盧舍那佛品)

보광법당회(普光法堂會)

타화천궁회(他化天宮會)

제22 십지품(十地品)

제23 십명품(十明品)

제24 십인품(十忍品)

제25 심왕보살문아승기품(心王菩薩問阿僧祇品)

제26 수명품(壽命品)

제27 보살주처품(菩薩住處品)

제28 불부사의법품(佛不思議法品)

제29 여래상해품(如來相海品)

제30 불소상광명공덕품(佛小相光明功德品)

제31 보현보살행품(普賢菩薩行品)

제32 보왕여래성기품(寶王如來性起品)

보광법당중회(普光法堂重會)

제33 이세간품(離世間品)

중각강당회(重閣講堂會)

제34 입법계품(入法界品)

이상이 각 품의 이름입니다. 마지막의 「입법계품」은 앞에서도 언급했듯이, 선재동자(善財童子)가 진리를 찾아서 53인의 선지식 곧 스승이 될 사람을 찾아서 이곳저곳을 두루 돌아다니는 이야기로 구성됩니다.

그 가운데 처음 두 품에서는 석존[실은 비로자나불]이 스스로 안에서 증득한 깨달음 세계의 광경을 묘사합니다. 그것은 석존의 깨달음 이후, 제이칠일(第二七日)[제2주째]의 설법이라고 합니다. 이것에 대해서 『오교장』「시설이상(施設異相)」에서는,

이 일승(一乘)은 요컨대 처음 제이칠일에 설한다. 비유하면 해
가 나와서 먼저 높은 산을 비추는 것과 같다.

라고 합니다. 어쨌든 깨달음을 열고 얼마 되지 않은 때의 설법입니다. 이 때문에 『화엄경』은 예로부터 석존의 마음 안에서 깨달은 곧 자내증(自內證)의 세계를 설한 것이라고 전해져옵니다.

그러나 한편 '인분가설(因分可說) 과분불가설(果分不可說)'이라고 하는 부처가 깨달은 세계[佛果]는 언어에 의해서 말할 수 없다고 해도, 그러나 거기에 이르는 수행의 길인 인분(因分)은 말할 수 있다고 합니다. 다음의 보광법당회 이후로는 그 부처가 되는 수행의 길, 곧 보살도(菩薩道)에 관한 것을 설한다고 보아도 좋습니다.

예를 들어 도리천궁회에는 제11「보살십주품」이 있습니다. 이하로 다시 제17「공덕화취보살십행품」, 제21「금강당보살십회향품」, 제22「십지품」이 있습니다. 『화엄경』 자체가 꼭 명료하게 직선적으로 상승해가는 보살도를 설하는 것만도 아닌 듯합니다. 이상으로부터 『화엄경』은 십주(十住)－십행(十行)－십회향(十廻向)－십지(十地)의 수행을 거쳐서 부처에 이르는 보살의 수행 도정(道程)의 설시가 골자가 된다고 받아들여지게 됩니다.

또한 십주(十住)의 앞은 예컨대 제8 「현수품」에서 "불(佛)과 법(法)과 승(僧)에 깊고 청정한 믿음을 일으켜서 삼보(三寶)를 믿고 공경하기 때문에 보리심(菩提心)을 발휘할 수 있다."라고 하고, 또한 "믿음을 도(道)의 근원과 공덕의 어머니로 삼는다. 모든 선법(善法)을 증장하고, 모든 의혹을 제멸해서, 위없는 도를 시현해 열어 펴고"라고도 해서 믿음이 주제가 된다고 볼 수 있습니다. 믿음이 성취되어 결정되면, 십주의 최초 단계인 '초발심주(初發心住)'에 머물게 되는 셈입니다.

『보살영락본업경(菩薩瓔珞本業經)』에서는 십신(十信) − 십주(十住) − 십행(十行) − 십회향(十廻向) − 십지(十地) − 등각(等覺) − 묘각(妙覺)의 52위 수행 순서를 제시합니다. 이 52위설은『화엄경』의 수도론(修道論)으로 해석되어서 일본에도 큰 영향을 미쳤습니다.

결국『화엄경』은 처음의 두 품에서 석존의 자내증(自內證) 세계를 말하기는 했지만, 그 이후는 거의 보살도에 대해서 기술한 것이라고 볼 수 있습니다. 마지막의 「입법계품」도 선재동자의 구도편력(求道遍歷) 이야기라는 형태로 재차 그 보살도를 설한 것입니다.

그러므로『화엄경』의 주제는 무엇인가 하면, 그것은 오히려 보살도에 있다는 사실이 됩니다. 보살도의 만행(萬行)이 각각 꽃으로서 그것들이 일제히 피어나는 것이 부처라고 하는 사실이 되는 셈입니다.

그것은 그렇다고 하지만, 그 안에 담긴 사상에는 실로 다채로운 것이 있습니다. 앞서 본 중중무진의 연기는 물론 유심사상(唯心思想), 여래장사상(如來藏思想), 무자성(無自性)·공(空)에 대한 사상, 게다가 보리심(菩

提心), 수도론(修道論), 불신론(佛身論) 등등 대략 대승불교에서 논하는 거의 모든 사상을 설합니다. 여기에는 대승불교사상의 모든 것이 있다고 해도 과언이 아닙니다. 바야흐로 끌어올릴수록 끝이 없는 갖가지 진귀한 보배를 지닌 큰 바다와 같은 세계가 『화엄경』의 세계입니다. 이 사실도 『화엄경』의 커다란 매력 중 하나입니다.

화엄종의 개요

『화엄경』을 기초로 중국에서 화엄종(華嚴宗)이 성립합니다. 앞에서도 언급했듯이 전통적으로는 두순 – 지엄 – 법장 – 징관 – 종밀로 상승되었다고 하지만, 이 설은 후세에 만든 듯합니다. 그 가운데 중요한 사람은 지엄(智儼)과 법장(法藏)이고, 지엄은 보리유지(菩提流支) 역의 『십지경론(十地經論)』, 진제(眞諦) 역의 『섭대승론세친석(攝大乘論世親釋)』 등도 연구하면서 『화엄경』의 연구를 진행해서, 사실상 화엄교학을 창조했습니다. 저작으로 『화엄경』의 주석서인 『화엄경수현기(華嚴經搜玄記)』(이하 『수현기』) 외에 『화엄오십요문답(華嚴五十要問答)』, 『화엄공목장(華嚴孔目章)』 등이 있습니다.

지엄의 사상을 이어받아서 법장이 이것을 다시 정리 · 체계화합니다. 화엄교학은 법장에 의해서 확립되었다고 해도 좋을 것입니다. 저작으로 『탐현기』 외에 『오교장』 등이 있습니다.

『오교장』은 화엄교학의 전체 모습을 적당한 체계로 정리한 강요서로, 거기에 화엄종에서 본 불교 전체의 파악과 화엄종의 독자적인 세계관을 요령 있게 정리합니다. 간단히 그 내용을 한번 훑어보면, 우선 10장으로 구성된 그 장(章)의 명칭은 다음과 같습니다. [여기서는 전문용어가 많아서 조금 어려울 수 있어 간단하게 설명하니 내용을 대강 추려서 머리에 넣어두기 바랍니다.]

건립승(建立乘)·교의섭익(敎義攝益)·서고금입교(敍古今立敎)·분교개종(分敎開宗)·승교개합(乘敎開合)·교기전후(敎起前後)·결택기의(決擇基意)·시설이상(施設異相)·의리분제(義理分齊)·소전차별(所詮差別)

화엄사상에서는 어떤 것도 십(十)으로 정돈하는 경향이 있습니다.

제1의 「건립승」은 별교일승[특별한 일승의 가르침]으로서 화엄의 입장을 분명히 합니다. 여기서는 일승(一乘)과 삼승(三乘)의 관계 등을 다양하게 분석합니다.

제2의 「교의섭익」은 삼승과 일승의 교(敎)·의(義) 및 중생의 인섭(引攝)·이익(利益)의 차이에 대해서 밝힙니다.

제3의 「서고금입교」는 법장 때까지 설해진 불교 전체의 파악 방법[교상판석 또는 교판]에 대해서 혜광(慧光)의 삼종교(三種敎), 천태(天台)의 사교(四敎), 현장(玄奘)의 삼종교(三種敎) 등 그때까지의 교판을 총망라하듯이 소개합니다.

제4의 「분교개종」은 화엄종 자신의 교상판석인 오교십종판(五敎十宗判)에 대해서 기술하는 것입니다. 오교판(五敎判)이란 소승교(小乘敎)·

대승시교(大乘始敎)·종교(終敎)·돈교(頓敎)·원교(圓敎)입니다. 십종판 (十種判)이란 그 내부의 소승교 내용을 6가지로 분석해서 다른 대승교의 내용과 함께 설명하는 것입니다. 물론 화엄의 가르침은 오교판에서는 원교(圓敎)가 되고, 십종판에서는 최고인 원명구덕종(圓明具德宗)이 됩니다.

제5의 「승교개합」은 일승·삼승 등과 오교의 상호 관계를 다양한 시점에서 검토하여 제시합니다.

제6의 「교기전후」는 이러한 오교를 어떠한 시간적 관계에서 설하는지를 기술합니다. 말할 것도 없이 『화엄경』은 성도 후 제이칠일 째에 설한 것입니다. 그럼 다른 가르침은 언제 설했는가 하면, 사실은 『화엄경』과 동시에 다른 곳에서 설했다고 보는 경우와 다른 때 다른 곳에서 설했다고 보는 경우가 있다고 합니다.

제7의 「결택기의」는 일승과 삼승의 가르침을 설한 차제·순서가 있다고 볼 때, 그것은 어떠한 이유에 기초하는지를 말하는 것으로, 설법의 상대 곧 교화 대상의 기근(機根)[종교적 자질]의 종류와의 관계가 분석됩니다.

제8의 「시설이상」은 일승과 삼승으로서 세운[시설(施設)된] 가르침의 모습이 다른 것을 설법에 관한 시(時)·처(處)·주(主)·중(衆)·소의(所依)·설(說)·위(位)·행(行)·법문(法門)·사(事)의 열 가지 항목으로 밝힙니다.

제9의 「의리분제」에서는 삼성동이의(三性同異義)·연기인문육의법

(緣起因門六義法) · 십현연기무애법(十玄緣起無礙法) · 육상원융의(六相圓融義)라는 네 가지 주제로 『화엄경』 독자적인 사상에 대해서 해명합니다. 이것들은 모두 이른바 사사무애법계(事事無礙法界), 중중무진의 연기 세계의 논리구조에 대해서 연구하여 밝히는 것입니다. 그 가운데 몇몇은 이 책에서 나중에 자세히 다룰 생각입니다.

제10의 「소전차별」은 소의심식(所依心識) · 불종성(佛種性) · 행위분제(行位分齊) · 수행시분(修行時分) · 수행신(修行身) · 단혹분제(斷惑分齊) · 이승회심(二乘廻心) · 불과의상(佛果義相) · 섭화경계(攝化境界) · 불신개합(佛身開合)이라는 열 가지 사항에 관해서 오교의 각자에서 각각 어떻게 설하는가를 설명합니다.

상당히 어려웠을 것이라고 생각합니다. 아무튼 이와 같이 『오교장』은 끊임없이 불교 전체를 의식하면서, 각자 입장의 의의도 인정하면서, 그 가장 근원에 있는 무엇을 말하려 하므로, 그 자체가 화엄종 입장의 커다란 특질이 되고 있습니다. 동시에 「건립승」 또는 「의리분제」 등에서 별교일승의 사상 내용, 중중무진의 연기 세계가 가능한 한에서 설명되어 있어서, 『오교장』은 법장의 비교적 젊은 시절의 작품이지만, 화엄종의 근본성전(根本聖典)과 같은 위치를 차지하기에 이르렀습니다.

법장 뒤에 징관은 법장의 손제자에 해당하는 법선(法詵)에게 화엄을 배우고, 법장의 사상을 선양합니다. 징관은 선(禪)도 닦아 화엄과 선, 교선쌍수(敎禪雙修)의 선구적 발자취를 남깁니다. 종밀은 징관에게 사사하고, 그 가풍을 계승하여 선교일치(禪敎一致)를 제창했습니다.

일본의 화엄종에 대해서는 더 이상 생략합니다. 본 서에서는 이상의 『화엄경』과 화엄종의 사상을 소개하고, 현대적인 관심에서 그 의의에 대해서 고찰해가려고 합니다. 『화엄경』도 화엄사상도 어쨌든 방대한 것이기 때문에, 이 책에서도 아주 일부 밖에는 볼 수 없습니다. 하지만 그래도 어느 정도는 그 편린을 접할 수 있을 것입니다.

더구나 일본에서는 역사상 폐불(廢佛)이라는 일이 거의 없었고, 화엄관계의 문헌은 도다이지를 중심으로 다수 남아 있어서, 그 연구사에는 다른 나라에 없는 중후한 축적이 있습니다. 우리는 그와 같은 문화적 유산을 계승하면서, 그것들을 새로운 형태로 살려나가려고 합니다.

2 빛의 장엄

『화엄경』의 개연

　『화엄경』은 석존이 도를 이루고 얼마 안 된 제이칠일에 설법한 것으로 알려져 있습니다. 『십지경(十地經)』에서 "도를 이루고 오래지 않은 제이칠일"이라고 합니다. 태양이 동쪽 허공에서 떠오르면, 먼저 높은 산의 정상을 비추어냅니다. 이윽고 점차 평지로 햇볕은 내려갑니다. 『화엄경』은 높은 산을 비추는 첫 햇빛에 비유되고, 동시에 그 지위의 높고 깊음을 표현합니다.

　천태종(天台宗)을 개창한 지의(智顗)는 오시교판(五時敎判)이라는, 석존이 설법한 순서를 다섯 가지로 구분하는 설을 제창했습니다. 거기서도 석존은 먼저 최초로 『화엄경』을 설했다고 합니다. 다음으로 『아함경(阿含經)』, 『방등경(方等經)』, 『반야경(般若經)』도 설법하고, 마지막에 『법화경(法華經)』 및 『열반경(涅槃經)』을 설했다고 합니다. 물론 이것은 역사적 사실이라고는 할 수 없지만, 『화엄경』은 석존이 도를 이룬 직후에 자내증의 세계[스스로 안에서 깨달아 증득한 세계]를 설한 것으로 많은 불교도에 의해서 인정되어왔습니다.

경전의 첫머리 제1「세간정안품」의 시작은 그 모습을 다음과 같이 묘사합니다.

> 나는 이와 같이 들었습니다. 어느 때 부처님이 마가다국의 깨달음의 뜰에 계실 때였습니다. 부처님께서 처음으로 바른 깨달음을 열었을 때, 그 땅은 금강을 깔아 어디로 어디까지 엄숙하고 청정했습니다. ― 여러 가지의 보석, 갖가지 꽃의 장엄이 아름답고, 최상의 미묘한 보석 바퀴는 원만하고 청정하며, 셀 수 없이 수승한 것으로 다양하게 장엄된 모습은 마치 무한한 바다와 같았습니다. 칠보(七寶)의 휘장, 깃발, 천개(天蓋)의 광명은 환히 빛나고, 묘향(妙香)·화륜(花輪)이 널리 퍼진 주위를 칠보의 그물로 한없이 덮고, 다함없는 보배가 비처럼 자재하게 드러나고, 갖가지 보배 나무는 빛으로 잎과 꽃이 무성했습니다. 참으로 불가사의한 힘으로 깨달음의 뜰은 두루 깨끗하고, 광명은 널리 비쳤습니다. 일체의 뛰어난 보석을 쌓아올리고, 무량한 선근(善根)으로 이렇게도 엄숙하게 장식한 것이었습니다.

이하에서 실로 눈부시게 아름답고 현란한 광경이 묘사됩니다. 대지도 건물도 수목도 모두가 다양한 보석으로 만든 것이어서 하나하나 아름답고 투명한 빛을 발하는 느낌입니다.

성도(成道)를 완수한 석존의 주위에는 셀 수 없는 수의 보살(菩薩), 금 강역사(金剛力士), 도량신(道場神), 용신(龍神), 지신(地神), 수신(樹神) 등 의 신(神), 아수라왕(阿修羅王), 가유라왕(迦留羅王), 긴나라왕(緊那羅王) 등의 모든 왕(王), 삼십삼천(三十三天), 그 외의 모든 천(天) 등등이 모여서 석존의 성도를 축복합니다.

이 부처[釋尊]를 재빨리 비로자나불로서 말하며, 그 위신력(adhiṣṭhāna, 加持力)으로 주위에 있는 자들이 줄줄이 부처를 찬탄합니다. 여기서는 부처란 어떤 분인가를 이야기하는 수많은 찬사가 펼쳐집니다. 이제 그 한 가지 예를 언급해봅시다. 이것은 시기대범천(尸棄大梵天)의 게송입 니다.

부처님 몸(佛身)은 청정해 항상 적정하니
널리 시방의 모든 세계를 비추어도
적멸하고 형상이 없어서 비추고 나타남이 없어
그 모습을 보는 것이 마치 뜬 구름과 같네.

모든 중생들은 충분히
여래의 법신삼매 경계를 측량하지 않고서
그 무량한 방편을 헤아리는 일은 어려우니
이것은 지혜의 광명이 비추는 법문이네.

한 불국토의 티끌 수와 같은 모든 법문 바다를
하나의 음성을 가지고 연설하여도 남김이 없고
그 변설은 미진의 겁에 펼쳐져도 끝이 없나니
이것을 빛나는 마음을 비추는 법문이라 하네.

여래의 미묘한 음성은 깊고도 넉넉해
중생들 근기에 응해 모조리 이해되는 것이 가능하고
전부 모두들 그 말과 같다고 하니
청정한 음성이 두루 퍼져 최고의 위없음이네.

시방 삼세의 부처님이 얻은 바의
모든 보살의 방편행은
모두 여래의 몸 안에서 나타나지만
그런데도 부처님 몸은 분별이 없네.

부처님 몸은 허공과 같아서 다할 수 없고
형상도 없고 걸림도 없어 두루 나타나 보이며
적절하게 응해 나타남이 환화와 같고
신비롭게 변화하는 음성은 미치지 않는 곳이 없네.

......

청정(淸淨)·적멸(寂滅)하면서도 광명이 빛나고, 무상(無相)·무작(無作)하면서도 설법 기타의 위대한 작용을 보인다고 합니다. 그것도 오로지 사람들을 인도하기 위해서입니다.

　또 하나 이번에는 어떤 용왕이 찬탄한 예입니다. 광목용왕(廣目龍王)은 부처님의 위신력(威神力)을 받아 널리 모든 용의 무리를 관찰하고 다음의 게송을 설합니다.

　　　　모든 최상승의 법을 나타내 보이셔서
　　　　시방의 무리를 구제하시고
　　　　나쁜 세계의 중생이 항상 이리저리 떠도는 것을
　　　　대자비의 힘으로 쉽게 구제해내시네.

　　　　모든 중생이 구하는 형색에 따라서
　　　　부처님은 한 털구멍 속에서 모두 다 나타내시고
　　　　그 신족(神足)의 경계는 한량이 없어서
　　　　부처님의 공덕 바다를 청정하게 나타내시네.

　　　　최상승의 미묘한 법에는 한량이 있지 않아
　　　　큰 바다가 깊어서 밑이 없는 것과 같네.
　　　　그 구한 바에 따라서 들을 수 있게
　　　　미묘한 소리를 부드럽게 해서 벼락처럼 울리시네.

　　　　모든 중생의 분노가 간직된 마음은
　　　　가리는 덮개, 장애하는 씌움, 어리석음의 바다이니
　　　　여래의 위없는 수많은 자비는
　　　　신족(神足)의 힘으로 이를 해탈하게 하시네.

......

법왕(法王)의 지혜 빛은
중생의 갖가지 두려움의 고통을 다 구제하시고
최상승의 털구멍에서 미묘한 음성을 펴서
무량한 중생의 청정한 눈을 열어주시네.

......

여래께서 바른 법을 연설하실 때
모든 중생에게 즐거움을 충만하게 하시고
부처님 음성은 환희의 마음을 불러일으켜
널리 중생으로 하여금 법희를 얻게 하시네.

부처의 대비(大悲) 작용이 잘 묘사되어 있습니다.

비로자나불의 방광

이와 같이 많은 회중 대표의 불신(佛身) 찬탄이 대강 끝나면, 그들은 부처의 세계란 어떤 것인지 말씀해달라고 마음으로 원합니다. 그러면 그때, 비로자나불이 광명을 놓아 보입니다. 그 모습은 「노사나불품」의 처음 부근으로 다음과 같습니다.

그때 세존은 모든 보살의 마음에 생각하는 바를 아시고, 입과 낱낱 치아 사이에서 각각의 부처세계의 티끌 숫자와 같은 광명을 놓으십니다. 이른바 보배 깃발 비치는 광명, 법계를 미묘한 음성으로 장엄하는 광명, 즐거움을 낳는 수레 구름 광명, 부처의 열 가지 힘으로 엄정하는 도량 광명, 모든 보석 불꽃 구름 광명, 청정하고 걸림 없이 법계에 충만하는 광명, 모든 세계를 성취하는 광명, 청정한 보석 금강 햇빛 깃발 광명, 보살의 대중에게로 나아가 이르는 광명, 모든 부처님의 말씀 바퀴를 연출하는 광명입니다. 이들 하나하나의 광명에 각각 부처세계의 티끌 수와 같은 광명이 있어서 그 부속이 되고, 하나하나의 광명이 십불(十佛) 국토의 티끌 수와 같은 국토를 비춥니다.

그 보살들은 이 광명을 뵙자 광대한 연화장세계를 보는 것이 가능해졌고, 부처님의 신비한 힘으로 광명 안에서 다음과 같은 게송을 설했습니다.

무량겁의 바다에서 공덕을 닦고
시방의 모든 부처님을 공양했으며
무량한 중생 바다를 교화해서
노사나불은 정각을 성취하셨네.

큰 광명을 놓으셔 시방을 비추고
모든 털구멍에서 화신의 구름을 내서
중생의 근기에 따라 개화해
방편 청정의 도를 얻게 하시네.

......

노사나불의 대지혜 바다는
광명이 두루 비쳐서 한량이 없나니
여실하게 진리를 관찰해서
모든 갖가지 법문을 비추시네.

그러자면 "······ 십억 불국토의 미진 세계에 머무는 대보살－십억 부처 나라의 미진 세계와 동일한 대보살이 모두 참여하여 모였다. 한 사람한 사람의 보살은 각각 한 부처세계의 미진 숫자의 보살을 권속으로 인솔하고 계신다. 그러나 이들의 보살은 모두 한 부처세계의 미진 숫자와 같은 미묘한 장엄의 구름을 피워서 큰 허공에 널리 미치고, 온 방향에 따라 법대로 단정하게 앉으셨다."라고 합니다.

이 보살은 "이러한 모든 법문을 가지고 그 구한 바에 따라서 교화"되는 것이며, 내지 "각기 수미산의 작은 티끌 숫자와 같은 중생을 노사나불의 원성(願性)의 바다에 세웠다."라고 합니다. 또한 광명 속에서 보살의 모습을 찬탄하는 게송을 설하며, "보살은 보현의 온갖 수행을 구족해서 중생을 청정하게 할 수 있다. 그들은 자재한 법을 갖추어, 그들 하나하나의 털구멍은 사자후이다."라고 끝맺습니다. 그러면서 또한 광명을 놓습니다.

그때 세존은 모든 보살의 대군중에게 부처님의 한량없고 끝없는 경계와 자재한 법문을 알리기 위해서, 눈썹 사이의 백호상(白毫相)으로써 일체보살혜광관찰보시방장(一切菩薩慧光觀察照十方藏)이라는 모든 보석 빛깔의 등불구름 같은 불빛을 놓으셨습니다. 그 빛은 두루 모든 불국토를 비추고, 한 생각 사이에 빠짐없이 모든 법계를 비추고, 일체 세계에서 모든 부처님의 온갖 큰 서원의 비를 내리게 하고, 보현보살을 나타내어 대중에게 보이고, 제자리로 돌아와서 발바닥의 그물 무늬 안으로 들어갔습니다.

이후에 큰 보석 장식의 연꽃이 피어나고, 일체제법승음대보살(一切諸法勝音大菩薩) 및 권속의 보살 군중이 그 연꽃 받침대 위에 앉아서 비로자나불을 찬탄하자, 머지않아 『화엄경』의 숨은 주역이라고도 해야 할 보현보살(普賢菩薩)이 등장합니다.

이상은 아주 간략한 『화엄경』의 첫머리에 나타난 비로자나불 모습의 묘사입니다. 여기에는 『화엄경』의 교주가 비로자나불이라는 이름의 부처인 사실, 그 부처는 광명을 아낌없이 발해서 많은 신비로운 변화를 드러내 셀 수 없는 보살 그 밖의 신들이 그 주위에 참여해 모여서 이 부처를 찬탄하는 사실 등을 이야기하고, 그 광경은 깨달음의 체험 속에서 생생하게 본 사실의 표현이라고 합니다. 곧 이 압도적인 빛의 운집과 같은 광경은 무언가 자아의식을 투탈한 극한의 진실한 생명의 세계를 상징할 것입니다.

대승불교의 부처와 광명

여기에 설해진 부처, 비로자나불(毗盧遮那佛)이란 바이로차나(Vairocana)라는 이름을 음사해서 표현한 것입니다. Vairocana는 '빛나다', '비추어 드러내다'라는 의미의 동사 'vi-ruc'에서 생긴 말로, 한역으로는 광명변조(光明遍照)와 변일체처(遍一切處)라고 번역됩니다. 당연히 태양이 이미지화되어 있으며, 밀교에서는 같은 이름의 부처를 대일여래(大日如來)라고 부릅니다.

부처라는 존재가 광명변조라는 말로써 표현되는 것으로, 실제 지금 본 것처럼 자주 빛을 놓고, 모든 것을 비추어낸다고 하고, 또한 빛을 받은 자는 깊은 생명의 각성도 초래한다고 보는 것입니다.

생각해보면, 대승불교에서 부처는 자주 빛에 의해서 상징적으로 표현됩니다. 『법화경(法華經)』에서는 설법을 개연(開演)하는 것에 앞서서 석존이 눈썹 사이에서 빛을 놓아 각 방향의 모든 세계, 곧 지옥에서 부처 세계까지도 비추어 드러냅니다.

또한 구원실성(久遠實成)의 석가모니불*이야말로 석존의 본체라고 밝힙니다. 그 부처를 설해서,

---

* 구원실성(久遠實成)의 석가모니불: 역사상 이 세상에 나타나 입멸한 석존은 임시적인 모습이고, 실제로는 아득히 먼 과거에 이미 깨달음을 열어 부처가 되어서, 이후 한때도 쉬지 않고 사람들을 계속 제도하고 있다고 한다. 『법화경』「여래수량품」에서 설한다.

......

내 지혜의 힘은 이와 같아서
지혜 광명의 비춤은 무량하고
수명의 무수겁은
오래 업(業)을 닦아서 얻은 바이다.

「여래수량품(如來壽量品)」

라며, 지혜의 힘을 빛으로서 설합니다. 이 무량한 지혜 광명, 무수겁의 생
명은 무량수(無量壽), 무량광(無量光)과 다르지 않아서, 자연히 아미타불
(阿彌陀佛)이 상기됩니다. 아미타불도 바야흐로 무량광의 부처로, 이에
대해서 『무량수경(無量壽經)』에서는 다음과 같이 설합니다.

부처님께서 아난에게 이르시기를 "무량수불(無量壽佛)은 그
위신력과 광명이 가장 존귀하고 뛰어나서 제불(諸佛)의 광명
이 미치지 못하는 바이다. 어떤 때는 부처 광명이 백불(百佛)의
세계, 천불(千佛)의 세계를 비추고 있다. 중요한 것을 취해서 말
하면, 곧 동방의 항하(恒河) 모래 수와 같은 불국토를 비춘다.
남·서·북방, 사유(四維), 상하에 있어서도 거듭 이러하다. 어
떤 때는 부처의 광명은 일곱 척(尺)을 비추고 혹은 일 유순(由
旬), 이·삼·사·오 유순을 비추기도 한다. 이와 같이 점점 배가
해서 하나의 불국토를 비춘다. 이러하기 때문에 무량수불을
무량광불(無量光佛), 무변광불(無邊光佛), 무애광불(無礙光佛),
무대광불(無對光佛), 염왕광불(燄王光佛), 청정광불(淸淨光佛),

환희광불(歡喜光佛), 지혜광불(智慧光佛), 부단광불(不斷光佛), 난사광불(難思光佛), 무칭광불(無稱光佛), 초일월광불(超日月光佛)이라고 한다."

맨 마지막의 다양한 광명의 부처 이름을 '십이광불(十二光佛)'이라고 합니다. 한마디로 빛이라고 말해도, 이와 같이 갖가지 의미와 맛을 지닌 무엇으로서 이야기할 수 있었습니다. 더구나 이 뒤에 계속해서,

그 중생으로 있으면서 이 빛을 만나는 자는 세 가지 번뇌가 소멸하고, 몸과 뜻이 유연해져서 기쁨이 넘치고, 선한 마음이 일어난다. 만일 삼도(三塗)의 힘든 고통의 장소에서도 이 광명을 보고 받들면, 모두 휴식을 얻고 또한 고뇌가 없으며, 수명이 다한 뒤에는 모두 해탈을 받는다.

라고 합니다. 빛을 만남으로써 탐·진·치의 번뇌 곧 삼구(三垢)는 저절로 소멸되고, 기쁨에 넘치고 몸도 마음도 편안하게 된다는 것입니다.

이렇게 대승불전에서는 빛을 부처의 본질을 이루는 것으로서 자주 언급합니다.『화엄경』은 바로 그 빛의 부처가 주인공입니다.

다만 같은 빛의 부처여도, 비로자나불은 삼세(三世)·시방(十方) 모두에 두루 편재한다고 강조되는 바가 그 독자적인 특질입니다. 그 모습을 다양하게 설하지만, 여기서는 석존이 바야흐로 도를 이루는 장면을

경전에서 설하는 부분을 들어 봅시다.

부처님은 이 보배 사자좌 위에서 모든 법에 있어서 가장 바른 깨달음을 여겨서 이루신 것입니다. 삼세의 법이 평등한 것을 알고, 지혜의 몸은 널리 퍼져서 모든 세간의 몸에 들어가고, 그 미묘한 음성은 널리 일체 세계에 두루 퍼져 끝이 없음은 넓은 허공과 같으며, 그 평등한 깨달음의 모습도, 지혜가 미친 범위도, 동시에 똑같이 넓은 허공처럼 편파적이지 않는 평등한 마음으로 모든 살아 있는 것에 수순하십니다. 그 몸은 온갖 깨달음의 뜰에 앉아 계셔도 일체 중생의 동정(動靜)을 빠짐없이 아시고, 그 태양 같은 지혜의 빛은 여러 어둠을 제거하고 모든 불국토를 현현해서 널리 삼세를 비추는 광대한 지혜의 빛을 놓고 청정한 경계를 비추며, 무량한 광명은 시방에 가득하고, 부서지지 않는 구름은 골고루 일체를 감싸며, 어떤 것도 두려워하지 않는 자재한 신력으로 무량하게 자유로운 힘의 빛을 드러내며, 다양한 방편으로써 중생을 진정한 도로 이끌어주셨습니다. 모든 모임에 그 몸을 떨어짐 없이 드러내시면서도 실은 허공과 같이 오고 감도 없고, 일체의 것에 고정된 본성은 없다고 깨달아서 존재하는 모든 것이 평등한 모습으로 수순하고, 모든 광명에 두루 삼세제불(三世諸佛)의 작용을 나타내며, 불가사의한 언어·음성으로써 큰 바다 같은 제불세계(諸佛世界)의 그것에 모두 잘 수순하십니다.

이 모습이야말로 대승불교도가 본 석존 깨달음의 묘사입니다. 석존의 깨달음은 연기(緣起)의 이법(理法)*이라든가, 새벽의 밝은 별을 보고 진리를 발견했다든가 등으로 다양하게 이야기되지만,『화엄경』은 석존의 성도를 이와 같이 보고 있습니다. 여기에 의하면 모든 것을 내다보고, 게다가 일체를 양육해가는 힘이 부처의 광명이라고 할 수 있습니다. 그러한 부처인 비로자나불이 자기와 세계의 생명의 근저에 있다는 것이『화엄경』의 주장입니다.

부처 광명의 의미

이상에서『화엄경』은 비로자나불로 대표되는 바와 같이 빛의 상징 (symbolism)으로 넘칩니다. 이것은 대승불교뿐만 아니라 많은 종교에서도 공통적인 것입니다. 태양신(太陽神)은 많은 종교에서 나오기도 하며, 그리스도교에서는 신(神)이 "빛이 있으라."라고 해서 우주가 생겨났다고 말합니다.

빛은 어둠을 깹니다. 그것은 악을 소멸하는 것, 무명(無明)**을 배척하는 것, 결국 선(善)으로, 지혜인 무엇을 상징합니다. 빛은 중심에서 방

---

* 연기(緣起)의 이법(理法): '연기(緣起)'는 연(緣)하여 일어나는 것. 모든 事象은 무수한 원인과 조건이 서로 관계해 어우러져 일어난다고 하는 것. 그러므로 독립자존(獨立自存)한 것은 없고, 원인이나 조건이 변하면 결과도 변한다는 것. '이법(理法)'은 그 도리(道理)라는 정도의 의미. 석존의 깨달음에 관계된 연기는 특히 십이연기(十二緣起)라는 것이다.
** 무명(無明): 진실을 알 수 없는 근원적인 무지(無知).

사됩니다. 거기에 존재의 근원이 되는 것을 시사합니다. 빛은 구석구석까지 비춥니다. 이것은 무엇에 대해서도 '평등하게, 차별 없이'라는 것을 의미합니다. 빛은 열이기도 해서 만물을 양육합니다. 그것은 은혜의 자비 광명으로 자애(慈愛)·자비(慈悲)를 의미합니다. 또한 빛은 물론 무색투명이거나 혹은 백색광이지만, 프리즘을 통과하면 일곱 색깔의 빛, 다채로운 빛으로 나누어집니다. 이것은 '일즉다(一即多) 다즉일(多即一)'의 마음을 암암리에 보여주는 것은 아닐까요?

『화엄경』에서는 이 빛의 의미에 대하여 예를 들어 「현수보살품」에서 상당히 자세하게 제시합니다. 그것은 보살의 광명에 대해서이지만, 부처 광명의 의미에도 통하는 것이라고 생각합니다. 이미 『무량수경』에서 "이 빛을 만나는 자는 세 가지 번뇌가 소멸하고 몸과 뜻이 유연해져서"라는 것을 보았지만, 빛의 그러한 측면이 강조됩니다.

> 보살은 또한 중생을 안온하게 하는 삼매를 갖추고, 모든 중생을 제도하기 위해서 헤아릴 수 없이 큰 광명을 놓고, 그 광명을 가지고 많은 중생을 구제한다.
> 혹은 선현(善現)이라는 광명을 놓는다. 만약 중생이 이 빛을 만나면, 과보를 얻는 것이 한계가 없어서 이것에 의해서 위없는 도에 철저하다. …….
> 혹은 청정(淸淨)이라는 광명을 놓아서, 모든 천인의 빛을 가리고, 모든 갖가지 어둠을 들여다보며, 두루 시방의 무량한 국토를 비춘다. …….

혹은 제도(濟度)라는 광명을 놓는다. 그 광명은 온갖 많은 사람을 불러 깨워서, 바로 위없는 보리심을 일으켜 욕계의 여러 중생을 도탈시킨다. ……

혹은 환희(歡喜)라는 광명을 놓는다. 그 광명은 온갖 많은 사람을 불러 깨워서, 기쁨으로 부처의 지혜를 사랑하여 구하게 하고, 발심해서 더없는 스승의 보물을 원하여 구하게 한다. ……

혹은 애락(愛樂)이라는 광명을 놓는다. 그 광명은 온갖 많은 사람을 불러 깨워서, 마음에 끊어지지 않는 많은 여래와 위없는 법보(法寶)와 청정한 승가(僧)를 사랑하여 구하게 한다. ……

혹은 덕취(德聚)라는 광명을 놓는다. 그 광명은 온갖 많은 사람을 불러 깨워서, 널리 갖가지 셀 수 없는 보시를 행하여 이를 가지고 위없는 도를 서원하게 한다. ……

혹은 심지(深智)라는 광명을 놓는다. 이 광명은 온갖 많은 사람을 불러 깨워서, 하나의 법문에서 한 생각 사이에 셀 수 없는 법문을 남김없이 알게 한다. ……

혹은 혜등(慧燈)이라는 광명을 놓는다. 그 광명은 온갖 많은 사람을 불러 깨워서, 모든 것은 공적(空寂)하여 발생하는 것도 소멸하는 것도 없고, 유(有)에도 있지 않고 무(無)에도 있지 않다고 알게 한다. ……

혹은 법자재(法自在)라는 광명을 놓는다. 그 광명은 온갖 많은 사람을 불러 깨워서, 다함없는 다라니를 얻으면서 부처의 모든 법문을 지니게 한다. ……

혹은 무간(無慳)이라는 광명을 놓는다. 그 광명은 중생을 불러 깨워서, 아쉬워하고 부족하다는 생각을 제거하면서, 재보(財寶)는 항상 머무는 것이 아니라고 알게 하며, 쉽게 일체를 버려서 집착하는 것을 없게 한다. …….

혹은 청량(淸凉)이라는 광명을 놓는다. 그 빛은 금지계율을 어기는 것을 불러 깨워서, 중생을 깨끗한 계율 안에서 편안하게 세우고, 깨우쳐 인도하는 더없는 스승의 보물을 얻게 한다. …….

경전에서 광명의 설명은 아직 계속되고, 나아가 인장엄(忍莊嚴)이라는 광명, 혹은 전승(轉勝), 적정(寂靜), 혜장엄(慧莊嚴), 무외(無畏), 안온(安穩), 견불(見佛), 요법(樂法), 묘음(妙音), 시감로(施甘露), 수승(殊勝), 보장엄(寶莊嚴), 묘향(妙香), 잡장엄(雜莊嚴), 단엄(端嚴), 대운(大雲), 의장엄(衣莊嚴), 상미(上味), 시현보(示現寶), 안청정(眼淸淨), 이청정(耳淸淨), 비근정(鼻根淨), 설근정(舌根淨), 신근정(身根淨), 의근정(意根淨), 색청정(色淸淨), 성청정(聲淸淨), 향청정(香淸淨), 미청정(味淸淨), 촉청정(觸淸淨), 법청정(法淸淨)이라는 광명을 펼치고 있습니다. 실로 압도적일 만큼 다양한 빛을 설합니다. 그리고

이러한 종류 광명의 문은
항하[갠지즈강]의 모래 수와 같이 무량무변하니
그것은 모조리 대선의 모공에서 나와
각각 그 기능을 달리하네.

하나의 모공이 내놓은 광명이

항하의 모래 수와 같이 무량무변하듯이
모든 모공도 또한 마찬가지니
이것은 대선이 가진 삼매의 자유로운 힘이네.

그 본래의 수행에 따라서 광명을
숙세에 동행하며 인연 있는 것들에게
적절히 수순해서 광명을 발하니
이것을 대선의 지혜가 자재하다고 하네.

등이 있습니다. 실로 무량무변한 광명이 대선(大仙)[보통은 부처를 의미]의 신체 가운데서 발해집니다. 이것을 볼 때, 빛은 반드시 물리적인 빛만이 아니라, 불(佛)·보살(菩薩)의 중생에 대한 갖가지 작용이 빛에 비유되고 있는 사실을 보아야 할지도 모릅니다.

　우리는 어둠 안에 있기 때문에, 불·보살의 우리들에 대한 작용은 바로 빛이 되어서 어둠을 소멸해줍니다. 바로 우리를 여러 가지 방법으로 '불러 깨워'주시는 것입니다. 그 작용의 내용을 여기에서 실로 다채롭게 설합니다. 그 작용 속에는 무외(無畏)를 가져오거나, 안온(安穩)을 제공하기도 한다는 것입니다. 이들 다채로운 작용을 정리해서 보면, 역시 지혜와 자비를 우리에게 가져다주는 일이라고 생각합니다. 부처의 지혜와 자비는 광명 가운데서 하나로 녹아 어우러진 것이었습니다.

　또한 대승경전은 이러한 상징과 비유, 이야기 등을 구사해서 부처의 세계를 그려내려고 하지만, 『화엄경』에서는 빛의 상징과 함께 바다의 상징도 참 많이 사용합니다. 지금은 지면 관계로 이것의 소개는 생략하지만, 『화엄경』은 '빛과 바다의 상징'으로 되어 있다고 해도 과언이 아니라고 생각합니다. 『화엄경』의 작자는 빛이 넘치는 우주의 대해원(大海原)에 떠다니면서, 장대한 서사시를 전개한 것이라고 할 수 있습니다. 그 광대무변한 우주는 현대인의 상상력을 훨씬 뛰어넘은 것입니다.

대승불교의 불신론

『화엄경』에서는 역사상의 석존이 한편으로 비로자나불로서 이야기된다는, 현실과 신화가 교착된 구성을 보이고, 거기다가 그 광경의 묘사가 실로 환상적인 양상을 보이는 것이었습니다. 그렇게 불교에서는 부처에 대하여 우리의 감각으로 포착할 수 있는 부처[역사상의 석존]와 그것을 넘어선 부처[비로자나불]를 설합니다.

말하자면 눈[肉眼]에 보이지 않는 부처란, 결코 역사상의 석존을 추모한 나머지, 그것을 신격화해갔다는 것은 아니라고 생각합니다. 불도(佛道) 수행 가운데서 종교체험(宗敎體驗)·관불체험(觀佛體驗) 속에서 마주친 부처를, 석존 깨달음의 추체험(追體驗)으로서 말할 때, 눈에 보이는 부처 깊숙한 곳의 또 하나의 눈에 보이지 않는 부처를 말했다고 생각합니다.

여기서 잠시 대승불교의 부처 보는 법에 대해서 소개하고자 합니다.

그것은 불교 교리에서 '불신론(佛身論)'이라고 부르는 것입니다.

부처라는 존재를 보는 비교적 초기의 견해로서, 법신(法身)과 색신(色身)이라는 이신론(二身論)이 있습니다. 색신이라는 것은 우리들의 감각[오감(五感)]에서 파악된 불신(佛身)이라는 것으로, 모양·형태를 지닌 것입니다. 한편으로 법신은 법(法) 그 자체를 신체로서 하는 부처로, 그 법이란 진리(眞理)라고 해도 좋을 것입니다.

그럼 도대체 불교에서 본 진리란 무엇일까요? 그것은 흔히 '연기의 법'이라고 합니다. 그러나 대승불교에서는 연기한 제법으로 공(空)한 성질 그 자체, 공인 본성 그 자체에서 진리를 보는 입장입니다. 어쨌든 법신이란 어떤 한정된 모양·형태에 머무르지 않는, 말하자면 우주에 두루 가득 찬 진리 그 자체에서 부처의 본질을 보는 것입니다.

유식사상에 들어가면 불신론을 '삼신론(三身論)'으로서 설합니다. 삼신(三身)의 명칭은 『섭대승론(攝大乘論)』에서 자성신(自性身), 수용신(受用身), 변화신(變化身)으로, 그 전체를 법신(法身)이라고 하지만 일반적으로는 법신(法身), 보신(報身), 화신(化身)의 명칭을 자주 씁니다. 또한 응신(應身)이라는 용어도 있어서 화신을 지칭하는 것으로서 쓰지만, 때로는 보신을 의미하는 일도 있습니다.

이 가운데 자성신[법신(法身)]은 모든 법의 자성(自性), 곧 진여(眞如)·법성(法性)*으로, 이것은 모든 존재를 관통하여 편만한 것입니다. 결국

---

* 진여(眞如)·법성(法性): 모든 존재와 현상의 진실한 본성. 공성(空性), 법성(法性)도 진여(眞如)와 동의어.

그것은 공성과 다른 것이 아닙니다. 부처는 보편적인 진성(眞性)을 신체로 한다고 보는 것입니다. 요는 진여·법성이 불신론에서는 법신이라고 불리고 있는 사실입니다.

다음으로 수용신[보신(報身)]은 과보(果報)로서의 몸입니다. 어떤 과보인가 하면, 말할 것도 없이 '수행의'라는 것입니다. 길고 오랜 수행의 결과, 그 보답으로서 성취된 몸이 수용신·보신으로, 그 내용은 지혜라는 것이 됩니다. 수행의 결과 성취된 지혜에서 부처를 보는 것이 보신입니다.

특히 유식에서는 부처의 지혜로 사지(四智)를 말합니다. 곧 '대원경지(大圓鏡智)', '평등성지(平等性智)', '묘관찰지(妙觀察智)', '성소작지(成所作智)'의 네 가지 지혜입니다. 『성유식론(成唯識論)』에 의하면, 아뢰야식(阿賴耶識)이 전변(轉變)하면 대원경지가 되고, 말나식(末那識)이 전변하면 평등성지가 되고, 의식(意識)이 전변하면 묘관찰지가 되고, 전오식(前五識)[안식·이식·비식·설식·신식]이 전변하면 성소작지가 된다고 합니다. 이상을 전식득지(轉識得智)라고 하지만, 이들 지혜 곧 사지야말로 각자(覺者)＝붓다(Buddha)의 특질과 다르지 않습니다.

'대원경지'는 큰 둥근 거울 같은 지혜라는 것으로, 우주의 삼라만상을 비추어내는 지혜에 관한 것입니다. '평등성지'는 자타평등성(自他平等性)[실제는 진여(眞如)·법성(法性)]을 깨닫는 지혜에 관한 것입니다. 자타의 평등성을 아는 것이기 때문에, 타자를 자신으로 받아들이고, 타자에게 자비를 발동하는 근본이 됩니다. 동체대비(同體大悲)라는 말이 있지만, 그것은 이 평등성지에서 펴는 것입니다.

'묘관찰지'는 세계의 다양한 사상의 위치·의미·의의 등에 대해서 공평무사(公平無私)하게 적확히 판단하는 지혜에 관한 것입니다. 이 묘관찰지는 또한 설법의 언어를 조종하는 주체이기도 합니다.

'성소작지'는 소작(所作)을 이루는 지혜라는 것으로, 그 소작이란 지어야 할 바의 일로, 지어야 할 바는 부처가 되어서 실현하려고 수행에 들어가기 전에 세운 서원(誓願)·본원(本願)에서 맹세한 것을 지시합니다. 요컨대 고통 받는 모든 중생을 구제하고자 하는 일, 그 일의 실현을 위해서 중생의 오감(五感)으로 불신(佛身) 등의 다양한 모양·형태를 그려내서 이끌어가는, 이 작용 그 자체가 성소작지입니다.

이들 사지가 일체가 되어서 작동하는 것이 부처의 모습입니다.

이상의 사지가 수용신·보신의 내용이지만, 특히 수용신이라고 부를 때, 그것을 자수용신(自受用身)과 타수용신(他受用身)으로 나누어 부르는 경우가 있습니다.

그 경우의 자수용신이란 수행의 과보, 다양한 공덕을 스스로 향수하는 방면을 말한 것입니다. 한편 타수용신이란 그것들의 공덕을 다른 것이 향수하는 방면에 대해서 말하는 것입니다. 다만 다른 것이라는 것도 일체의 타자(他者)는 아니고, 일정한 수행을 완료한 자로 한정됩니다. 보살 수행의 단계는 초발심(初發心) 이래 십주(十住)·십행(十行)·십회향(十廻向)·십지(十地)라는 각 단계를 올라가서, 마지막에 부처가 됩니다. 그 가운데 십지의 초지(初地) 이상 단계에 들어간 자[지상(地上)의 보살]

만이 타수용신의 설법을 직접 들을 수 있다고 여겨집니다.

또한 변화신(變化身)[화신(化身)]은 우리 범부의 마음에 어떠한 모양·형태로서 나타난 부처에 관한 것으로, 우리의 오감(五感)에 영상으로서 나타난 것입니다. 무엇보다도 대승불교에서 보면, 그 역사상의 석존이 화신입니다. 진실한 불지(佛智)*가 우리를 위해서 석존이라는 존재를 그려낸다는 것입니다.

『법화경(法華經)』에서는, 석존의 깊숙한 곳에 구원실성의 석가모니불이 있어서, 정말로 아득하게 오랜 옛날에 수행을 완성하여, 깨달음을 실로 성취하여 보신(報身)이라고 하는 것입니다. 다만 아득하게 오랜 옛날이라는 의미가 시간을 초월해서 본래라고 하면, 정말로 법신이라고 해야 할지도 모릅니다. 아미타불(阿彌陀佛)도 법장보살(法藏菩薩)이 조재영겁(兆載永劫)**의 수행의 끝에 깨달음을 완성한 존재로, 무량수(無量壽)·무량광(無量光)의 보신불(報身佛)이고, 우리들 앞에 모습을 나타낸 아미타불과 그 불상(佛像)이나 불화(佛畫) 등은, 화신(化身)의 아미타불일 것입니다.

대승불교의 불신론은 이상의 삼신론(三身論)이 표준이 됩니다. 수용신을 자수용신·타수용신으로 나눈다면 사신(四身)이 되지만, 기본은 삼신설입니다. 삼신은 결코 별개의 존재가 아니라 한 부처의 각 측면을

---

* 불지(佛智): 최고로 뛰어난 부처의 지혜.
** 조재영겁(兆載永劫): 백만(百萬)을 조(兆)라고 하고, 십만조(十萬兆)를 재(載)라고 한다. 헤아릴 수 없고 셀 수 없는 긴 시간을 뜻한다.

세 가지로 분류해서 보는 것입니다. 보신불일지라도 법신과 한 몸이며, 또한 화신을 그려내는 의미입니다.

삼(三)이라는 숫자라서, 그리스도교의 신(神) 삼위일체(三位一體)*와의 관계에도 흥미가 생깁니다. 간단하게 생각하면, 법신(法身)＝신(神), 보신(報身)＝성령(聖靈), 화신(化神)＝예수(Jesus)라고 할 수 있다고 생각하지만, 어떨지요?

비로자나불의 특질

불신론이 삼신론으로 결정되면, 『화엄경』의 교주·비로자나불은 그 어느 몸에 해당할까요? 『화엄경』에서 분명하게 설하지는 않지만, 화엄종에서는 오랜 옛날 보장엄동자(普莊嚴童子)라는 소년이 보리심을 내서 본원을 세우고, 수행을 거듭해 비로자나불이 되었다고 합니다. 그 한에서 보신이 됩니다.

그러한 사고방식도 있을 수 있지만, 실은 화엄사상에서는 화엄의 독자적인 불신론을 전개하는 가운데서 비로자나불을 파악합니다. 화엄종에서는 무엇을 헤아려도 십(十)으로 된 수를 사용하는데, 불신론에 관

---

* 삼위일체(三位一體): 그리스도교에서 창조주로서의 아버지인 신(神)과 이 세상에 나타난 아들인 그리스도와 신앙경험 가운데에 나타난 성령(聖靈)은 일체(一體)로서 다른 존재는 아니라는 사고방식.

해서도 십신(十身)을 설합니다. 이 십신불(十身佛)에는 두 가지의 설이 있어서 해경십불(解境十佛)과 행경십불(行境十佛)을 제창합니다.

'해경의 십불'은 「십지품(十地品)」에 나오는 중생신(衆生身)·국토신(國土身)·업보신(業報身)·성문신(聲聞身)·연각신(緣覺身)[벽지불신(辟支佛身)]·보살신(菩薩身)·여래신(如來身)·지신(智身)·법신(法身)·허공신(虛空身)이라는 것입니다. 온갖 것을 몸으로 하는 형태입니다. 이것들은 정리하면 중생세간(衆生世間)·기세간(器世間)·지정각세간(智正覺世間)의 세 가지가 되지만, 요점은 다양한 사람들·세계·부처의 그들 전체가 한 부처의 몸이라는 사실입니다. 이것을 '융삼세간(融三世間) 십신구족(十身具足)의 법신불(法身佛)'이라고 부릅니다.

이 경우의 법신(法身)이란 삼신(三身)의 전부이고 또한 법계신(法界身)이라고 하지만, 오히려 우주의 모든 것을 신체로 한다고 본 것입니다. 이 부처를 해경(解境)이라고 하는 것은 불지(佛智)로 비춘 세계의 전부라는 의미입니다. 하지만 불지의 밖에 세계가 있고, 그것이 불지로 비춰진다는 것은 아닙니다. 부처가 되고 보면, 모든 것이 자기 그 자체입니다. 자기 자신은 둘도 없는 하나로서, 또한 우주의 전부를 자신으로 합니다. 그러한 세계가 비로자나불의 세계입니다.

유스키 료에이 선생은 "산하대지(山河大地)도 부처의 몸이며, 우리 미혹한 세계의 생신(生身)도 부처의 몸이고, 깨달은 세계의 법신·보신·응신의 삼신도 부처의 몸이다. 그러므로 물의 곤곤하게 흐르는 소리도, 소나무에 부는 물가 바람소리도, 새벽 아는 산비둘기 우는 소리도, 상대를 그리워하는 수사슴 소리도, 원숭이의 우는 소리도, 우리들의 언사도, 설법의 사자후다."* 라고 해설합니다.

　이와 같이 화엄종에서는 비로자나불을 우주 전체로 보고, 그것을 열 가지 부분으로 나누어서 제시합니다.

　지금은 해경의 십불이지만, 이에 대해서 '행경의 십불'이라는 것이 있습니다. 이것은 지금 십신의 가운데 여래신(如來身)을 십신으로 나누어서 보는 것으로, 융삼세간이 아니라 지정각세간에만 해당합니다. 「십지품(十地品)」에서는 보리신(菩提身)·원신(願身)·화신(化身)·주지신(住持身)·상호장엄신(相好莊嚴身)·세력신(勢力身)·여의신(如意身)·복덕신(福德身)·지신(智身)·법신(法身)이라는 십신을 설하고 있습니다. 이것이 행경의 십불입니다. 또한 「이세간품(離世間品)」에서 정각불(正覺佛)·원불(願佛)·업보불(業報佛)·주지불(住持佛)·화불(化佛)·법계불(法界佛)·심불(心佛)·삼매불(三昧佛)·성불(性佛)·여의불(如意佛)이라는 것을 설하고 있습니다. 이것도 행경의 십불입니다. 양자에는 약간의 차이가 있지만, 모두 한 사람 부처의 내용을 열 가지로 나누어 나타낸 것입니다. 이것은 통상의 불신을 더욱더 전개하여 십신으로 했던 것으로 생각됩니다.

　이상으로 화엄종에서는 불신을 십신으로서 보는 것이지만, 그 가운데서도 화엄의 독자적인 불신론은 해경의 십불설이며, 우주 전체를 그

---

*　　湯次了榮, 『華嚴五敎章講義』, 百華苑.

대로 부처로 보는 것입니다.

　다만 우주 전체가 부처라고 하면 어쩐지 범신론(汎神論)처럼 생각될 수 있습니다. 그 부근은 도대체 왜 그런 것일까요? 현수대사 법장의『오교장』의 제1「건립승」은 일승(一乘)의 문제를 논하는 것으로, 그 첫머리에 다음과 같은 것이 있습니다.

> 처음[＝별교(別教) 곧 화엄의 가르침] 가운데에도 두 가지가 있다.
> 첫째는 성해과분(性海果分)*이다. 이는 설할 수 없는 것에 해당한다. 왜 그러한가? 교(教)와 서로 응하지 않기 때문이다. 곧 십불의 자경계(自境界)이다. 그러므로『십지경론』에서 "인분가설(因分可說) 과분불가설(果分不可說)"이라고 한다.
> 둘째는 연기인분(緣起因分)이다. 곧 보현(普賢)의 경계이다.
> 이 두 가지는 둘이 아니어서 전체적으로 두루 거둔다. 이것을 비유하면 물과 파도와 같다. 이것을 생각하면 알 수가 있다.

　이와 같이 십불의 자경계 그 자체, 곧 십불로서의 비로자나불이 자신 안에서 증득한 세계는 언어로 설명할 수 없다고 합니다. 그러니까 진실의 부처는 대상으로서 '이것도 부처, 저것도 부처'로 지시되는 것이 아니라, 깨달은 지혜 가운데서 스스로 자각한 세계가 진짜 부처의 세계라는

----

* 성해과분(性海果分): 불과(佛果) 그 자체의 경계인 것. 이것을 넓고 깊은 바다에 비유한다.

것이 됩니다. 그곳이 근본에 있어서 갖가지 세계가 전개해갑니다. 그 세계 전체의 근저에 있는 것이 불지(佛智) 그 자체라는 셈입니다. 그것은 선정을 통해서 알려진 세계이고, 스스로 안에서 깨달은 이외에 없습니다.

그러나 어떻게든 그 세계의 소식을 사람들에게 알리고자 해서 인분(因分)으로 투영해서, 곧 언어에 의한 설명으로 굳이 싣는 것으로써 부처 세계의 사실도 말합니다. 이때 십신불을 말하여, 다시 산도 부처, 물도 부처라는 사실이 됩니다. 결국 단순히 산수가 부처라는 것이 아니라, 선정을 통해서 진실의 지혜를 연 사람에게는 산도 부처이고 물도 부처다고 말한 것으로, 이 사실은 유의해야 할 것입니다.

보현보살의 설법

이제까지 다양한 비로자나불을 『화엄경』의 교주로 말해왔지만, 실은 비로자나불 자신은 설법하지 않습니다. 지금 『오교장』에서 '인분가설 과분불가설'이라고 하지만, 비로자나불[실은 융삼세간의 십신불]은 해인삼매(海印三昧)라는 삼매에 들어가 있어서, 그 경계는 말로 설명할 수 없는 동시에 비로자나불 자신도 설법하지 않습니다. 인분(因分)[불과에 대한 수행 부분]은 보현의 경계[보살·수행자의 세계]라고 했지만, 설법하는 것도 보현보살 그 외의 보살들이 해인삼매에 든 비로자나불의 위신력을 받아서 설법해가는 것입니다. 그 부근의 모습을 경전은 다음과 같이 묘사합니다.

그때 보현보살이 여래의 앞에 있어서 연화장(蓮華藏)의 사자
좌에 앉아, 곧 일체여래정장삼매(一切如來淨藏三昧)에 들어 널
리 모든 법계의 온갖 여래의 몸을 비추니, 장애하는 것이 없고,
청정하고 원만한 모습은 마치 큰 허공과 같았습니다. 보현보
살이 이 세계에서 삼매에 든 것처럼, 끝이 없는 법계의 허공과
같이 모든 불국토에서도 또한 이와 같았습니다.
보현보살이 삼매에 든 곳으로 시방세계 바다의 모든 부처님이
다 나타나셔서 각각 보살을 찬탄하셨습니다.
"훌륭하다, 훌륭하다, 선남자여. 그대는 참으로 잘 이 삼매에
들어간 것이다. 그것은 모두 비로자나불의 본원력에 말미암
은 것이다. 또한 그대가 모든 부처님 계신 곳에서 닦은 원행의
힘에 말미암은 것이다. — 이른바 모든 부처의 가르침을 설명
해서 펼쳤기 때문이다. 모든 여래의 지혜 바다를 열었기 때문
이다. 일체 제법의 방편과 시방의 바다를 비추어서, 전부 남김
없이 없앴기 때문이다. 모든 중생의 번뇌를 들여다보며, 청정
한 것을 얻었기 때문이다. 능히 장애 없이 일체제불의 나라에
이르렀기 때문이다. 장애 없이 일체제불의 경계에 들어갔기
때문이다. 일체제불의 보문(普門) 공덕을 만족하게 했기 때문
이다. 모든 가르침의 방편에 들어가서 깊이 일체지(一切智)를
구했기 때문이다. 방편으로써 모든 세간의 도를 관찰했기 때
문이다. 모든 중생의 갖가지 기근(機根)의 바다를 알았기 때문
이다."

그때 모든 부처님들은 보현보살에게 일체의 것을 깨닫는 지혜의 힘을 주시고, 무량무변한 법계에 들어가는 지혜를 주시고, 삼세제불이 계신 곳에 이를 수 있는 지혜를 주시고, 모든 세계 바다의 생멸을 아는 지혜를 주시고, 모든 파괴되지 않는 삼매에 머무는 지혜를 주시고, 모든 보살의 온갖 근기의 바다에 들어가는 지혜를 주시고, 모든 중생의 언어 바다로써 가르침을 펴는 변설의 지혜를 주시고, 하나의 몸을 가지고 모든 세계에 두루 가득 차는 지혜를 주시고, 일체제불의 음성(音聲) 지혜를 주셨습니다. 왜냐하면 보현보살은 이 삼매를 얻었기 때문입니다. 그리고 시방의 모든 부처님들은 각각 오른쪽 손을 뻗어서 보현보살의 머리를 어루만지셨습니다.

그 후 보현보살은 "모든 중생을 불지(佛智)의 바다에 들여보내려고 생각했기 때문에", 부처의 위신력을 받아서 설법하겠다고 생각해 삼매에서 일어납니다. 그러자 모든 세계가 여섯 가지로 진동하고, 기이하고 상서로운 징조가 일어납니다. 이하에서 보현의 설법이 이루어집니다.

이렇게 어느 보살도 비로자나불 앞에서 삼매에 들어, 모든 부처께 많은 힘을 받은 후에 삼매에서 일어나 설법합니다. 그것은 실은 모두 비로자나불의 본원력에 의한 것입니다.

물론 각자의 보살이 원행(願行)한 힘에 따른 것이겠지만, 근본적으로는 빛의 부처·비로자나불의 본원력에 의한 것입니다. 우리들 생명의 근원에서 비로자나불이 본원을 완성해서 광명변조의 부처가 되고, 해인삼매에 머문다는 사태가 있고, 그 힘을 받은 가지각색의 보살들, 사람들의 활동이 있습니다. 『화엄경』이 주장한 것의 핵심은 여기에 있는 것처럼 저에게는 생각됩니다.

　이렇게 불과(佛果)를 실현해가는 길로서의 본원력에 뒷받침된 만행(萬行), 보살도의 세계를 『화엄경』에서는 매우 환상적이고, 신비하게, 또한 장대한 스케일로 화려하게 설해갑니다.

3 마음은 화가와 같아서

『화엄경』과 유식사상

『화엄경』에는 다양한 가르침이 공존합니다. 무자성·공의 가르침이 있다면, 여래장사상의 가르침도 있습니다. 또한 중중무진 연기의 가르침도 있습니다. 물론 그 다양한 가르침을 어떻게든 통일적으로 파악해야 할 것입니다.

『법화경』도 또한 관음신앙이 있고, 다라니(陀羅尼)[진언(眞言)·주문(呪文)]의 수지가 있어서, 실로 다양한 가르침을 포함합니다. 아무래도 인도는 그와 같이 다양성의 혼재를 좋아하는 것과 같은 품의 깊이가 있는 듯합니다. 작가인 엔도 슈사쿠(遠藤周作)는 갠지스강이 죽은 동물이나 죽은 사람을 포함해 모든 것을 품어 안으면서 도도히 흐르는 모습에서 깊은 공감을 느낀 것 같습니다. 그것이야말로 인도를 상징하는 무엇이라고 해야 할 것입니다.

『화엄경』의 다양한 사상 가운데 중요한 사상의 하나로 유심사상(唯心思想)이 있습니다. 나중에 치밀하고 장대한 철학적 체계를 구축하는 유식사상도 자신들의 연원을 『화엄경』에서 구합니다. 예를 들어 『섭대승론』은 유식사상의 문헌적 근거로서[교증(敎證)], 『십지경』(『화엄경』「십지품」에 편입) 가운데의 "이 삼계는 다만 마음뿐이다."[三界唯心]라는 구절과 『해심밀경』 가운데의 "[감각·지각 등의] 식(識)들의 대상은 다만 그 식이 나타난 것이다." 운운하는 구절을 듭니다.

최근 "세계는 다만 식이 드러내놓은 것일 뿐이다."라고 설한 유식의 사상은 널리 알려지게 되었습니다. 근대 합리주의에 기초한 과학의 지견에 한계를 자각하여, 세계의 존재감이 묘하게 엷어진 오늘날에 있어서, 유식사상은 어딘가 끌리는 무엇이 있는지도 모르겠습니다. 이번 장에서는 특히 이 유식사상을 화엄종에서 어떻게 취급하는지에 대해서 살펴보기로 합니다.

유식사상의 관점

우선, 간단하게 유식의 사고방식에 대해서 정리해 둡시다. 이것은 인도에서 미륵(彌勒)·무착(無着)·세친(世親)에 의해서 집대성됩니다. 후에 『서유기(西遊記)』로 유명한 현장삼장(玄奘三藏)이 인도의 나란다(Nalanda) 학원에서 당시 가장 새로운 유식철학을 수학하고, 그것을 중국에 가지고 돌아와서 법상종(法相宗)이 성립됩니다. 그것은 거의 동시에 일본에도 전해졌습니다.

오늘날 우리는 "세계는 물(物)의 집합이라고 할 수 있다. 그 物에서 생긴 존재의 하나로 인간도 있다. 인간을 구성하는 物은 마음을 만들고, 외부의 物을 비추어 취하고 있다."는 구도를 암암리에 인정하고 있습니다. 이것은 유물론(唯物論)이라고도 할 수 있으며, 대상으로서의 物에 대해서 物과는 다른 마음이 그것을 인식한다는 이른바 물심이원론(物心二元論)[주(主) - 객(客) 이원론]의 틀을 인정하는 것이라고도 할 수 있습니다. 그러나 과연 정말 안에 마음이 있고, 밖에 物이 있어서, 마음은 외부의 物을 그대로 비추어 취하는 것일까요?

차근차근 생각해보면, 적어도 외부에 物이 있다고 해서, 예컨대 시각을 예로 들어 보았을 경우, 物의 색깔·모습 등이 안구의 망막에 비칩니다. 그러나 그 상(像)의 정보는 각각의 세포에서 시신경을 통해서 뇌에 보내지는 것입니다. 보내지는 것은 어디까지나 정보이자 전기적인 신호라고도 할 수 있는 것으로, 이미 그 상(像) 그 자체는 아니라고 생각합니다. 뇌는 이 정보를 해독해서 하나의 영상(映像)을 만들어내서 안구의 맞은편에 비추어 나타냅니다. 物을 보는 일은 이렇게 해서 성립하는 것은 아닐까요?

그렇다면 우리가 보고 있는 것은 외부의 物 그 자체는 아닙니다. 뇌가 만들어낸 영상을 보고 있다는 말이 됩니다. 뇌는 어떤 영상을 만들어내서 그것을 뇌 자신이 보고 있고, 인식하고 있는, 영상을 만들어낸 것이 보는 형태로 인식하는, 이와 같이 생각하지 않을 수 없습니다.

이것은 시각(視覺)의 경우뿐만이 아닙니다. 우리가 보거나 듣거나 알거나 하는 일의 전부도 마찬가지 구조 안에 있다고 생각하지 않을 수 없는 것입니다.

노벨상을 수상한 도네가와 스스무(利根川進) 선생은 스스로 유심론자(唯心論者)라고 말합니다. 곧 "인간 뇌의 모습이 다르면, 우리는 다른 모습의 세계를 볼 것이다. 그래서 유뇌론자(唯腦論者)이고, 그런 의미에서 유심론자이다."* 라고 첨단 과학자 자신이 말하고 있는 것입니다.

그 뇌의 작용, 결국 스스로 영상을 만들어내고 그것을 인식하는 작용을 마음이라고 하면, 적어도 우리가 경험하는 세계는 모두 그 마음 가운데라는 것이 됩니다. 유식이라고 할 때 식도, 바로 그러한 자신 안에 대상상(對象像)을 띄우고, 그것을 인식하는 것과 같은 일입니다. 그것은 물(物) － 심(心)과 명확하게 구분된 후의 마음은 아닙니다. 대상상을 자신 안에 포함한 마음의 상태로, 사실상 색이 보인다는 사실 그 자체, 음이 들린다는 그 사실 이외의 어떤 것도 아닙니다. 그것을 '식'이라고 부르고, 세계는 그것들로 이루어져 있을 뿐이라는 것입니다. 그러니까 식은 마음이라기보다는 事 그 자체, 유식은 유심론이라기보다는 사적(事的) 세계관이라고 해야 합니다.

하지만 과연 우리가 보거나 듣거나 하는 일이 주관의 측면에 갖추어

---

* 　立花隆·利根川進, 『精神と物質－分子生物学はどこまで生命の謎を解けるか』, 文春文庫.

진 것이라고 해도, 그 영상의 근원이 되는 어떤 외계의 物이 있는 것이 아닌가 하는 의문은 강고하게 남는 것이 틀림없습니다. 우리가 사는 세계는 시공간적으로 일정한 질서가 있는 이상, 그 배경에 객관적인 物의 세계가 있는 것은 아닌가, 이 의문은 지극히 당연합니다.

이것에 대해서 유식에서는 아뢰야식(阿賴耶識)이라는 식을 세우는 것에 의해서 해결합니다. 어떤 외계(外界)일지라도 마음과 독립한 존재는 없다는 것입니다. 이 상세한 것에 대해서는 더 이상 설명을 생략합니다.[유식에 관한 졸저를 참조하세요.] 이러한 유식의 주장 배경에는 수행자의 선정 체험, 유가행 체험이 있을 것입니다. 유식의 학파명은 유가행파(瑜伽行派)라고 합니다. 어쨌든 이러한 식에 안식(眼識)·이식(耳識)·비식(鼻識)·설식(舌識)·신식(身識)·의식(意識)의 여섯 가지 식과 말나식(末那識)·아뢰야식(阿賴耶識)의 두 가지 식을 더하여 팔식(八識)을 가르치고, 그들 팔식을 중심으로 세계와 자기를 설명하려는 것이 유식의 가르침, 법상종의 사상입니다.

삼계유심의 가르침

『화엄경』에서 설한 유심사상, 유식사상은 어떤 것일까요? 앞의 '삼계유심' 구절은 『화엄경』 「십지품」에 나오는 것입니다. 십지(十地)란 열 가지 단계를 설정한 보살의 수행도(修行道)로 환희지(歡喜地)·이구지(離

垢地)·발광지(發光地)·염혜지(焰慧地)·난승지(難勝地)·현전지(現前地)·원행지(遠行地)·부동지(不動地)·선혜지(善彗地)·법운지(法雲地)입니다. 순서대로 주로 십바라밀(十波羅蜜)을 닦는 것입니다. 그 십바라밀이란 보시(布施)·지계(持戒)·인욕(忍辱)·정진(精進)·선정(禪定)·지혜(智慧)·방편(方便)·원(願)·역(力)·지(智)라는 것입니다. 이 가운데 제6 현전지 곧 지혜바라밀(智慧波羅蜜)[반야바라밀(般若波羅蜜)]의 수행이 주제가 되는 단계에서 삼계유심의 가르침을 설합니다.

참고로 바라밀은 예로부터 '도피안(到彼岸)'으로 번역되어 왔습니다. 이것은 피안에(pāram) 이르는(ita) 상태(tā)의 해석에서 나온 것입니다. 이 ita는 '가다'의 과거분사이고, 이 과거분사는 '이미 간, 도달한'이라는 의미로 해석됩니다. tā는 추상명사를 만드는 어미입니다. ita의 ta가 탈락한 ita＋tā가 itā로 된다고 합니다.

그렇다면 각각의 수행은 그 수행 가운데서 이미 피안에 도달해 있는 듯한 그와 같은 수행이라는 사실도 됩니다. 결국 대승의 수행은 수증일등(修證一等)*의 수행이라는 것입니다.

한편 최근에는 이 말은 정확히 pāramī이며, pāramin이라고 하는 '뛰어난 것', '완전한 것'을 의미하는 말에 추상명사를 만드는 어미 tā가 결합된 것으로, 완전한 상태, 뛰어난 상태를 의미한다고 합니다. 그 경우 종종 '완성(完成)'이라고 번역되지만, 그 원래 의미는 오히려 '완전한 상태' 쪽이

---

* 수증일등(修證一等): 수행(修行)과 증오(證悟)를 하나로 보는 입장. 수행이 그대로 깨달음이고, 깨달음은 수행 이외에 따로 없다는 것.

적절합니다. 육바라밀이나 십바라밀은 완전한 수행으로 다른 수행과는 구별되는 가장 뛰어난 수행이라는 것이 됩니다.

그것은 그렇고, 「십지품」의 제6 현전지에 나오는 삼계유심의 구절을 경전에 의거해서 보면, 다음과 같습니다.

> 불자여, 보살은 또한 이와 같이 생각한다. "삼계(三界)는 허망하고, 다만 일심(一心)이 지은 바이다. 십이인연(十二因緣)은 모두 이 마음에 의한다."

삼계란 욕계(欲界)·색계(色界)·무색계(無色界)의 세 가지 세계로, 욕계란 욕망이 소용돌이치는 세계, 색계란 욕망은 뒤따르지 않지만 감각이 있는 세계, 무색계란 감각도 소멸한 세계로 선정이 깊어진 세계입니다. 이 세 가지 세계는 아직 미혹 가운데의 세계입니다.

우리는 육도윤회(六道輪廻)[육취윤회(六趣輪廻)]한다고 하며, 그 육도(六道)란 지옥(地獄)·아귀(餓鬼)·축생(畜生)·수라(修羅)·인간(人間)·천상(天上)이라는 것입니다. 천상이란 신(神)들의 세계입니다. 이미 욕계에 이 여섯 가지 세계가 있고, 색계·무색계는 천상뿐입니다. 이런 형태로 삼계는 육도와 같은 것으로, 경전은 결국, 삼계의 지옥에서 천상까지의 전부는 다만 일심이 만들어낸 것일 뿐이라고 언명하는 셈입니다. 그것은 생사윤회 그 자체가 일심에 의하기 때문일 것입니다. 그것을 십이인연은 모두 마음에 의한다고 말하고 있습니다. 이 십이인연이라는 것은 생사윤회의 상태와도 다르지 않습니다.

그러면 십이인연＝십이연기가 일심에 의한다는 이 의미는, 도대체 무엇일까요?

십이연기설의 의미

그것을 고찰하기에 앞서, 여기에 십이연기(十二緣起)의 설이 나와 있기 때문에 약간 옆길로 새지만, 십이연기에 기초한 생사윤회(生死輪廻)의 구조에 대해서 조금 해설하겠습니다.

십이연기는 무명(無明)·행(行)·식(識)·명색(名色)·육입(六入)·촉(觸)·수(受)·애(愛)·취(取)·유(有)·생(生)·노사(老死)라는 열두 개의 사항에서 연기를 이루어, 우리의 생·노사라는 고통이 발생하는 사실을 설하는 것입니다. 아마 처음에는 우리들의 근본적 고통인 노사의 고통은 왜 일어나는지와 그 원인을 추구했을 것입니다.

왜 노사(老死)가 있는가, 그것은 생(生)이 있었기 때문이라고 알게 됩니다. 그러면 왜 생이 있는가, 그것은 유(有)가 있었기 때문이라고 알게 됩니다. 이렇게 결국 생·노사의 괴로움이 출현한 근본에 무명(無明)이 있다는 것을 밝혀냅니다. 그것이 이 십이연기설의 첫째 포인트입니다.

무명(無明)이라는 근원적으로 어두운 것, 무지(無知)한 것이 있기 때문에, 그 조건 아래에서 여러 가지가 나와서, 이윽고 생사윤회하지 않는 것이 없다는 것입니다.

그 모습을 이제 설일체유부(說一切有部)*의 해석에 따라서 설명하자면, 먼저 무명을 품어, 그 아래에서 갖가지의 행위를 하는 일에 의해서 업(業)을 만들게 됩니다. 특히 무명의 상태에서 아집(我執)이 자기의 마음에 만연하기 때문에, 그것이 내세에 다시 태어나는 업을 만드는 요인이 됩니다.

이렇게 다음 세상에서 모태(母胎)면 모태에 생(生)을 받는바, 그것이 식(識)입니다. 다음 명색(名色)의 명(名)은 오온(五蘊) 가운데 색(色)이 아닌 사온(四蘊), 곧 수(受)·상(想)·행(行)·식(識)에 관한 것을 의미하며, 이 명과 색이 명색으로, 결국 명색이란 오온(五蘊)[색·수·상·행·식]입니다. 그러니까 명색이란 개체를 구성하는 요소의 전부라는 것이 됩니다.

다음의 육입(六入)은 안(眼)·이(耳)·비(鼻)·설(舌)·신(身)·의(意)로, 모태 가운데서 각 기관[根]이 형성된 곳입니다. 따라서 그 앞의 명색은 각 기관이 형성되기 이전의 태아(胎兒)[개체(個體)]입니다.

촉(觸)은 모태에서 출생하여, 마음과 외계의 대상이 접촉(接觸)하는 것을 말합니다. 그렇지만 2, 3세까지를 나타낸다고 봅니다.

다음의 수(受)는 감정(感情)의 표현이 돋보이는 단계로, 이른바 소년기입니다. 애(愛)는 불교에서 애착·집착을 의미하여, 그 마음이 두드러

---

* 설일체유부(說一切有部): 불교 교단이 분열해서 부파불교의 시대에 이를 무렵에 가장 유력했던 학파. 제법(諸法)은 과거·현재·미래에 걸쳐서 실재한다고 주장했다. 그 교리는 『구사론(俱舍論)』에 요령 있게 잘 정리되어 있다.

진 단계로, 이른바 청년기일 것입니다. 취(取)는 그 집착이 더욱 격렬함을 더하는 단계로, 이른바 장년기입니다. 이렇게 애·취라는 단계에서 자아를 사랑한 나머지 대상에의 집착을 자주 일으켜서, 또한 업을 짓게 됩니다. 그것이 유(有)입니다.

이 때문에 다시 다음 세상에 태어나게 되어, 일기(一期)의 생(生)을 보내며 늙고 죽어갑니다. 십이연기는 이와 같이 과거에서 현재로, 현재에서 미래로라는 이중의 인과를 포함한 설명[삼세양중(三世兩重)의 인과설(因果說)]이라고 보는 것이, 설일체유부에 의한 십이연기의 대표적인 해석입니다.

이와 같이 십이연기설은 매우 흥미 깊은 상세한 분석이 이루어지지만, 결국 우리는 무명을 안고 있는 존재여서 생사윤회해 마지않게 된다는 것입니다. 결국은 무명만 멸하면 행도 없어지고, 식도 없어지고, 나아가서 생·노사도 없어진다는 것입니다. 곧 수행의 초점은 무명을 끊는 것과 다르지 않다고 분명하게 목표가 선 셈입니다. 이것도 십이연기설의 중요한 의미의 하나입니다. 십이연기를 관찰할 때는 그와 같이 순관(順觀)과 역관(逆觀)의 두 쪽을 닦아야 할 것입니다. 지금 십이연기설의 대표적인 해석을 들었지만,『화엄경』「십지품」은 그 부근을 다음과 같이 설합니다.

또한 "범부는 지혜가 없어서 아(我)에 집착하고, 늘 유(有)·무(無)를 구해서 바르게 사유하지 못하고, 망행(妄行)을 일으켜서 삿된 길을 가고, 죄행(罪行)·복행(福行)·부동행(不動行)을 적집해서 증장한다. 이 행을 따르기 때문에 유루심(有漏心)의 종자를 일으키고, 유루(有漏)·유취(有取)의 마음을 따르기 때문에 생사(生死)의 몸을 일으킨다. 곧 업(業)을 밭으로, 식(識)을 종자로, 무명(無明)을 덮개로, 애(愛)를 물기로, 아집(我執)을 물 댐으로 다양한 견망(見網)을 증장하여 명색(名色)의 싹을 낳는 다. 명색이 증장해서 오근(五根)을 낳고, 근(根)들이 화합하기 에 촉(觸)을 낳고, 촉에서 수(受)가 생기고, 수를 즐기기에 애(愛)가 생기고, 애가 증장하기에 취(取)가 생기고, 취의 인연 때문에 유(有)가 있으며, 유 때문에 오온(五蘊)이 몸을 일으킴을 생(生)이라 하고, 오온의 몸이 변하여 쇠퇴함을 노(老)라 하고, 오온의 없어짐을 사(死)라고 한다. 노(老)·사(死)의 시(時)에 있 어서 갖가지 열뇌(熱惱)를 낳고, 열뇌 때문에 우수(憂愁) 비탄(悲嘆)의 여러 고통이 적집한다. ─이 십이인연(十二因緣)에는 원래 모인 것도 없고 흩어진 것도 없어서, 연(緣)이 합해지면 발생하고, 연(緣)이 흩어지면 다하는 것이다."라고 생각한다. 보살은 이와 같이 제6지 가운데에서 순서를 따라 십이인연을 관찰한다.

더욱이 무명에 대해서는 이후에 "실제와 같이 제일의제(第一義諦)를 요지하지 못함을 무명이라고 한다."라고 합니다.

유심과 십이연기설

어쨌든 이와 같이 십이연기설은 생사윤회의 구조, 바꿔 말하면 인간의 근본적 고뇌가 생기는 구조를 기술한 것입니다. 이것에 대해서 「십지품」은 앞에서처럼,

삼계는 허망하고, 다만 일심이 지은 바이다. 십이인연은 모두이 마음에 의존한다.

라고 설합니다. 그러면 왜 삼계는 일심이 지은 바이고, 십이연기는 마음에 의할까요? 이에 대해서 「십지품」은,

왜냐하면 사(事)에 따라서 욕심(欲心)을 낳는다. 이 마음은 곧이 식(識)이고, 사(事)는 이 행(行)이고, 행(行)은 마음을 속이기때문에 무명(無明)이라고 한다. 식(識)이 의지하는 바를 명색(名色)이라고 부르고, ……

라고 합니다. 이것을 보면 모든 대상에 관련된 행위에 따라서 욕심을 일으켜, 그 욕심이 근본이 되어 업에 기초한 연기가 전개되는 것이므로 십이연기도 삼계도 마음에 의한다고 말하는 것처럼 보입니다. 그래서 유식에서는 삼계유심을 설하는 이 부분을 자신들의 사상적 근거로 삼습니다.

그렇다고는 하지만 이 부분의 주된 의미는 연기에 의해서 모든 세계가 발생해 일어나므로, 모든 것은 무자성(無自性)·공(空)인 사실을 관찰하는 일에 있는 듯합니다. 「십지품」은 다음과 같이 말합니다.

> 불자여, 보살마하살은 이와 같은 열 가지 종류의 모습으로써 다양한 연기(緣起)를 관찰하여 아(我)도 없고, 인(人)도 없고, 수명(壽命)도 없고, 자성(自性)이 공(空)해서 작자(作者)도 없다면, 수자(受者)도 없다는 사실을 알아서 바로 공해탈문(空解脫門)에 들어간다. 또한 여러 가지의 유지(有支)를 관찰함에서 모든 자성이 멸해 필경에는 해탈하여 소법(少法)으로서 상(相)이 발생하는 것이 없기 때문에 즉시 무상해탈문(無相解脫門)에 들어간다. 이와 같이 공(空)·무상(無相)에 들어가서 원구(願求)할 어떤 것도 보지 않고, 다만 대비(大悲)를 제일로 중생을 교화해 즉시 무원해탈문(無願解脫門)에 들어갈 수 있다. 보살은 이 세 가지 해탈문을 닦아서 피(被)·아(我)의 생각을 떠나고, 작자(作者)·수자(受者)의 생각을 떠난다.
>
> (중략)
>
> 불자여, 보살은 이와 같이 유위(有爲)의 법(法)은 무성(無性)이어서 견고(堅固)한 모양을 떠나 있고, 발생하는 것도 없다면 소멸하는 것도 없다고 알고, 또한 항상 대비(大悲)를 일으켜서 중생을 버리지 않아 곧 장애 없는 반야바라밀을 얻어서 광명이 현전(現前)한다.

여기에 '현전지(現前地)'라고 불리는 첫째의 이유가 밝혀집니다. 십이연기의 관찰에서 반야(般若)의 지혜가 생기고 광명(光明)이 현전합니다. 그것은 실체적인 존재의 일체를 떠나고[피(彼)·아(我), 작자(作者)·수자(受者)], 유(有)·무(無)를 떠나고, 불생불멸(不生不滅)을 통찰하는, 그런데도 대비(大悲)의 마음으로 가득 찬 것이었습니다.

마음은 화가와 같아서

이렇게 유식 측에서는 『화엄경』의 '삼계유심'을 자기의 근거로 삼지만, 『화엄경』 자신은 반드시 그 의지(意旨)를 설하는 것만은 아니었습니다. 그렇지만 『화엄경』에는 다른 곳에서도 유심사상을 설하는 부분이 있습니다. 그것은 「야마천궁보살설게품」입니다. 이쪽이 오히려 유식사상에 가깝습니다. 「야마천궁보살설게품」에는 다른 경우와 마찬가지로, 여기서도 부처님 주위에 열 사람의 보살이 많은 권속과 함께 머무르며, 부처가 광명을 발하는 등 신기한 변화를 일으키면, 그 열 사람의 보살들이 게송으로써 여래(如來)를 찬탄합니다. 그 가운데서 여래림보살(如來林菩薩)은 부처님의 위신력을 받아서 두루 시방을 관찰하고, 다음과 같은 게송을 설합니다.

예컨대 솜씨 좋은 화가가
갖가지 채색을 분포하듯이
허망하게 모양을 차별하지만
사대(四大) 그 자체에 차별은 없네.

사대가 채색은 아니고
채색이 사대는 아니지만
그렇다고 사대의 본새를 떠나서
따로 채색이 있는 것은 아니네.

마음이 채색된 그림의 색은 아니고
채색된 그림의 색이 마음은 아니지만
그렇다고 마음을 떠나서 그림의 색은 없고
그림의 색을 떠나서 마음은 없네.

마음은 언제나 머물지 않고
무량해서 생각하여 헤아리기 어렵지만
모든 것을 나타내고
그런데도 각각 서로 알지 못하네.

예컨대 솜씨 좋은 화공이
자신의 마음을 알지 못하지만
그런데도 마음에 따라서 그리듯이
만유의 본성도 또한 그것과 마찬가지네

마음은 솜씨 좋은 화공과 같아서
다양한 오온을 그리고
모든 세계의 안에서
무엇이고 짓지 못하는 일이 없네.

부처도 또한 마음과 같고
중생도 또한 부처와 같아서
마음과 부처와 중생
이 세 가지 것은 차별이 없네.

제불(諸佛)은 모두
모든 것이 마음에서 일어난다고 잘 아시니
만일 이와 같이 잘 알면
그 사람은 진정한 부처를 뵙는 것이네.

마음은 몸에 머물지 않고
몸도 또한 마음에 머물지 않으나
불사(佛事)를 이룸이 자재하니
일찍이 있어 본 적이 없네.

사람이 만일 삼세의 모든 부처를 알고자 하면
바로 이와 같이 관찰하는 것이 좋네.
마음이
모든 여래를 만든다고

여기서 모든 것은 마음이 그려낸 것이라고 합니다. 도대체 왜 세계는 마음이 그려낸 것일까요?

이미 언급한 것이지만, 우리는 보통 보거나 듣거나 하는 것은 밖에 있는 것을 직접 보거나 듣거나 하는 것이라고 생각합니다. 그렇지만 그 것을 어떻게 포착할 수 있을까요? 눈과 귀로 들어오는 정보는 반드시 뇌에서 일단 계산되고, 그 뇌가 지금 우리가 보는 것과 같은 색(色)·음(音) 등을 드러내고 있을 것입니다.

실은 뇌가 스스로 나타낸 색이나 음을 보는 것입니다. 이 뇌가 색이나 음을 나타내 드러내는 기능을 마음이라고 하면, 마음은 스스로 색·음 등을 그려내서 그것을 보고 있다는 사실이 될 것입니다. 이렇게 실은, 세계는 마음이 그려낸 것입니다. 확실히 마음은 솜씨 좋은 화가와 같은 것입니다.

그렇지만 역시 색이나 음 등은 마음이 그려낸 것으로, 그 정보를 눈과 귀 등에 내보내는 외계의 物이 있는 것은 아닌가라는 의문을 제기할 것입니다. 되풀이하지만, 그 질문은 지극히 당연한 질문이라고 생각합니다. 서양의 대표적인 철학자 칸트나 로크도 그렇게 생각했습니다.

그러나 불교는 그것도 넓은 의미에서의 마음 안에 있다고 생각하는 것 같습니다. 유식에서는 그 외계의 物에 해당하는 것을 아뢰야식이라는 심층식(深層識)의 가운데서 구합니다. 게다가 보거나 듣거나 하는 마음도 그 아뢰야식 가운데서 나온다고 합니다. 이 부근의 상세한 설명은 생략합니다. 여하튼 이렇게 모든 세계는 마음이 그려낸 것입니다.

유심과 부처의 관계

「야마천궁보살설게품」의 여래림보살 게송에서는 그러한 마음이 모든 것을 짓는다고 보면 부처를 보는 것이라고 했습니다. "제불은 모두, 모든 것은 마음에서 일어난다고 잘 아시네. 만일 이와 같이 잘 알면, 그 사람은 진정한 부처를 보는 것이네."라고 했고, 역으로 "사람이 만일 삼세의 모든 부처를 알려고 하면, 바로 이와 같이 관찰하는 것이 좋네. 마음이, 모든 여래를 만든다고."라고 했습니다.

마음이 만든다는 것은 세계가 실체(實體)는 아니고 허깨비와 같은 현상(現象)에 불과하다는 사실입니다. 그것에 대해서 실체로 본 잘못으로 이것에 집착하는 바에 우리의 병·고통이 있기 때문에, 세계는 마음이 만들 뿐이라고 깨달아 실체관(實體觀)을 떠난다면, 본래의 세계를 있는 그대로 볼 수 있습니다. 더구나 화공은 "자신의 마음을 알지 못하지만, 그런데도 마음에 따르는" 것처럼, 주체 그 자체는 대상으로서 붙잡을 수는 없습니다. 대상에 집착하지 않고 주체를 대상화하지 않아야, 그때 생명은 흐르듯 울림을 낼 것입니다.

거기가 "마음은 몸에 머물지 않고, 몸도 또한 마음에 머물지 않으나, 불사를 이룸이 자재하니, 일찍이 있어 본 적이 없네."로 말한다고 생각합니다. 유(有)라는 형태로 잡을 수 없고, 어디에도 머물지 않는, 그것은 주체로서의 마음 작용 그 자체로, 그런데도 자재하여 불사(佛事)를 이룰 수 있는 것입니다.

이렇게 보면, 화엄의 유심사상은 단순히 세계를 마음으로 돌리는 것이 아닙니다. 머물지 않고서 세계를 그려나가며, 계속 작용하여 멈추지 않는 일, 거기에서 세계의 근본을 보는 사상이라고 할 것입니다.

덧붙여서 이 게송의 마지막 "사람이 만일 삼세의 모든 부처를 알고자 한다면, 바로 이와 같이 관찰하는 것이 좋네. 마음이 모든 여래를 만든다고"의 시(詩)는 지옥을 깨뜨리는 게송으로 알려져 있습니다. 그것은 다음과 같은 고사(故事)에 따른 것입니다.

> 당나라의 도시 낙양에 왕명간(王明幹)이라는 사람이 있었는데, 어떠한 착한 일도 안 하고 병으로 죽었다. 끌려가 지옥에 도착하자, 문 앞에 지장보살이 계셔서 구제를 구했더니, 다음의 한 게송을 읊으면 지옥을 벗어날 것이라고 가르쳐 주었다.
>
> 若人欲了知 三世一切佛 應當如是觀 心造諸如來 (만일 사람이 삼세의 모든 부처를 알고자 하면, 마땅히 이와 같이 관찰하라. 마음이 모든 여래를 만든다고)
>
> 염라왕의 규명(糾明)에 대해서 이 네 구절의 게송을 외우자 정말로 지옥을 벗어날 수 있었다고 한다. 이것에 의해서 이 게송은 '파지옥게(破地獄偈)'라고 불린다.*

---

*   末綱恕一, 『華厳経の世界』, 春秋社.

그러면 왕양간은 지옥을 벗어나 어디로 갔을까요? 마음이 만든다고 안다기보다, 그 마음으로 완전히 되어버릴 때, 진여(眞如)에 대면할 것입니다.

현재 도다이지에서는 이 게송 가운데, 『육십화엄』의 '심여공화사(心如工畫師)'에서 '심조제여래(心造諸如來)'까지의 다음 백 글자를 '화엄유심게(華嚴唯心偈)'로 일컬으며, 사경(寫經)에 제공합니다.

心如工畫師　畫種種五陰　一切世界中　無法而不造
如心佛亦爾　如佛眾生然　心佛及眾生　是三無差別
諸佛悉了知　一切從心轉　若能如是解　彼人見真佛
心亦非是身　身亦非是心　作一切佛事　自在未曾有
若人欲求知　三世一切佛　應當如是觀　心造諸如來

그 사경은 놀랍게도 대불(大佛) 모양의 태내(胎內)에 넣을 수 있다고 합니다. 멋진 일입니다. 다만 사경의 진정한 공덕(功德)은 일심(一心)으로 베끼고 있는 그 주체 그 자체, 결코 붙잡아 취할 수 없는 그 작용 그 자체에 있을 것입니다.

십중유식의 관점

이상으로『화엄경』의 유심사상, 유식사상을 살펴보았습니다. 그것은 반드시 정치한 것만은 아닙니다. 그러나 화엄종의 법장은『탐현기』에서『화엄경』「십지품」의 '삼계유심(三界唯心)' 구절에 대하여, 그 유심이라는 것에 관해서 십의 입장에서 주석을 덧붙입니다. 그것은 십중유식(十重唯識)이라고 불립니다. 한마디로 마음이라고 해도, 그 포착 방식은 끝없이 깊어가서 궁극적으로는 중중무진 연기의 세계 그 자체로서 포착되는 것에 도달합니다. 그러면 다음으로 이 설을 한번 훑어보기로 합시다. 먼저 십중유식의 하나하나 명칭을 앞에 들면, 다음과 같습니다.

> 1. 상견구존유식(相見俱存唯識)
> 2. 섭상귀견유식(攝相歸見唯識)
> 3. 섭수귀왕유식(攝數歸王唯識)
> 4. 섭말귀본유식(攝末歸本唯識)
> 5. 섭상귀성유식(攝相歸性唯識)
> 6. 전진성사유식(前眞成事唯識)
> 7. 이사무애유식(理事無礙唯識)
> 8. 융사상입유식(融事相入唯識)
> 9. 전사상즉유식(全事相卽唯識)
> 10. 제망무애유식(帝網無礙唯識)

이 십중유식은 법상종의 자은대사(慈恩大師) 규기(窺基)가 제창한 오중유식관(五重唯識觀)을 참고한 것으로 생각됩니다. 그 오중유식설은

1. 견허존실식(遣虛存實識): 실아(實我)·실법(實法)을 부정하고, 팔식(八識) 및 진여(眞如)를 보존한다.
2. 사람유순식(捨濫留純識): 상분(相分)을 버리고 견분(見分) 등의 후삼분(後三分)을 남긴다.
3. 섭말귀본식(攝末歸本識): 상분·견분의 이분(二分)을 자체분(自體分)으로 돌이킨다.
4. 은열현승식(隱劣顯勝識): 심소(心所)를 숨겨서 심왕(心王)만을 나타낸다.
5. 견상증성식(遣相證性識): 식(識)으로서의 상용(相用)을 남겨서 진여(眞如)를 깨닫는다.

라는 것으로, 꽤 어려운 말에 따른 것이지만, 십중유식의 앞 단계와 가까운 것입니다. 다만 이 유식의 오중유식관은 진여·법성을 증명하는 것으로 끝나고 있어, 거기서 다시 현실세계로 돌아가는 길이 설해지지 않았습니다. 무분별지(無分別智)에 의해 진여를 증명하면, 자연히 분석적인 후득지(後得智)가 발동되어오는 까닭에, 관법(灌法)으로서는 충분히 역할을 다하는 셈이지만, 화엄은 십중유식을 설하여 그 위에 사사무애의 세계마저도 유식으로 설합니다.

각 유식의 관점 ① 전반부의 다섯 가지

이제 십중유식의 하나하나에 대해서 간단히 설명하고 갑시다.

우선 제1의 상견구존유식(相見俱存唯識)이란, 세계는 오직 식뿐이라는 사실을 전제로 해서, 그 식 가운데에 있는 대상면(對象面)[상분(相分)]과 주관면(主觀面)[견분(見分)]이 모두 있다는 입장에서 세계를 보는 것입니다. 앞에서도 말씀드렸듯이 유식에서는 식 가운데에 그 대상이 나타난다고 합니다. 우리가 색깔·소리 등을 보거나 듣고 있을 때, 그것은 뇌가 만들어낸 영상(映像)으로, 그것은 뇌의 작용 가운데에 있는 것입니다. 뇌의 작용을 마음 혹은 식이라고 부른다면, 심(心)·식(識)은 그 안에 대상상(對象像)을 그려낸 그것을 인식하고 있을 것입니다.

그렇다면, 심·식의 가운데에 대상의 면과 주관의 면이 갖추어져 있다는 것이 됩니다. 유식의 용어로 전자를 상분(相分), 후자를 견분(見分)이라고 합니다. 그 쌍방이 있는 것이기는 하지만, 그것들을 기초로 해서 그 위에 구상(構想)된 실아(實我)·실법(實法)[실체(實體)]로서의 아트만과 다르마]은 결코 존재하지 않습니다. 그것을 표현하는 말이 상견구존유식입니다. 호법(護法)의 입장을 존중하는 법상종의 기본적인 사고방식이, 이 입장입니다.

다음으로 제2의 섭상귀견유식(攝相歸見唯識)이란, 식의 상분을 견분으로 돌이켜서, 세계는 각 식의 견분뿐이라는 형태로 보는 입장입니다. 확실히 상분은 식의 소현(所現)으로, 그 식이란 견분이라고도 할 수 있기 때문에, 이러한 사고방식도 성립되는 셈입니다.

또한 법상종에서는 식에 대해서 상분·견분 외에 자증분(自證分), 그 위에 증자증분(證自證分)의 모두 사분(四分)을 세웁니다. 자증분은 견분이 본 것을 확인하고, 증자증분은 자증분이 본 것을 확인합니다. 증자증분이 보는 것은 자증분이 확인함으로써, 무한소급에 빠지지 않는 사분이 됩니다. 우리의 의식 세계를 생각하면, 무엇을 생각하거나 판단하는 그것을 또한 보는 것이 있는 사실을 자각할 것입니다. 그러한 식의 구조를 논리적으로 파악하여, 이것을 모든 식에 적용해 식에는 사분이 있다고 하는 것입니다.

그러나 나머지 삼분(三分)[견분(見分)·자증분(自證分)·증자증분(證自證分)]을 모아서 견분이라고 하는 일도 있습니다. 그러니까 상(相)을 거두어서 견(見)으로 돌이킨다고 할 때의 '견(見)'은, 식의 체(體)도 의미하는 후삼분(後三分)으로서의 견분이라는 사실에 유의합시다.

다음으로 제3의 섭수귀왕유식(攝數歸王唯識)이지만, 그 '수(數)'라는 것은 심수(心數), 곧 심소유법(心所有法)[심소(心所)]입니다. 그것의 구역(舊譯)은 심수(心數)라고 했습니다. 법상유식(法相唯識)은 오위백법(五位百法)의 아비다르마(abhidharma)*를 설명하여, 마음이라는 것을 다양하게 분석합니다. 우선 심왕(心王)으로서 여덟 가지의 식이 있다고 합니

---

* 아비다르마(abhidharma): '대법(對法)', '무비법(無比法)', '승법(勝法)' 등으로 번역한다. 석존의 깨달음을 해석하는 그 제자들의 이론이다. dharma는 세계의 구성요소를 의미하고, abhidharma는 그것을 분석·연구하는 것을 말한다.

다. 이 심왕과 함께 하며 작동하는 개개의 마음을 심왕에 소유된 법[심왕에 귀속되는 법]이라고 해서 심소유법으로 부르고, 그것에서 오십 한 가지의 마음을 분석했습니다.

불교는 예로부터 마음을 하나의 것으로만 보지 않습니다. 하나의 마음이 다양하게 작용한다고 보지 않고, 별의 별 갖가지 마음이 연(緣)에 응해 엮여서 심리현상을 형성한다고 봅니다. 유식, 유식이라고 하지만, 사실인즉, 오직 심왕과 심소의 다양한 마음이 있을 뿐이라는 것이 그 실제의 의미입니다.

유식에서는 그 심왕·심소의 다르마는 따로따로 대개 실질적인 것이기 때문에, 심소를 완전히 부정할 수는 없습니다. 그래서 유식의 오중유식에서는 은열현승으로 심소(心所)[열(劣)]의 존재를 부정하지 않고 숨기려고 했습니다. 그러나 화엄종에서는 심소는 심왕이 나타내는 것이라고 봅니다. 그래서 여기서는 심소를 거두어 심왕으로 돌이킨다는 것이 됩니다.

다음으로 제4의 섭말귀본유식(攝末歸本唯識)은 남은 심왕(心王)[식(識)]에 팔식이 있다고 해도, 그 팔식의 가운데에 지엽적인 것을 근본이 되는 식인 본식(本識)으로 귀속한다는 것입니다. 팔식이란 안식·이식·비식·설식·신식·의식·말나식·아뢰야식입니다. 물론 근본은 아뢰야식입니다. 그 밖의 것을 묶어서 칠전식(七轉識)이라고 하지만, 그것들은 모두 아뢰야식 가운데의 종자(種子)에서 일어납니다. 그래서 칠전식을 말(末)로 보아 본식인 아뢰야식으로 돌려보내, 거기서 세계는 오직 식뿐이라고 보는 것이, 이 입장입니다.

'아뢰야(阿賴耶)'라는 것은 산스크리트어의 ālaya의 음사이며, 알라야는 '장(藏)'의 의미입니다. 곧 과거의 모든 경험을 저장하는 것이 아뢰야식입니다. 이 과거라는 것도 불교의 경우, 태어나서부터 뿐만이 아닙니다. 무시이래(無始以來)로 생사윤회해온 그 사이의 모든 것을 포함합니다. 이른바 생명 탄생 이래의 경험 전부를 거두어 넣은 것이 아뢰야식으로, 우리가 지금 보거나 듣거나 하는 일은 그러한 과거 일체의 경험을 근거로 한 것입니다.

때로는 처음 본 것인데 과거에 어디선가 본 느낌이 드는 등의 일이 있기도 합니다. 옛 시대의 야요이식 토기라든가 스에끼(須惠器) 등을 보고, 묘하게 마음이 끌리는 일이 일어나는 것도 단순히 아름답기 때문만은 아니라, 과거세의 기억이 떠오르기 때문인지도 모릅니다. 하여간 이렇게 모든 현상은 결국 근본의 아뢰야식으로 돌아가는 것이 됩니다.

그 위에 제5의 섭상귀성유식(攝相歸性唯識)은 아뢰야식도 찰나찰나에 생멸하면서 상속하는 유위법(有爲法)*이며 현상세계로, '상(相)'이라고 여깁니다. 한편 그 현상세계·유위법의 본질·본성은 공(空)이라는 본연의 모습[空性]이어서, 그 공성이야말로 유위법의 본성으로서 '성(性)'이라고 합니다. 이것을 또한 진여(眞如)라고도 법성(法性)이라고도 부르며, 저 유위의 세계인 식을 진여·법성으로 귀속해서 세계를 보는

---

* 유위법(有爲法): 현상계의 모든 사물. 이것들은 인연에 의해서 소멸하는 존재이다.

것이, 이 섭상귀성유식입니다.

법상종에서는 이 성(性), 곧 진여·법성을 상(相)이 되는 유위법과 완전히 다른 무위법(無爲法)으로 봅니다. 이 종파는 지(智)를 유위법으로 보기 때문에, 그 성(性)에 지(智)는 전혀 포함되지 않는 것이 됩니다. 성(性)을 이(理)라고도 부르므로, 이 입장은 '이지격별(理智隔別)'이 됩니다. 그러나 여래장사상이나 화엄사상에서는 진여·법성이 지(智)를 포함한다고 보기 때문에, 이 입장을 '이지불이(理智不二)'라고 합니다. 어찌됐든 일단은 모든 현상을 본성으로 돌이켜서 보는 것이 필요합니다. 실천적으로는 모든 분별을 소멸해서 평등한 세계로 들어가는 것이 됩니다.

각 유식의 관점 ② 후반부의 다섯 가지

십중유식은 제5로 전반부가 끝마쳐지지만, 여기에 이르러 마음의 근원적 바닥으로까지 내려선 느낌이 있습니다. 그러나 아직 후반부의 다섯 가지가 있습니다. 다음의 여섯째는 다시 현상세계로 되살아나는 길입니다. 흔히 선(禪)에서 "한 번 크게 죽어, 끊어진 후에 다시 살아난다."라고 하지만, 분별을 없애서 무분별로 들어가면 불가사의한 세계를 적확히 아는 지혜가 일어납니다.

제6의 전진성사유식(前眞成事唯識)은 바야흐로 그것을 말합니다. 곧 진여·법성이 전변해서 모든 현상세계를 이룬다고 보는 단계입니다. 그렇다고 해도 무엇인가 진여·법성이라는 것이 먼저 독립해서 있고, 거기에서 현상세계가 흘러나온다는 것이 아닙니다. 예컨대 "색즉시공(色卽是空) 공즉시색(空卽是色)"으로, 현상세계를 떠난 공성(空性)이 그것만으로 존재하는 것이 아니기 때문입니다. 오히려 일단 평등진여(平等眞如)를 증명하는 것에 의해서, 평등진여와 하나인 현상세계를 자각하는 일이 열린다는 사실일 것입니다.

또한 화엄종에서는 흔히 '진여불수자성(眞如不守自性)'[진여는 자성을 지키지 않는다.]이라고 합니다. 진여는 원래 스스로를 보존하지 않고, 스스로를 소멸해 무(無)가 되어서, 현상세계를 떠받친다고 합니다. 니시다 기타로(西田幾多郎)의 무(無) 사상과 통하는 무엇이 여기에 있습니다. 이 근본원리가 있기 때문에야말로 전진성사(前眞成事)라는 사실이 있다고 해도 좋을 것입니다.

마음의 근원적 바탕이 진여·법성에 있고, 더구나 그것이 스스로를 부정하여 현상세계로서 전개해가는 것이기 때문에, 이미 현상세계 그 자체가 마음이라는 사실이 될 것입니다. 다만 그 마음이란 물(物)에 대한 심(心)은 전혀 아니고, 이른바 생명 그 자체로서의 마음입니다.

그리고 제7은 제6의 전진성사유식에 입각한 이사무애유식(理事無礙唯識)이 됩니다. 전진성사는 본래 하나인 세계를 진여·법성과 현상세계로 나누고, 진여·법성에서 현상세계로 전개한다는 식으로 내용을 분해해서 보았지만, 여기서는 그것을 본래 하나인 바에 따라서 제시한 것입니다.

이사무애의 '理'란 진여·법성, '事'는 유위법의 일체, 현상세계의 일체로 나누면 이 양자가 되지만, 그 양자는 걸림 없이 완전하게 융합된다는 것이 이사무애라고 합니다. 제7장에서 4법계(四法界)의 설에 대해서 설명하는데, 그 이사무애법계(理事無礙法界)와 같은 것입니다.

드디어 가경(佳境)으로 접어들었습니다. 이후의 제8·제9·제10은 어느 것이나 4법계설로 말하면 사사무애법계(事事無礙法界)를 나타냅니다. 제8은 융사상입유식(融事相入唯識), 제9는 전사상즉유식(全事相卽唯識)입니다. 상입(相入)이라는 것은 事와 事가 용(用), 곧 작용에서 영향을 끼쳐서, 서로 성립시키고, 침투해 어우러지는 일을 말합니다. 이사무애의 존재방식을 근거로 하여, 事가 理를 통해 서로 관계하고, 융합해 어우러지는, 그 관계를 용(用)으로 끄집어낸 것이 융사상입유식입니다.

이것에 대해서 제9 전사상즉유식(全事相卽唯識)의 상즉(相卽)은 체(體), 곧 존재 그 자체에 관해서 서로 관계하고, 융합해 어우러지는 일을 말합니다. 그러니까 실은 사사무애라는 것은 이러한 용(用)과 체(體)를 합쳐서 성립되어 있는 셈으로, 그것을 굳이 따로 나누어보는 것이 제8의 융사상입유식과 제9의 전사상즉유식입니다. 이들 사사무애의 존재모습에 대해서는 4법계를 해설하는 장에서 조금 더 상세하게 기술하기로 합시다.

그런데 제8의 융사상입유식과 제9의 전사상즉유식은 일중(一重)의 관계를 말할 뿐입니다. A가 B·C·D……에 용(用) 혹은 체(體)에서 관계함과 동시에 B·C·D……가 A에 관계하는, 이 쌍방의 관계가 일중의 관계입니다. 그러나 이때 동시에 A에 관계하는 B가 또한 A·C·D……와, C가 또한 A·B·D……와, D가 또한 A·B·C……와 관계하는 사정으로, 사사무애라는 것이 성립하는 세계의 관계성은 다중(多重)으로 존재하고, 다시 무한히 존재한다고 해도 지장되는 일이 없습니다. 이것을 화엄에서는 '중중무진(衆衆無盡)'이라고 말하는 것이었습니다.

제10 제망무애유식(帝網無礙唯識)은 이 사사무애법계의 관계를 만들어가는 모습을 비유로 보인 것입니다. '제망(帝網)'이라는 것은 제석천(帝釋天)의 궁전에 걸린 장식 그물로, 그 그물에는 매듭 하나하나에 보석이 매여져 있습니다. 그것들은 서로 양쪽에서 비추며 반사해 어우러집니다. 그저 두 개의 거울을 맞추어도 무한히 투영하는 것처럼, 그 사실이 다수의 보석 사이에서 일어나고 있는 것입니다. 그 관계는 무한의 차원으로까지 미칠 것입니다. 그와 같이 제망은 중중무진의 관계를 나타내는 것입니다. 여기에 이르러, 사사무애의 세계가 원만하게 성립함과 동시에, 유식의 세계 그 자체도 원만하게 성립합니다.

화엄종에서 보면, 삼계유심이라는 그 유심은 깊이 파고들어 헤쳐져, 결국은 사사무애법계 그 자체로까지 도달한 것입니다. 마음은 세계의 총체, 전체에 근거한 事의 세계와 다름없는 것이 되었습니다.

화엄유식의 의미

마지막으로 유심·유식이 중중무진의 사사무애법계로 깊이 연구된다는 사상의 의미에 대해서 생각해봅시다.

우리는 마음이라고 하면, 바로 物에 대한 것을 생각하게 됩니다. 그러나 사실은 우리가 보거나 듣거나 하는 것은 마음속에 있습니다. 그러한 마음은 자신이라는 존재 속에 있는 마음이 아니고, 자신도 그 안에 떠오르는 것과 같은 마음입니다. 마음의 가운데에서 보거나 듣거나 하는 일이 성립되어, 그 보거나 듣거나 하는 형편의 위에서 자신이나 物 등이 상정되는 것입니다.

우리는 보통 물(物) − 심(心), 주관 − 객관이라는 이원론에 지배되어, 그 틀을 고정적으로 생각하여, 마침내 자유를 잃어버리게 됩니다. 그러니까 그 고정적인 틀 속에 있는 자신이나 物 등이라는 사고방식을 벗어나야 보다 깊은 생명을 실현하는 한편, 그 이른바 근원적인 마음을 보는 것이어서, 표층적인 자신이나 物에의 집착에서 해방되어 갑니다.

그러나 그러한 근원적인 마음이라는 것이 무엇인가 존재로서 있을 만한 것은 아닙니다. 오히려 마음은 그 깊이를 추구해가면 무(無)로 되어버립니다. 그런데 그것은 단순한 무가 아니고, 스스로 무가 되는 것에 의해서 세계를 성립시키고 있는 듯한 것이 됩니다. 바로 생명의 본원(本源)과 같은 것입니다. 거기에서 자기도 세계도 성립되듯이, 마음은 事가 되어서 다해버립니다.

여기에 자기도 세계도 성립하는 것입니다. 그 자기 내지 세계는 모든 것이 서로 무한히 관계해 어우러져 있는 세계입니다. 거기서는 하나의 것[事]를 거둬들이면 다른 전부가 동시에 거둬들어집니다. 자기는 타자 전부와 관계된 자기입니다. 타자 전부가 자기인 것과 같은 자기입니다. 거기서 작은 자기에게 매달려 괴로워하던 자기가 해방되어갑니다. 근대 합리주의적인 인간관·세계관을 넘어선 깊은 인간관이 여기에 있을 것입니다.

화엄이 보는 유식은 거기까지 전개해갑니다. 십중유식설은 정말로 화엄다운 화려한 설이라고 해야 할 것입니다.

4 대비의 묘한 작용은 끝이 없어

여래출현의 본회

불교는 석존으로부터 시작되었다고 생각하지만, 대승불교에서는 그 역사상의 석존을 초월한 눈에 보이지 않는 부처의 존재도 말합니다. 오히려 역사상의 석존은 그러한 근원적인 부처에 관한 사실을 말하는 역할을 맡으러 이 세상에 나타난 것입니다.

눈에 보이지 않는 부처가 눈에 보이는 부처로서 모습을 나타낸, 그 배경에는 어떠한 생각이 있을까요? 그 생각이라는 것을 예로부터 불교에서는 여래(如來) '출현(出現)의 본회(本懷)'라고 불렀습니다. 본회란 진짜 마음에 품은 생각입니다.

예를 들어 『법화경』에서는 부처가 이 세상에 나타난 것은 사람들에게 부처의 지견(知見)을 열게 하여, 보고, 깨닫고, 들어가게 하기 위해서라고 밝힙니다. 이른바 개(開)·시(時)·오(悟)·입(入)이라는 것입니다.

경전에서는 다음과 같이 말합니다.

> 제불(諸佛)·세존(世尊)은 오직 일대사(一大事)의 인연(因緣)을
> 가졌기 때문에 세상에 출현하신다. 사리불아, 어찌하여 제불·
> 세존은 오직 일대사의 인연을 가졌기 때문에 세상에 출현하
> 신다고 하는가? 제불·세존은 중생으로 하여금 부처의 지견
> (知見)*을 열게 하고, 청정한 상태를 얻게 하려고 세상에 출현
> 하신다. 중생에게 부처의 지견을 보게 하려고 세상에 출현하
> 신다. 중생으로써 부처의 지견을 깨닫게 하려고 세상에 출현
> 하신다. 중생으로써 부처 지견의 길에 들어가게 하려고 세상
> 에 출현하신다. 사리불아, 이것을 제불은 오직 일대사의 인연
> 을 가졌기 때문에 세상에 출현하시게 된 것이라고 한다.

다시 이 바로 뒤에서는 "부처께서 사리불에게 알리시기를 「제불·
여래는 보살만을 교화하신다. 제불의 지은 바는 항상 한 가지 뿐이다. 오
직 부처의 지견으로 중생에게 보여 깨닫게 하려는 것이다.……」" 등으로
설합니다. 부처의 지견을 개(開)·시(時)·오(悟)·입(入) 하게 하는 일은
성문(聲聞)의 깨달음이나 연각(緣覺)의 깨달음이 아니고, 대승(大乘) 내
지 일승불(一乘佛)의 깨달음을 실현하게 하는 일입니다. 그 깨달음을 아
뇩다라삼먁삼보리(阿耨多羅三藐三菩提), 곧 무상정등각(無上正等覺)이

---

* 부처의 지견(知見): 부처가 사물을 깨달아 아는 그 견해.

라고 합니다.

우리 인간 존재에게 있어서는 이 무상정등각을 실현하는 것이야말로 일대사(一大事)이기 때문에, 그 때문에야말로 부처는 세상에 나오신 것이라고 『법화경』에서는 설한 것이었습니다.

또한 『무량수경』에서는 부처가 세상에 나오신 것은 진실의 이익을 사람들에게 베풀어주시기 위해서라고 밝힙니다. 그 진실의 이익이란 역시 무상정등각에 이르는 길과 다르지 않습니다. 그것을 아미타불의 극락정토에 맞이하여 주셔서 실현해간다고 합니다. 범부에게 있어서는 커다란 구원과 다름없습니다.

> 착하도다, 아난아. 묻는 바가 매우 좋다. [너의] 깊은 지혜와 참으로 묘한 말재주를 펴서 중생을 가엾게 여기는 생각으로 이 지혜의 뜻을 묻는구나. [대저] 여래는 막힘이 없는 대비(大悲)로 삼계(三界)를 불쌍히 여기신다. 그런 까닭에 세상에 나타나셔서 진정한 가르침을 빛으로 밝히고, 싹트는 무리를 건져서 은혜를 베풀어 진실한 이익을 가지게 하신다. [더구나 여래는] 무량억겁에도 만나기 어렵고 모시기 어려운, 마치 우담바라 꽃이 필 때에 때때로 나오는 분과 같다. 지금 물을 수 있는 바, 많고 넉넉한 이익을 주셔서, 모든 제천(諸天)·인민(人民)을 개화하신다.

부처가 세상에 출현한 것은 어디까지나 진실의 이익을 위해서라는 말은, 어떤 의미에서는 엄숙한 것입니다. 우리는 불교에서 보통 생활의 쾌적함 등을 찾아도, 그것은 엉뚱한 일인지도 모릅니다. 불교에서 물어야 할 사실은, 그야말로 일대사(一大事)에 대해서인지도 모릅니다.

그건 그렇고, 이렇게 부처라는 분은 우연히 이 세상에 생(生)을 받아서, 우연히 수행의 길에 들어서고, 우연히 깨달음을 열었기 때문에 사람들에게 가르침을 설한 것은 아닌 듯합니다. 적어도 대승불교에서는 그와 같은 우연한 일은 결코 없다고 봅니다. 그것은 석존이란 존재를 생각하는 동안, 그 배경에 있는 깊은 의사(意思)라는 것을 생각하지 않을 수 없기 때문입니다. 이것은 특히 불전문학(佛傳文學)에서 추구되고 발견된 부처의 진실입니다.

그중에서도 연등불수기(燃燈佛授記) 이야기에서는, 석존이 이 세상에 출현하셔서 깨달음을 실현한 배경에, 어떤 동기가 있는지를 흥미 깊게 묘사합니다.

그것에 의하면, 아득하게 먼 옛날에 석존은 수메다(Sumedha)라는 이름의 브라만 청년이었습니다. 아래는 그 이야기의 주요 내용입니다.

수메다 청년은 젊어서 양친을 잃고, 많은 재산을 상속받게 되었다. 그러나 그 재산을 양친도 죽을 때에 가지고 갈 수 없었다는 것을 생각하고, 인생의 의미를 생각하게 되었다. 결국 수메다 청년은 히말라야 산 속에 들어가서 생·로·병·사의 고통에 대해서 명상하였다.
그 당시 제자를 거느리고 여러 나라를 이곳저곳 방문하던 어떤 부처님이 산기슭의 어느 동네에 오신다는 소문이 있었다. 수메다 청년은 그 사실을 알고, 꼭 그 부처님을 뵈려고 생각해 산을 내려와 마을 사람들과 주변을 아름답게 장식하여 부처님을 맞이하기로 했다. 특히 수메다 청년은 마을사람들에게 수행자로 알려져 있었으므로, 길이 질퍽하고 더러운 곳을 할당받아서 그 보수에 일심으로 전념하였다. 길의 수리가 끝나지 않았을 때에 부처님이 마을에 오시게 되었다.

수메다 청년은 부처님이 질척질척한 길에 빠지시지 않도록 자신의 등을 밟고 건너시게 하려고, 긴 머리카락을 진흙 위에 펴 엎드려서, 몸을 진흙 위에 있는 다리로 만들었다.

드디어 부처님이 수메다 청년의 등을 건너가시는 그 형편에 접했을 때, 수메다 청년은 퍼뜩 깨달은 것이 있었다. "나 한 사람이 힘을 얻어도, 나 한 사람이 미혹을 건넌다고 해도, 그것에 무슨 의미가 있을까? 오히려 모든 사람을 미혹에서 제도하는 사람으로 자신도 되리라." 이렇게 각오를 다지지 않을 수 없었다.

이렇게 수메다 청년은 자신 한 사람의 구제보다도 타자의 구제를 위하여 서원을 세우고, 거기에서 수행을 거듭하여, 결국에는 석존으로서 세상에 나와, 깨달음을 완성해 사람들의 제도에 분주했다는 것입니다.

수메다 청년이 마주친 부처는 청년의 마음에 보리심을 밝힌 부처로 연등불(燃燈佛)[Dīpaṃkara Buddha]입니다. 또한 수메다 청년이 언젠가 부처로서 자신을 실현하려는 서원을 세웠을 때, 연등불은 "그는 먼 세상에 분명 고타마(Gotama)라는 깨달은 자가 될 것이다."라고 예언하고, 또한 그 보증을 주셨습니다. 그 예언·보증의 선언을 수기(授記)[기별(記莂)을 주다]라고 합니다.

이 이야기는 문학상의 이야기로서 역사적 사실로는 도저히 있을 수 없는 것이지만, 이 문학상의 부처 추구는 대승불교의 불타관에 큰 영향을 주었다고 생각합니다. 요컨대 아미타불이 본디 국왕(國王)으로 세자재왕불(世自在王佛)과 만나 보리심을 일으켜서, 48가지 본원(本願)을 세우고, 조재영겁(兆載永劫)의 수행을 해서 부처가 되어, 서방(西方)에 극락정토(極樂淨土)를 완성해 거기에 머물고 계신다는 것은, 바로 이 '연등불 수기 이야기'의 모티브를 깔고 있다고 생각할 만합니다.

어쨌든 부처가 세상에 나타난 것은, 그 배경에 명확한 서원과 구상이 있는 것이라고, 대승불교에서는 생각하게 되었습니다.

『화엄경』「성기품」의 내용

그러면 이상의 사실에 관해서 『화엄경』은 어떻게 설하고 있을까요? 실은 『화엄경』에서는 이에 대해서 설하는 품이 있습니다. 그것은 「보왕여래성기품」[이하 「성기품」이라고도 적는다]이라는 품입니다.

이 품은 「십지품」 등과 마찬가지로 원래는 독립적으로 돌아다니던 경전으로, 한역으로는 『여래흥현경(如來興顯經)』이라는 명칭의 경전으로서 번역되었습니다.

'성기(性起)'는 원래 여래의 출현이라는 말로, 「성기품」은 어떻게 여래가 나타나시게 되었는가에 대해서 여러 가지로 설한 것입니다. 다만 이 한역(漢譯)의 '性起'라는 말로부터 후에 화엄사상에서는 연기(緣起)와 성기(性起)를 대비시켜, 성기적 세계관의 독자성에 대해서 강조하게 되었습니다.

그러면 「보왕여래성기품」에서는 어떤 것이 설해지는지 간단히 살펴보기로 합시다.

처음에 여래가 입 안에서 무량한 빛을 동반한 무애무외(無礙無畏)라는 명칭의 큰 광명을 놓는 등 불가사의한 좋은 징조를 시현합니다. 여래성기묘덕보살(如來性起妙德菩薩)이 그 정말로 불가사의한 신비로운 변화에 대해서 "도대체 이것은 무슨 상서로운 모습인가?"라고 보현보살에게 묻자, 보현보살은 "불자여, 자신의 미루어 헤아린 바에 의하면, 자신이 예전부터 뵌 적이 있던 과거의 여래·응공·등정각과 같은 경우는 큰 광명을 놓으면, 꼭 '여래성기의 바른 법'을 설하셨다. 그런 까닭에 부처님이 지금 큰 광명을 놓아서 자재한 힘을 나타내시는 것은 반드시 여래성기의 바른 법을 설하시는 상서로운 모습이 틀림없다고 생각한다."라고 답했습니다.

이에 대해서 여래성기묘덕보살은 보현보살께 "보살대사는 어찌하여 여래·응공·정등각의 '성기의 바른 법'을 알 수 있는가?"라고 질문하며, 당신은 깊은 수행을 이루고, 전부를 꿰고 계시니, "원컨대 우리를 위해서 '여래성기의 정법'을 설명해주십시오."라고 간청합니다. 이렇게 해서 보현보살에 의한 '여래성기의 바른 법'에 대한 설법이 시작됩니다.
이하의 주제를 먼저 들어보면 다음과 같습니다.

(1) 여래는 어떤 인연으로 등정각(等正覺)을 성취해 세상에
출현하는가

(2) 어떻게 여래를 알고 보아야 하는가 [신업(身業)]

(3) 어떻게 여래의 미묘한 음성을 알고 보아야 하는가 [어업
(語業)]

(4) 어떻게 여래의 마음을 알고 보아야 하는가 [의업(意業)]

(5) 어떻게 여래의 경계를 알고 보아야 하는가

(6) 어떻게 여래의 행을 알고 보아야 하는가

(7) 어떻게 여래의 보리(菩提)를 알고 보아야 하는가

(8) 어떻게 여래의 전법륜(轉法輪)을 알고 보아야 하는가

(9) 어떻게 여래의 대반열반(大般涅槃)을 알고 보아야 하는가

(10) 어떻게 여래의 앞에서 부처를 견문(見聞)하고, 공경(恭
敬)하고, 심어진 선근(善根)을 알고 보아야 하는가

이상의 열 가지 주제에 관해서 비유를 쓰는 등으로 상세히 설하고,
또한 하나하나 그 내용을 정리한 게송을 두고 있습니다.

마지막으로 이 경은 『일체제불미밀법장경(一切諸佛微密法藏經)』이
라고 불리는 것으로, 이 경전을 수지(受持)해야 할 사정을 설하며, 보현
보살의 "일심으로 늘 받들어 지니는 것이 좋다." 등의 게송이 놓인 이 품

은 끝을 맺습니다.

결국 여래는 무엇 때문에 세상에 출현하는가 하는 것과, 여래란 원래 어떤 존재인가 하는 것을 여기서 상세히 설하고 있어서, 그 전체가 여래 성기의 가르침으로 되는 사실을 알 수 있습니다.

여래가 세상에 나온 열 가지 인연

그 내용을 좀 더 자세히 살펴봅시다. 처음에 여래가 세상에 출현한 열 가지 인연이 밝혀집니다. 그것은 다음과 같습니다.

> 불자여, 여래·응공·정등각의 성기(性起) 정법은 생각으로 헤아릴 수 없다. 왜냐하면 여래는 조그마한 인연으로 등정각을 성취하여 세상에 나타나신 것이 아니기 때문이다. 불자들이여, 여래는 열 종류의 무량무수백천아승기(無量無數百千阿僧祇)의 인연으로 등정각을 성취하여 세상에 나타나신다. 그 열 가지는 무엇인가?
> ① 무량한 보리심(菩提心)을 일으켜서 일체중생을 버리지 않으신다.
> ② 과거 무수한 겁에 온갖 선근(善根)을 닦아서 마음이 정직하고 깊기 때문이다.
> ③ 무량한 자비(慈悲)로 중생을 구호하신다.
> ④ 무량한 행을 닦아 대원(大願)에서 물러나지 않으신다.

⑤ 무량한 공덕(功德)을 쌓은 마음에 싫증남이 없으시다.

⑥ 무량한 부처님을 공경(恭敬)·공양(供養)하면서 중생을 교화하신다.

⑦ 무량한 방편지혜(方便智慧)를 세상에 내놓으신다.

⑧ 무량한 온갖 공덕장(功德藏)을 성취하신다.

⑨ 무량한 장엄지혜(莊嚴智慧)를 구족하신다.

⑩ 무량한 제법의 진실한 뜻[實義]을 분별해 연설하신다.

불자여, 여래는 이러한 열 가지의 무량무수백천아승기의 법문으로 등정각을 성취해서 세상에 출현하신 것이다.

여래가 세상에 나오신 인연은 어디까지나 일체중생을 버리지 않고, 구호하기 위한 것이 근본입니다. 이하에서 이것을 다양한 비유, 그중에서도 큰 구름비[법우(法雨)]의 다양한 측면으로 이야기합니다. 한두 가지 예를 들어 봅시다.

여래·응공·등정각도 또한 이와 같이 세상에 출현해서 다양한 법우(法雨)를 내리신다. 제멸(除滅)이라는 법우는 중생들 번뇌의 타오르는 불꽃을 소멸한다. 능기(能起)라는 법우는 중생의 모든 선근을 잘 일으킨다. 능괴(能壞)라는 법우는 중생의 온갖 사악한 견해를 잘 부순다. 성보(成寶)라는 법우는 중생의 모든 지혜의 보배를 잘 성취한다. 분별(分別)이라는 법우는 중생의 마음과 마음의 작용을 분별한다. 불자여, 이것이 등정각을 성취해서 세상에 나오신 다섯 번째의 인연이다. 보살대사는 이와 같이 알라.

또한 다음으로 불자여, 예를 들어 큰 구름은 한 가지 맛의 물을 내리게 하지만, 그 비가 내리는 곳에 따라서 차별이 생긴다. 여래·응공·등정각도 또한 이와 같이 대비(大悲)로써 일미(一味)의 법우를 내리게 하지만, 응화(應化)하는 곳에 따라서 갖가지로 같지 않음이 생긴다. 불자여, 이것이 등정각을 성취해서 세상에 나타나신 여섯 번째의 인연이다.

(중략)

대자(大慈)는 중생의 귀의처가 되고, 대비(大悲)는 중생을 구제하며, 대자대비(大慈大悲)는 중생을 이롭게 한다. 대자대비는 방편의 지혜에 의지하고, 대방편의 지혜는 여래에 의지한다. 그러나 여래는 의지하는 바 없이 걸림 없는 지혜 광명으로 두루 시방의 모든 세계를 비춘다. 불자여, 이것이 등정각을 성취해서 세상에 나타나신 아홉 번째의 인연이다. 보살대사는 이와 같이 알라.

……여래·응공·등정각도 또한 이와 같이 세상에 출현해서 갖가지로 모든 중생을 이롭게 한다. 여래를 보거나 들어서 환희용약(歡喜踊躍)하여, 온갖 선근을 닦아 지계(持戒)에 머무는 것은 불계(佛戒)의 즐거움을 얻고, 사선(四禪)·사무량(四無量)에 머무는 것은 오염되지 않은 위없는 지혜 광명의 즐거움을 얻고, 법문에 머무는 것은 진실의 즐거움을 얻고, 조명(照明)에 머무는 것은 깨끗한 지혜의 즐거움을 얻는다. 이러한 무량(無量)의 법문은 갖가지로 모든 중생을 이롭게 한다. 불자여, 이것이

등정각을 성취해서 세상에 나타나신 열 번째의 인연이다. 보
살대사는 이와 같이 알라.

이것들을 보면『화엄경』에서는 부처가 세상에 나오시게 된 인연은
유일하게 추구한 문제 때문만이 아니라, 모든 중생의 경계에 응해서 각
각 진실의 즐거움을 주기 위해서라는, 다분히 우아하게 감싸인 대비의
느낌이 있는 듯합니다. 아무래도 화엄은 품이 깊습니다.

이 뒤에 이상을 정리한 게송이 있습니다. 거기서는 여래의 본성이 유
(有)·무(無)를 떠나고, 무자성(無自性)·공(空)이며, 적멸(寂滅)하고, 불생
불멸(不生不滅)이자 언어의 경계를 초월해 있다는 사실이 강조되는 것
이 눈에 띕니다. 그런데도 거기서 여래는 신(身)·어(語)·의(意)의 삼업
(三業)을 일으킵니다.

여래 활동의 모습들

제2 주제 이하는 여래 본연의 모습을 다양하게 밝혀가는 것입니다.
물론 여기에서 그 전부를 거론할 수는 없습니다. 여기서도 몇 가지 흥미
로운 사례를 소개하겠습니다.

먼저 제2 주제인 여래의 신업(身業)에 관해서 다음과 같은 가르침이
있습니다.

또한 다음으로 불자여, 예를 들어 해가 떠올라 먼저 모든 온갖 대산왕(大山王)을 비추고, 다음으로 모든 대산(大山)을 비추고, 다음으로 금강보산(金剛寶山)을 비추고, 그러한 후에 널리 모든 대지(大地)를 비추지만, 해는 "자신은 먼저 대산왕을 비추고, 차례로 널리 대지를 비추리라."라고는 생각하지 않는다. 다만 그 산과 대지에 높고 낮음이 있기 때문에, 해의 비춤에 전후의 구별이 생긴다. 여래·응공·등정각도 이와 같아서, 무량무변한 법계의 지혜 일륜(日輪)을 성취하여, 항상 무량무애(無量無礙)의 지혜 광명을 놓고, 먼저 보살대사(菩薩大士) 등의 온갖 대산왕을 비추고, 다음으로 연각(緣覺)을 비추고, 다음으로 성문(聲聞)을 비추고, 다음으로 결정된 선근의 중생을 비추어, 적절한 데로 따라서 교화를 받게 한다. 그러한 뒤에 모든 일체 중생과 사악한 중생까지 비추므로, 미래 이익의 인연을 만든다. 그런데도 여래의 지혜 햇빛은 "자신은 먼저 보살을 비추고, 내지 사악한 중생에게 미친다."라고는 생각하지 않는다. 다만 큰 지혜의 광명을 놓아서 두루 일체를 비춘다. 불자여, 예를 들어 해와 달이 이 세상에 나와 깊은 산의 으슥한 골짜기에 이르기까지 골고루 비추지 않는 곳이 없다. 여래 지혜의 해와 달도 또한 이와 같아서 널리 일체를 비추어 명료하지 않는 곳이 없다. 다만 중생의 희망(希望)·선근(善根)이 같지 않기 때문에, 여래의 지혜 광명에 차별이 생긴다. 불자여, 이것이 여래를 알고 보아야 하는 보살대사의 네 번째 수승한 행이다.

햇빛은 먼저 높은 산을 비춘다는 것은 『화엄경』에서 설한 바로서 유명하지만, 여기를 보면 강조되는 것은 부처의 지혜 광명에 분별은 없는 사실[자연스러운 작용인 것], 일체중생을 구석구석까지 비추는 사실, 사악한 중생에게까지도 미치는 사실에 있는 듯합니다.

다음으로 제7 주제인 여래의 보리(菩提)를 어떻게 보아야 하는가의 부분을 들어봅시다.

불자여, 보살대사는 어떤 식으로 여래·응공·등정각의 보리(菩提)를 지견(知見)하는가? 불자여, 이 보살대사는 여래의 지혜를 아래와 같이 알고 본다. 곧 그것은 모든 의(義)에서 관찰하는 바 없고, 법(法)에서 평등하여 의혹하는 바 없고, 둘이 없고 모양이 없고, 가는 것이 없고 멈춤도 없고, 무량(無量)·무제(無際)로 이변(二邊)을 떠나서 중도(中道)에 머물고, 모든 언어· 문자를 초절(超絶)하여, 모든 중생의 심념(心念) 소행(所行)과 근성(根性)과 욕행(欲行)과 번뇌(煩惱)와 습기(習氣)를 안다. 한마디로 말하면, 한 생각 안에서 다 삼세의 모든 제법을 안다. 불자여, 예를 들어 큰 바다는 모든 중생의 색상(色像)을 잘 비추어낸다. 그러기 때문에 큰 바다를 인(印)이라고 한다. 여래·응공·등정각의 보리도 또한 이와 같아서, 보리 가운데에 모든 중생의 심념(心念)과 제법(諸法)을 나타내지만, 그런데도 어떤 것도 드러나지 않는다. 그러기 때문에 여래를 일체각(一切覺)이라고 한다.

(중략)

여래는 그 몸속에서 모조리 모든 중생의 보리심을 일으키고, 보살행을 닦아 등정각을 성취하는 것을 보고, 일체중생의 적멸열반(寂滅涅槃)하는 것까지를 보는 것도 마찬가지다. 모두 다 하나의 본성이면서도 무성(無性)이기 때문이다. 무상(無相)·무진(無盡)·무생(無生)·무멸(無滅)이기 때문이다. 아(我)도 아라는 본성이 없기 때문이다. 중생도 중생의 본성이 없기 때문이다. 깨달음도 깨달은 바가 없기 때문이다. 법계도 무자성이기 때문이다. 허공계도 무자성이기 때문이다. 이처럼 동등하게 일체의 무성(無性)을 깨달아 무진(無盡)의 지혜와 자연(自然)의 지혜와 모든 여래의 끝없는 대비(大悲)로 중생을 제도하는 것이다.

(중략)

또한 다음으로 불자여, 보살대사는 한 털구멍에서 전부 모든 중생과 똑같은 여래의 몸을 안다. 한 털구멍에서와 같이 모든 털구멍에서도, 모든 법계의 처(處)에서도 또한 마찬가지이다. 왜냐하면 여래의 보리신(菩提身)은 이르지 못하는 곳이 없고, 존재하지 않는 곳이 없기 때문이다. 여래·응공·등정각은 본래 보리를 구하여 부지런히 닦고 정진해서 게으르지 않고, 도량의 보리수 아래로 가서, 사자좌에 앉아서 위없는 깨달음을 성취하여 보리를 완전히 하신다.

여래의 보리 곧 깨달음은 무자성으로 일관된 것이고, 더구나 한 생각 가운데에 모든 중생의 심념(心念)을 시작하고, 삼세의 모든 제법을 나타낸다고 합니다. 거기에서 끝이 없는 대비가 솟아 나와서 모든 중생을 구제하는 것입니다.

　제9 주제인 여래의 열반(涅槃)을 어떻게 보는가에 대해서는, 예를 들어 "여래는 다만 중생을 기쁘게 하려고 세상에 출현하시고, 중생을 슬피 그리워하게 하려고 열반을 시현하신다. 그러나 실제로는 여래에게 출세(出世)도 없고 열반(涅槃)도 없다. 왜냐하면 여래는 법계와 같이 상주하기 때문이다. 여래는 다만 중생을 교화하기 위해서 열반을 시현하신 것이다."라고 하며, 『법화경』이 설한 바와 같은 것을 설합니다.

　그 설명의 하나로 다음과 같은 것이 있습니다.

　　또한 다음으로 불자여, 예를 들어 환술(幻術)에 밝은 대환술사(大幻術師)가 그 환에 안주하면서, 삼천대천세계의 모든 도시 · 촌락 · 왕도에서 두루 환신(幻身)을 나타내어 환신에 머물 때는, 수명이 끝이 없다. 그 환술사가 도시 · 촌락 · 왕도의 어디에서 요술을 마치고 환신을 버린다고 하자. 대사들이여, 어떻게 생각하는가? 그는 삼천대천세계에서 환신을 전부 버린 것인가? 답하여 이르기를 아니라고 한다. 여래 · 응공 · 등정각도 또한 이와 같아서, 대지혜의 환술을 잘 알고, 정교한 방편의 지혜를 고루 일으켜서, 모든 법계에서 두루 여래의 환술을 잘 시현하여, 법계와 같이 항상 머물고, 허공과 같이 다하고, 제불의 국토에 따라서 교화제도(敎化濟度)하여, 이미 일을 널리 마치고 열반(涅槃)을 시현하신다. 하나의 불국토에서 열반을 시현했다는 이유를 가지고, 여래는 끝내 영원히 멸도(滅度)하신 것

은 아니라고 알아야 한다. 불자여, 보살대사는 여래·응공·등
정각의 대반열반(大般涅槃)을 이렇게 지견하는 것이다.

　환신(幻身)이라고 하면, 본래 존재하지 않는 것이어서, 그것이 소멸
한다고 해도 아무 것도 소멸한 것은 없다고 말할 수 있을 것입니다. 반야·
중관에서는 현실세계도 꼭 그러하다고, 자주 그 사실을 말합니다. 그러
나 여기의 취지는 여래가 삼천대천세계의 모든 장소에서, 환신을 시현
해서 중생구제에 힘쓰는 것입니다. 어느 한 곳에서 환신의 열반에 맞닥
뜨렸다고 해서, 여래의 그 작용의 소멸로 보아서는 안 된다는 것입니다.
곧 여래란 시방에 몸을 시현해서는 일체중생을 계속 구제하는 작용으
로, 그것은 결코 멈추는 일이 없습니다.
　그 사실을 『화엄경』의 저자는 우리들 생명의 근저에서 찾아냈던 것
입니다.

중생도 여래의 지혜를 갖추고 있다

　앞의 제7 주제인 여래의 보리(菩提)에 대한 곳에서는 모든 중생의 마
음속에도 제불의 보리가 있다는 사실을 설합니다.
　곧 "다음으로 불자여, 이 보살대사는 스스로 그 몸속에 전부 일체제
불의 보리가 존재하는 사실을 알아라. 그들 보살의 마음은 모든 여래의

보리를 떠나지 않으므로, 그들은 자신의 마음속에서와 같이 일체중생의 마음속에서도 또한 마찬가지라고 알아라. 참으로 여래의 보리는 무량무변이어서 존재하지 않는 곳이 없고, 파괴할 수 없고, 생각으로 헤아릴 수 없다.”는 것입니다.

사람들의 마음속에 여래의 보리가 참으로 존재한다는 사실은, 이른바 여래장사상(如來藏思想)이라고 불리는 사고방식입니다. 『화엄경』은 이것도 설하는 것입니다. 더욱더 이것을 가지고 자세히 설명하는 것이, 제4 주제인 여래의 마음을 어떻게 보는가 부분에서 볼 수 있습니다. 그것은 여래장사상의 연원으로 알려졌습니다.

조금 길어지지만, 그것에 대해서 자세히 보도록 합시다.

또한 다음으로 불자여, 여래의 지혜는 이르지 않는 곳이 없다. 왜냐하면 중생의 몸으로서 여래의 지혜를 구족하지 않은 이가 없기 때문이다. 다만 중생은 전도(顚倒) 때문에 여래의 지혜를 스스로 깨닫지 못할 뿐이다. 만일 전도를 떠나면, 바로 일체지(一切智)·무사지(無師智)·무애지(無礙智)를 일으킬 것이다.

불자여, 예를 들어 여기에 한 권의 경전이 있고, 그 크기가 한 개의 삼천대천세계(三千大千世界)의 그것과 같다면, 삼천대천세계의 모든 것을 그것에 기록해도 남는 일이 없고, 만일 이천세계(二千世界)와 동일하다면, 전부 이천세계 가운데의 것을 기록하고, 소천세계(小千世界)와 같다면, 소천세계 가운데의 것을 기록하고, 사천하(四天下)와 같다면, 전부 사천하의 것을 기록하고, 수미산왕(須彌山王)과 같다면, 전부 수미산왕의 것을 기록하고, 지천(地天)의 궁전과 같다면, 전부 지천의 궁전 가운데의 것을 기록하고, 욕계천(欲界天)의 궁전과 같다면, 전부 욕계천의 궁전 가운데의 것을 기록하고, 색계천(色界天)의 궁전과 같다면, 전부 색계천의 궁전 가운데의 것을 기술하고, 만일 무색계(無色界天)의 궁전과 같다면, 전부 무색계천의 궁전 가운데의 것을 기록할 것이다. 그 삼천대천세계와 같은 경권(經卷)은 한 개의 미진(微塵) 속에 존재한다. 그런데 모든 미진도 또한 마찬가지다.

때로 한 사람의 현명한 사람이 세상에 나타나서 청정한 천안(天眼)을 고루 성취하여, 그 경권의 미진 속에 존재하는 것을 보고, "이와 같은 광대한 경전이 미진 속에 있지만, 그런데도 중생을 이롭게 하지 못하는 것은 무슨 까닭인가? 자신은 부지런히 방편을 마련해서, 이 미진을 깨고 경권을 취해서 중생을 이롭게 하리라."라고 생각한다.

불자여, 여래(如來)의 지혜, 무상(無相)의 지혜, 무애(無礙)의 지혜는 원만해서 중생의 몸속에 있지만, 다만 어리석은 중생은 전도의 생각에 덮여서 그것을 알지 못하고, 보지 못하고, 믿는 마음을 일으키지 못할 뿐이다. 그때 여래는 걸림 없이 청정한 천안으로, 일체중생을 관찰하시고, 관찰을 끝마치고 다음과 같이 말씀하셨다. ─ "기이하다. 기이하다. 중생은 무슨 이유로 그 몸 가운데에 여래의 원만한 지혜를 품고 있는데도, 그것을 알지도 보지도 못하는 것일까? 자신은 그들 중생에게 잘 가르쳐서 성스러운 도를 깨닫게 하여, 영원히 모든 망상전도(妄想顚倒)의 구박(垢縛)을 떠나고, 여래 지혜의 원만함이 그 몸속에 있어서 부처와 다르지 않은 사실을 스스로 깨닫게 할 것이다."
라고. 그래서 여래는 바로 그들 중생에게 알려서 팔성도(八聖
道)를 닦고, 허망전도(虛妄顚倒)를 버리게 하셨다. 중생이 이미
전도를 떠나 버리면, 여래의 지혜를 갖추어서 여래와 똑같이
중생을 이롭게 한다.

불자여, 이것이 여래·응공·등정각의 마음을 지견하는 보살
대사의 열 번째의 수승한 행이다.

이 부분은 여래가 "기이하다. 기이하다."라며, 사람들에게 자신이
가진 지혜와 같은 것이 존재한다는 사실을 찬탄하는 말씀이 있는 것으
로 유명합니다.

다시 한번 이 부분의 내용을 되짚어보면, 처음에 이 부분에서 말한
것이 간결하게 제시됩니다. 이어서 경권(經卷) [산스크리트 문에서는 화
포(畫布)]의 비유가 설해져, 한 작은 티끌 속에 광대한 경전이 있다는 불
가사의한 사태와, 한 명의 현명한 사람이 방편을 마련해서 그 작은 티끌
을 깨고 경전을 꺼내서 사람들을 이롭게 한 사실을 설합니다. 그 후 이 비
유를 해명하고, 부처는 다양한 교화로서 사람들 속에 있는 여래의 지혜
를 실현시켜서 이롭게 하는 사실을 밝힙니다.

이상이 이 부분의 내용입니다. 이미 사람들 속에 여래의 지혜가 원만
하게 존재하는 사실을 설하는 것으로, 이후에 여래장사상이라고 불리
는 사상의 기초가 됩니다.

얼마 안 있어 『여래장경(如來藏經)』이 만들어집니다. 거기서는 범부

의 안에도 여래의 지혜가 갖추어져 있다는 사실을 ①말라 시든 연꽃 안의 여래, ②꿀벌 떼에 지켜진 벌집 속의 꿀, ③단단한 껍질에 쌓인 곡물, ④쓰레기장에 묻힌 금괴, ⑤가난한 집 지하의 큰 보물 창고, ⑥수목의 종자, ⑦누더기 포에 쌓인 불상, ⑧전륜성왕의 아들을 임신한 친척이 없는 여성, ⑨거푸집 안의 금부처라는, 흥미로운 아홉 가지의 비유로써 설명합니다.

다시 『열반경』에서는 '일체중생실유불성(一切衆生悉有佛性)'[모든 중생은 다 불성을 가진다]의 구절을 말하는 등 몇 가지 경전으로 여래장사상을 이야기합니다.

또한 『보성론(寶性論)』이라는 여래장사상을 주제로 하는 논서도 편찬됩니다. 유명한 『대승기신론(大乘起信論)』도 인도에서 성립했는지, 중국에서 성립했는지, 아직 확실하지는 않지만, 그 흐름 가운데의 한 가지 책이라고 해도 좋을 것입니다.

여래장사상의 의미

그와 같이 후세의 불교에 여래장사상은 큰 영향을 주었습니다. 그 원점이라고 해야 할 『화엄경』 「성기품」의 이 한 구절은 원래 무엇을 설하려고 했던 것일까요?

우선 이 부분은 여래의 마음을 어떻게 아는지가 주제였습니다. 곧 여래의 지혜가 어떤 것인지를 밝히는 일을 목적으로 한 경우입니다. 그래서 확실히 여래의 지혜는 원만해서 사람들 몸속에 존재하는 사실, 이르지 못하는 곳이 없다는 사실을 밝힙니다. 이것은 여래의 천안(天眼)으로 관찰된 것이라고도 합니다. 우리는 이 경전의 메시지를 어떻게 받아들일지 생각해보지 않으면 안 됩니다.

물론 지혜는 작용으로 그것이 무엇인가 실체적인 것으로서 사람들 몸속에 있다고는 하지 않을 것입니다. 그런데도 사람들은 여래장을 가진다고 설하는 것은 일종의 방편적 가르침이라는 사실을, 여래장을 설하는 논서 『보성론』 자신이 밝히고 있습니다. 자기 자신을 경멸해서 보리심을 펴지 못하는 사람들 때문에 혹은 아직 보리심을 펴지 않은 사람들을 경멸하는 사람들 때문에 혹은 자타평등(自他平等)의 마음을 가지지 않은 사람들 때문에 등 누구나 마찬가지로 여래장을 지닌다고 설합니다. 이것도 중요한 일입니다. 그 결과로 그 사람에게 여래의 지혜 그 자체가 실현될 때는, 더 이상 그것에 대해서 말하는 일은 멈출 수밖에 없을 것입니다.

다만 『화엄경』에서는 여래가 관찰한 결과로서도 이것을 설하고 있어서, 그것을 완전히 무시할 수도 없는 것이라고 생각합니다. 더구나 경전은 불설(佛說)이라고도 하는 것입니다. 여래의 지혜는 모든 것에 침투해서 이르지 않는 곳이 없고, 그 일환으로서 어떠한 사람들에게도, 저에게도 여래의 지혜가 갖추어져 있다는 주장은, 우리들 범부에게는 불가사의한 사태이기는 하지만, 불가사의한 대로 깊이 받아들여 두어야 좋을 것입니다.

저는 지금의 이 한 단락에서 그것 이상으로 중요한 일을 지적한다고 생각합니다. 우선 첫 번째로, 비록 사람들이 여래의 지혜를 갖추고 있다고 해도, 사람들은 전혀 그것을 알아차리지 못한다는 가련한 모습입니다. 그것은 단지 '전도(顚倒) 때문'입니다. "다만 어리석은 중생은 전도의 무거운 짐에 덮여서, 그것을 알지 못하고, 보지 못하고, 믿는 마음을 일으키지 못할 뿐"이기 때문입니다. 사람들은 그것을 전혀 스스로 알아차리지 못한 채, 여실하게 진실을 보지 못하고, 전도된 대로 유랑할 뿐인 것으로서 묘사됩니다.

이러한 우리는 스스로 보리심을 펴는 일 등은 도저히 못할 것입니다. 우리는 불교에 따라서 불도를 걸어야 본래의 자기를 실현할 수 있음에도 불구하고, 그것을 알지 못한 채로 세속의 쾌락에 매몰되어서, 실은 진실의 즐거움을 알지 못하고 근본적인 고뇌에 계속 위협받는 존재인 사실을 여기에서 제시하는 것입니다.

그와 같이 여래장사상이란 차라리 영원히 전도몽상의 구박(垢縛)을 떠날 수 없고, 아무리 해도 구제할 수 없는 범부의 모습을 드러내고 있는 것으로 보아야 한다고 생각합니다.

거듭 여기에서 가장 강조되는 것은 그와 같이 자신으로 자신을 여는 힘을 가지고 있지 않은 사람들에 대해서, 여래가 사람들에게 작용해 그 사람의 본래 모습을 실현시켜가겠다는, 그 여래의 자비심과 구체적인 힘, 여래의 대비 작용일 것입니다.

118

경전에서는 그것을 "그래서 여래는 바로 그들 중생에게 알려서 팔성도(八聖道)를 닦아서 허망한 전도를 버리게 하신다."라고 했습니다. 팔성도라고 하는 이상, 팔정도(八正道)에 관한 것이라고 생각하지만, 요는 진실한 자각의 길을 전수하여, 무명·번뇌에 기초한 거꾸로 된 시각[『반야심경』의 전도몽상(轉倒夢想)]을 떠나는 것이라고 합니다. 그 경우에 앞서 제시한 비유로부터 방편을 마련하는 일도 충분히 생각할 수 있을 것입니다.

어찌되었든 이 부분의 가장 중요한 주제는 여래가 오로지 허망한 전도 가운데에 있는 우리를 가엾게 여기셔서, 여래 측에서 우리에게 작용하여 주실 것이라는 생각입니다.

그 경우 무엇 때문에 작용해주시는가 하면, 자신과 같은 부처가 되게 하려고 하기 위해서입니다. 성문도 연각도 아닌 바로 부처·여래로 실현시키기 위해서입니다. 그렇다고 한다면, 타자에게 열린 자기로 실현시켜나가기 위해서라고 해도 좋을 것입니다. 왜냐하면 우리가 이미 전도를 떠나 버리면, 여래의 지혜를 갖추어서 여래와 똑같이 중생을 이롭게 하기 때문입니다. 최종적으로 사람들을 이익하게 하는 자기로 실현시켜 나가는 것입니다. 이렇게 여래의 대비로 전환된, 여래의 대비를 전환해가는, 그것이 늘 잊지 않고 시시각각으로 행해지고 있는 세계가 화엄의 세계일 것입니다.

여래의 출현은 그 사실 자체를 우리에게 가르쳐주기 위해서입니다.

성기사상

이상으로 「보왕여래성기품(寶王如來性起品)」의 내용을 간단히 살펴보았습니다. 실은 화엄종에서는 이 성기(性起)라는 말에 기초해서 독자적인 사상을 전개합니다. 현수대사 법장은 『화엄경탐현기』에서 다음과 같이 말합니다.

> 자성주(自性住)에서 과(果)를 얻는 것에 이르기 때문에, 여래(如來)라고 한다. 고치지 않음을 성(性)이라고 하고, 작용을 나타냄을 기(起)라고 한다. 곧 여래(如來)의 성기(性起)이다. 또한 진리(眞理)를 여(如)라 하고 성(性)이라고 하며, 작용을 나타내는 것을 기(起)라 하고 래(來)라고 한다. 곧 여래(如來)를 성기(性起)라고 한다.

자성주(自性住)란, 보통의 인간 그대로 진여(眞如) 그 자체와 일체(一體)인 것이라고 해도 좋을 것입니다. 아직 수행 전부터 우리는 세계의 본성[空性]으로서의 진여(眞如)와 하나의 모습으로 있습니다. 거기에서 수행해 불과(佛果)에 도달합니다. 진여의 세계에서 부처라는 결과에 와서 이른다고 해서 여래(如來)이지만, 이 경우는 본성의 일어남으로 여래가 실현됩니다. 이것이 여래의 성기[여래로 실현된 성기]입니다.

한편 그 불과(佛果)의 세계에서 사람들을 구제하는 작용을 일으킵니다. 이것도 본성의 일어남이지만, 그 자체가 여래입니다. 여기가 여래즉

성기(如來卽性起)입니다.

어쨌든 여기에서는 성기를 여래와의 관계에서 보는 사실을 잊어서는 안 됩니다. 그러나 바로 성(性)은 불개(不改), 기(起)는 현용(顯用)으로서, 고치지 않음 그대로 작용을 일으키는 것이, 이 현상세계의 존재방식이라면, 성기는 여래에 국한되지 않고 세계의 존재방식을 화엄적인 시점으로서 받아들일 수 있게 됩니다. 그것은 불개(不改)[진여(眞如)·법성(法性)]의 세계를 고려하지 않고, 단지 현상끼리의 관계만을 보는 연기(緣起)의 세계관과도 다르고, 천태에서 자주 말하는 성구(性具)와도 다른 것으로서, 화엄의 독자적 세계관을 제시하는 것이라고 생각합니다.

성기(性起)의 性은 불개(不改)이기 때문에, 그것이 현상세계에 흘러나온다는 발출론(發出論)도 아닙니다. 말하자면 이 性은 무자성(無自性)이기 때문에 불생불멸(不生不滅)의 세계로, 그 본연의 모습은 변하지 않는 그대로, 그런데도 작용이 일어난다는 것입니다.

예컨대 「성기품」의 제7 주제인 여래의 보리를 어떻게 보느냐에서는 "불자여, 이를테면 모든 중생이 한 생각 안에서 모두 정각을 성취하고, 혹은 아직 성취하지 못한다고 해도, 모두 다 평등하다. 왜냐하면 보리는 무성(無性)이기 때문이고, 부증불감이기 때문이다. 참으로 여래의 보리는 모두 다 하나의 본성으로, 바로 무성이다. 불자여, 보살대사는 여래·응공·등정각의 보리를 이렇게 지견한다."라고 합니다. 혹은 제9 주제인 여래의 열반을 어떻게 보느냐에 있어서도, "다시 다음으로 불자여, 이 보살대사는 여래의 열반을 아래와 같이 보고 안다. 그것은 무량무변(無

量無邊)이어서, 법계의 궁극에 이르러도 장애하는 바가 없다. 불생불멸(不生不滅)이어서 깨끗한 허공과도 같다. 실제(實際)에 안주하지만, 그 응한 바에 따라서 이것을 시현한다. 본원(本願)으로 지지되어서, 모든 중생·모든 불국토·모든 제법을 버리지 않는다."라고 합니다. 이것들에서 본성의 세계 혹은 성기의 세계가 이야기되고 있습니다.

결국 불개(不改)인 性의 세계에서 어떻게 起가 나오는가, 물론 처음 性의 세계가 있어서 그것에서 起가 나온다기보다는, 性인 채로 그대로 起라고도 하는 것이겠지만, 그 性起는 왜 있는가, 그것이 문제가 됩니다. 그것은 여래 출현의 근본과 관련된 일입니다. 『화엄경』에 의하여 그것을 한마디로 말하면, 역시 대비(大悲) 때문이라고 할 수밖에 없을 것입니다. 『화엄경』은 되풀이하고 되풀이하여, 그 사실을 말하여 마지않습니다.

5 자기를 찾아서

여행과 종교

흔히들 인생은 여행이라고 합니다. 이것은 여러 가지 만남을 거치면서 생애라는 길 가운데를 건너가는 일을 말할 것입니다. 무엇보다 사람에 따라서는 일생을 바로 길 가운데서 보내는 사람도 있습니다. 특히 일본에서는 그러한 방랑형의 인생이 동경과 낭만의 대상이 되어서 사이교(西行), 바쇼(芭蕉), 산토카(山頭火) 등 또한 후텐의 토라(寅)도 널리 인기를 모으고 있습니다.

방랑 여행은 한곳에 머무는 일이 없습니다. 그것은 어디에도 막히지 않고, 머물지 않는 무주(無住)의 실천인 불교가 설한 공(空)의 처지를 사는 상태와도 다르지 않습니다. 여행은 일상을 넘어 나가는 일인 동시에 무집착의 실천으로서 본질적으로 종교적인 행위일 것입니다.

선(禪)의 수행자를 운수(雲水)라고도 하며, 운수승은 자주 행각에 나갑니다. 마치 구름처럼 물처럼 흐르고 흘러 머물지 않는 생활 방식을 수행의 하나로 삼는 것입니다. 한편 운수의 행각은 평소 자신이 배우는 스승으로부터 떨어져 다른 선장(禪匠)을 찾아가서 문답을 상량하고, 또한 경지를 높여가는 일도 목표로 합니다. 예로부터 선의 세계에서는 "병은 한 스승, 한 친구에 있다."라고 해서 한 사람의 선생이나 한 사람의 친구만으로는 편협한 교육 방식이 된다고 하여, 널리 많은 스승께 참선하는 '편참(遍参)'이라는 것을 대단히 중시했습니다.

여행 그 자체는 종교적이지 않지만, 분명히 종교적 실천을 하는 여행도 많이 있습니다. 아득히 먼 곳의 성지를 방문하고 돌아오는 여행, 몇 개의 성지를 차례로 지나다니는 여행 등 다양한 종교적인 여행이 있습니다. 거기에는 자신을 다시 보는 여행, 상처를 치유하는 여행, 종교적 의무를 수행하는 여행 등 다양한 성격의 여행이 보일 것입니다. 그 가운데 운수승의 여행은 도를 구하는 여행, 구도의 방랑이라고 할 것입니다.

실은 마치 운수승 행각의 원형이라고도 해야 할 것이 『화엄경』에서 그려집니다. 『화엄경』의 후반부에 전체의 삼분의 일 정도 분량을 차지하는 「입법계품(Gaṇḍavyūha)」이라는 품에서 그런 일을 묘사합니다. 곧 선재동자(善財童子, Sundhana)라는 소년이 잇달아 스승이 되실 분인 선지식(善知識)을 찾아가서는 가르침을 받아 차츰 향상되어서, 결국에는 부처가 된다는 이야기입니다.

여기에 한 소년의 구도편력(求道遍歷) 이야기가 있습니다. 본래의 자기, 진실한 자기를 찾아서 오로지 스승을 찾아 가르침을 구하고 행각해갑니다. 그것은 바로 '자신을 찾는 여행'이라고 할 것입니다.

이 「입법계품」은 두루마리 그림으로도 구성됩니다. 『화엄오십오소회권(華嚴五十五所繪卷)』에는 선재동자가 양 갈래로 고리처럼 맨 머리 모양이 귀엽게 그려집니다. 「입법계품」에서 선재동자가 방문한 선지식은 53인이지만, 중복해서 가르침을 받은 사람도 있어, 어찌되었든 전부 55곳에서 가르침을 받았다고 풀이됩니다.

또한 도카이도(東海道)의 53개 역은 선재동자가 방문한 선지식의 수에서 유래한 것이라고 하지만, 그것이 반드시 진실인 것만은 아닌 듯합니다.

문수보살의 등장

선재동자의 자신을 찾는 여행인 「입법계품」의 개요를 소개하겠습니다. 석존(釋尊)[실은 비로자나불]은 기원정사의 한 모퉁이에 있는 대장엄(大莊嚴) 중각강당(重閣講堂)에 계셨습니다. 주위에는 보현보살(普賢菩薩), 문수사리보살(文殊師利菩薩) 곧 문수보살(文殊菩薩) 등등의 보살들 또한 사리불(舍利弗), 목건련(目犍連) 등등의 성문들, 나아가 천왕들도 함께 했습니다.

석존이 사자분신삼매(師子奮迅三昧)라는 삼매에 들자 저 기원정사의 뜰은 찬란한 보석으로 장식된 듯이 엄숙하고 청정한 불국토로 변했습니다. 거기에는 무수한 보살들이 시방에서 모여들어 가득하며, 그것도 모두 석존[비로자나불]의 위신력에 의한 것입니다.

그러나 성문들은 이 신비로운 변화를 볼 수 없습니다. 이 보살들의 모습이며 기능을 보지 못합니다. 왜냐하면 부처의 세계는 "심심광대(甚深廣大)해서 알고, 보고, 근저를 끝까지 밝히고, 한량 있는 것이 아니고, 모든 세상을 초월하고, 생각으로 헤아릴 수 없고, 파괴할 수 없어서 성문이나 연각의 경계는 아니기 때문"이라고 합니다.

그 뒤에 이 집회에 모인 보살들이 부처의 위신력을 받아서 부처를 찬탄하는 게송을 잇달아 부릅니다. 마지막에 보현보살이 사자분신삼매에 대해서 열 가지 의미로 설명하고, 그것을 거듭 게송으로 설명합니다. 그러자 석존은 많은 보살을 사자분신삼매에 편안히 머물게 하려고, 눈썹 사이의 백호상에서 보조삼세법계문(普照三世法界門)이라는 광명을 놓고, 말할 수 없는 세계의 티끌 수와 같은 광명을 그 권속으로 해서, 두루 시방 모든 세계바다를 비춘다는 신비로운 변화를 나타냅니다. 기원정사에 모여든 보살들은 불가사의한 광명을 얻어서 무량한 공덕을 성취했기 때문에, 말로 설명할 수 없는 불국토의 티끌 수와 같은 커다란 신비로운 변화 장엄의 구름을 일으킵니다.

이러한 사태를 접해서 문수보살은 부처님의 위신력을 받아 거듭 기원정사 숲의 무량한 장엄을 찬탄하기 위해서 게송을 부릅니다. 그러면

그때 그 모든 보살들은 여래의 삼매 광명에 비추어졌기 때문

에 누구도 볼 수 없는 불가설한 불국토의 티끌 수와 같은 대비의 법문을 얻어서 모든 중생을 이익하고 안락하게 했다. 그 많은 보살은 그 몸속의 하나하나 털구멍에서 다 설명할 수 없는 불국토의 티끌 수의 광명을 내고, 그 하나하나의 광명에서 다 설명할 수 없는 불국토의 티끌 수의 보살을 화현하고, 그 몸의 형상은 세상의 왕들처럼 널리 모든 중생들 앞에 나타나고, 시방의 법계에 이르는 곳에 골고루 미치고, 다양한 방편으로 교화하여 훈련한다.

라는 일이 일어납니다. 또한 이러한 보살들은

……혹은 지옥·아귀·축생의 장면을 나타내어, 대비·지혜 및 저해할 수 없는 큰 서원으로써 중생을 거두어들이는 방편을 버리지 않는다. 혹은 명호로써 교화하고, 혹은 억념으로써 교화하고, 혹은 음성으로써 교화하고, 혹은 원만한 광명으로써 교화하고, 혹은 광명의 그물로써 교화하고, 그 응한 바에 따라 다 그 앞에 나타나고, 곳곳에 장엄을 나타내 부처님 곁을 떠나지 않고, 누각의 자리를 떠나지 않고서도 널리 시방에 나타난다. 혹은 또한 변화신(變化身)의 구름을 나타내고, 혹은 무이(無二)의 몸을 나타내어, 시방에 두루 돌아다니면서 중생을 교화한다.

라고 합니다. 나타난 모습은 성문, 범천, 온갖 고행자, 좋은 의사, 상인, 바른 생활인, 예인(藝人), 천인 등등입니다. 더구나 가는 곳마다 시현해서 중생을 교화해 성취시킵니다. 그런데도 또한 기원정사 숲의 여래 계시는 곳을 떠나지 않는다고 말합니다.

이상은 「입법계품」 첫머리의 극히 간략한 내용입니다. 이런 것들이 예시와 같이 정말이지 『화엄경』답게 신비하고 환상적인 광경 속에서 그려냅니다. 보살들은 먼 옛날에 보리심을 펴서 그리고 수행하는 것입니다.

그런데 이때 문수보살은 부처님 계신 곳을 사양하고, 큰 세력의 권속과 함께 남쪽으로 향합니다. 이에 사리불과 많은 비구 제자[수행승]들이 따라갑니다. 즉시 문수는 비구들을 가르쳐 인도합니다. 곧 열 가지 광대한 마음을 성취하면, 즉시 여래지(如來地)[부처의 경계]에 들어갈 수 있다고 가르칩니다. 그것은 다음과 같습니다.

첫째는, 모든 선근을 적집해서 싫증내는 생각을 내지 않는다.

둘째는, 모든 부처를 뵙고 공경·공양해서 싫증내는 생각을 내지 않는다.

셋째는, 바로 모든 불법(佛法)을 구하여 싫증내는 생각을 내지 않는다.

넷째는, 널리 보살의 모든 바라밀을 행해서 싫증내는 생각을 내지 않는다.

다섯째는, 모든 보살의 삼매를 갖추어 싫증내는 생각을 내지 않는다.

여섯째는, 삼세일체의 유전(流轉)에서 싫증내는 생각을 내지 않는다.

일곱째는, 널리 시방의 불국토를 청정하게 장엄해서 싫증내는 생각을 내지 않는다.

여덟째는, 모든 중생을 교화·훈련해서 싫증내는 생각을 내지 않는다.

아홉째는, 모든 국토와 모든 겁 속에서 보살행을 해서 싫증내는 생각을 내지 않는다.

열째는, 광대한 마음을 일으키고 모든 불국토의 티끌과 같은 모든 바라밀을 닦아 익히고, 모든 중생을 도탈해서 부처의 열 가지 힘을 갖추되 싫증내는 생각을 내지 않는다.

여기에는 대승불교도의 생활방식의 기본이라고도 할 것이 있습니다. 문수는 "비구여, 만일 선남자·선여인으로서 이런 열 가지의 큰 법을 성취하면, 능히 모든 선근을 길러 양성하고, 생사의 거리와 모든 세간의 성품을 떠나고, 성문·연각의 지위를 초출해서 여래의 가문에 태어나며, 보살의 행을 닦고, 보살의 지위에 머물고, 여래의 공덕력을 성취하고, 갖가지 마(魔)를 항복받고, 다양한 외도를 제어할 것"이라고 합니다.

이때 많은 비구는 모든 여래 세계의 본래 모습을 분명하게 알아서, 이른바 보살로서 확정되어버립니다. 그래서 문수보살은 여러 비구에게 '보살행'을 권하여 수행하게 합니다. 그러자 "여러 비구는 그것에 의해서 대원해(大願海)를 세상에 낳았습니다. 이미 대원해를 세상에 낳아서 몸과 마음이 청정하게 되고, 죽지 않는 통명(通明)을 얻었습니다. 이미 죽지 않는 통명을 얻었기 때문에, 문수사리의 발아래를 떠나지 않고서 널리 시방 모든 부처님 계신 곳에 전부 그 몸을 나타내고, 모든 불법을 구족해 성취했습니다."라고 하는 것입니다.

이와 같이 「입법계품」뿐만 아니라 『화엄경』 전체가 그렇습니다. 보현행(普賢行)이라는 것, 보현보살의 행원(行願)이 주제가 되고 있습니다.

선재동자와 53인의 선지식

이후 문수는 권속과 함께 남쪽으로 향하여 각성(覺城)의 동쪽에 이르러 깃발로 장엄한 사라나무숲 안의 큰 탑묘에 머뭅니다. 사람들은 문수가 거기에 계신 것을 알고 모여들었는데, 문수는 그 속에 선재동자가 있음을 압니다. 그래서 모든 불법을 선재동자와 모여든 사람에게 설합니다. 그리고 신해(信解)의 힘을 증장시켜 보리심을 일으키게 했습니다.

문수는 남쪽으로 유행(遊行)을 떠나지만, 선재동자는 이 분을 따라다니면서 시중들며 문수보살을 찬탄하는 게송을 부릅니다. 그 내용은 문수보살의 덕을 찬탄함과 동시에 자신을 수호하고, 선발해 구제하고, 가르쳐 보여서, 대승으로 올려달라는 것으로, 그 끝맺음은 "원컨대 자비로 저를 돌아보소서."라는 것입니다. 이것에 대해서 문수는 "여러 선지식[불도에 관한 스승]과 친근해 공양하는 일은 일체지(一切智)를 갖추기 위한 최초의 인연이다. 그러기에 선남자여, 바야흐로 선지식을 구해 친근하고, 공경하고, 일심으로 공양해서 싫증내거나 만족하는 일 없이 보살의 행을 물음이 좋다."라고 가르쳐 훈계하며, 선재동자를 위해서 다음의 게송을 설합니다.

훌륭하다, 공덕의 장(藏)이여
용케 내 곁에 와서
광대한 자비심을 일으켜
오로지 위없는 도를 구하네.

먼저 갖가지 큰 서원을 세워서
중생의 괴로움을 없애고
보살의 행을 지극히 깨달아서
위없는 도를 성취하네.

만일 보살이 있어
생사의 괴로움을 싫어하지 않고
보현의 행을 구족한다면
누구도 저해하지 못하리.

요는 보현의 행을 완성시킨다는 것입니다. 「입법계품」의 보살도는 철두철미하게 보현행입니다. 지금 문수 게송의 마지막은 "무량한 중생들은 그의 서원을 듣고 환희해 모두 보리를 구하는 마음을 일으켜서 바라건대 보현의 가르침을 배울 것이다."라고 합니다.

이 게송을 설하여 마치자 문수는 선재에게 남쪽의 가락국(可樂國)에 화합산(和合山)이 있고, 거기에 공덕운(功德雲)이라는 비구가 있으니 찾아가 묻는 것이 좋다고 권하며, "어떻게 보살의 행을 배우고, 어떻게 보살의 행을 닦고, 내지 어떻게 보현의 행을 조속히 원만하게 해야 하는

가?" 질문하라고 알려줍니다.

선재동자는 이 말을 들은 뒤 "매우 기뻐하여 머리와 얼굴로 발을 예배하며 몇 번이고 오른쪽으로 돌며, 간곡히 우러러보며 눈물을 흘리면서 물러나 남쪽을 향해서 걸음을 옮기게" 되었습니다. 이렇게 선재동자의 구도편력, 이른바 자기 찾기의 여행이 시작됩니다.

선재동자가 공덕운 비구를 방문하자 공덕운 비구는 자신의 불도에 대한 깨달음을 이야기한 뒤, 다음은 어디어디의 아무개 곁을 찾아가라고 권합니다. 이하에서 이것이 몇 회를 묻지 않고 계속됩니다. 그 가운데서 선재동자는 귀중한 가르침을 수많이 전수받아 진실한 자신과 만나게 됩니다. 여기서 선재동자가 방문한 사람들의 이름을 일람표로 올려봅시다.

①문수사리보살(文殊師利菩薩) ②공덕운비구(功德雲比丘) ③해운비구(海雲比丘) ④선주비구(善住比丘) ⑤양의미가(良醫彌伽) ⑥해탈장자(解脫長者) ⑦해당비구(海幢比丘) ⑧휴사우바이(休捨優婆夷) ⑨비목다라선인(毘目多羅仙人) ⑩방편명바라문(方便命婆羅門) ⑪미다라니동녀(彌多羅尼童女) ⑫선현비구(善現比丘) ⑬석천주동자(釈天主童子) ⑭자재우바이(自在優婆夷) ⑮감로정장자(甘露頂長者) ⑯법보주라장자(法宝周羅長者) ⑰보안묘향장자(普眼妙香長者) ⑱만족왕(滿足王) ⑲대광왕(大光王) ⑳부동우바이(不動優婆夷) ㉑수순일체중생외도(随順一切衆生外道) ㉒청련화향장자(青蓮華香長者) ㉓자재해사(自在海師) ㉔무상

승장자(無上勝長者) ㉕사자분신비구니(師子奮迅比丘尼) ㉖바수밀다녀(婆須蜜多女) ㉗안주장자(安住長者) ㉘관세음보살(觀世音菩薩) ㉙정취보살(正趣菩薩) ㉚대천천(大天天) ㉛안주도량지신(安住道場地神) ㉜바사바타야천(婆裟婆陀夜天) ㉝심심묘덕이구광명야천(甚深妙德離垢光明夜天) ㉞희목관찰중생야천(喜目觀察衆生夜天) ㉟묘덕구호중생야천(妙德救護衆生夜天) ㊱적정음야천(寂静音夜天) ㊲묘덕수호제성야천(妙德守護諸城夜天) ㊳개부수화야천(開敷樹華夜天) ㊴원용광명수호중생야천(願勇光明守護衆生夜天) ㊵묘덕원만림천(妙德圓満林天) ㊶구이(瞿夷, 석가족의 여자) ㊷마야부인(摩耶夫人) ㊸천주광동녀(天主光童女) ㊹편우동자사(遍友童子師) ㊺선지중예동자(善知衆芸童子) ㊻현승우바이(賢勝優婆夷) ㊼견고해탈장자(堅固解脱長者) ㊽묘월장자(妙月長者) ㊾무승운장자(無勝軍長者) ㊿호비최승바라문(戸毘最勝婆羅門) �51덕생동자(德生童子) 52유덕동녀(有德童女) 53미륵보살(彌勒菩薩) 54문수사리보살(文殊師利菩薩) 55보현보살(普賢菩薩)

이 가운데 51과 52는 같이 있어서 함께 설했으므로, 한 사람의 선지식으로 간주됩니다. 또한 ①과 54 두 번의 문수를 한 사람으로 세면, 53인의 선지식이 됩니다.

이렇게 보면 보살 계통 외에 비구, 비구니, 외도, 선인(仙人), 바라문, 천(天)[남신(男神)·여신(女神)], 야천(夜天)[밤의 여신], 왕(王), 장자(長者), 의사(醫師), 해사(海師)[뱃사공], 유녀(遊女), 우바이[재가의 여성 신자], 동자(童子), 동녀(童女)까지 포함된, 실로 다채로운 면면으로 구성됩니다. 여성이 많은 것도 하나의 특징입니다. 뒤쪽으로 갈수록 동자·동녀가 많이 나타나는 사실도 흥미 깊습니다.

참고로 53인의 선지식과 앞에도 언급한 보살 수행의 계제(階梯)로서의 십신(十信)·십주(十住)·십행(十行)·십회향(十回向)·십지(十地)·등각(等覺)·묘각(妙覺)의 52위와의 관계에 대해서 법장의 설을 소개하겠습니다.

①문수보살에 의해서 십신이 성취되고, 맨 처음 ②공덕운 비구는 초발심위(初發心位)에 해당합니다.

이하 ⑪미다라니 동녀까지가 십주,

다음의 ⑫선현 비구부터 ㉑수순일체중생 외도까지가 십행,

다음의 ㉒청련화향 장자부터 ㉛안주도량 지신까지가 십회향,

다음의 ㉜바라바타 야천부터 ㊶구이까지가 십지입니다.

그 뒤 ㊷마야 부인부터 ㊾유덕 동녀까지는 회연입실상(會緣入實相)의 선지식이라고 합니다.

뒤이어 ㊳미륵은 섭덕성인상(攝德成因相), ㊴문수는 지조무이상(智照無二相), 마지막의 ㊵보현은 현인광대상(顯因廣大相)의 선지식이라고 합니다. 적어도 구이(瞿夷)까지의 41인은 십지까지의 계위에 맞춰지는 셈입니다.

청련화향 장자의 가르침

　선재동자가 이들 선지식을 방문해 받은 가르침의 전부를 여기에 도 저히 다 소개할 수는 없습니다. 그래서 흥미 깊은 그저 몇 가지 예만을 들 어 봅니다.

　제22번째에 청련화향 장자의 곁을 찾아가지만, 이 분은 마치 아로마 테라피의 원조와 같은 분입니다.

> 훌륭하다, 훌륭하다, 선남자여, 그대는 용케 아뇩다라삼먁삼 보리심을 일으켰구나. 선남자여, 나는 잘 분별해서 일체 모든 향을 알고, 또한 일체의 향을 조합하는 법을 알고 있다. 일체의 향(香), 일체의 소향(燒香), 일체의 도향(塗香), 일체의 말향(末 香) 등 이러한 모든 향왕(香王)의 출처를 알고 있다. 또한 능히 천향(天香), 용향(龍香), 야차향(夜叉香), 건달바향(乾闥婆香) 및 아수라(阿修羅), 가루라(迦樓羅), 긴나라(緊那羅) …… 등의 모든 향들을 깨달아 알고 있다. 또한 잘 분별해서 여러 병을 치료하 는 향, 여러 악을 단절하는 향, 환희를 낳는 향, 번뇌를 더하는 향, 번뇌를 없애는 향, 유위에 집착심을 생기게 하는 향, 유위에 염리심을 생기게 하는 향, 여러 가지 교만심을 버리게 하는 향, 발심해서 부처를 생각하게 하는 향, 법문을 깨달아 이해하게 하는 향, 성자가 수용하는 향, 모든 보살이 차별하는 향, 모든 보살 지위의 향을 알고 있다. 이러한 모든 향의 형상(形相)과 생 기(生起)와 출현(出現)과 청정(淸淨)과 안온(安穩)과 방편(方便) 과 경계(境界)와 성취(成就)와 위덕(威德)과 업용(業用)과 근본

(根本)에 전부 통달했다.

선남자여, 인간 속에 대상장(大象藏)이라는 향이 있다. 이 향은 용(龍)의 싸움에 의해서 생긴 것으로, 그 한 알을 사르면 큰 광명의 그물 구름을 일으켜서 감로미국(甘露味國)을 덮고, 이레 낮 이레 밤 동안 향수(香水) 비를 내리게 한다. 만일 몸에 바르면 몸이 바로 금색으로 변한다. 의복이나 궁전이나 누각에 묻어도 다 전부 금색으로 된다. 만일 사람이 이 향을 맡으면, 이레 낮 이레 밤 동안 환희열락(歡喜悅樂)해서 모든 병을 없애고, 공포나 위해의 마음을 떠나서, 오로지 대비로 향하여 널리 중생을 생각한다. 나는 이것을 아는 법을 설해서 그들로 하여금 아뇩다라삼먁삼보리에서 물러나지 않는 지위를 얻게 한다.

여전히 기이하고 특별한 향의 설명이 이어집니다. 무언가 신화적 세계와 현실세계가 교착하는 불가사의한 세계입니다. 물론 상징적인 표현을 쓰고 있는 것이지만, 어떤 향의 실제 효용을 근거로 하는 일도 있을 것입니다. 향은 종류에 따라서 몸의 병이나 마음의 사악함·오염을 제거하고, 정화해서 몸과 마음을 조화·안정시키는 모습이 잘 엿보입니다.

선재동자는 이 장자와 마주쳐서 향(香) 세계의 깊은 뜻에 젖어서 기쁨으로 가득합니다. 생각건대 아마 향만이 아니라 어떤 세계에도 깊은 뜻이 있고, 또한 다양한 것에서도 몸과 마음의 정화와 안녕에 도움이 되는 효능이 있을 것입니다.

제36번째의 적정음 야천의 가르침에는 수행의 의미에 대한 해설이

보입니다. 우선 이 야천은

> 선남자여, 나는 중생을 위해서 근심·번뇌와 무량한 온갖 고통
> 을 송두리째 없애서, 그들로 하여금 영원히 불선(不善)의 색
> (色)·성(聲)·향(香)·미(味)·촉(觸)·법(法)을 버려 떠나게 한
> 다. 애별리고(愛別離苦)·원증회고(怨憎會苦) 및 나머지 일체의
> 온갖 나쁜 인연, 괴멸(壞滅)의 큰 고통, 생사(生死)에 머무는 고
> 통, 노(老)·병(病)·사(死)·우(憂)·비(悲)의 고뇌를 송두리째
> 없애서 여래의 위없는 쾌락을 얻게 한다. 모든 도시와 변방의
> 중생을 다 구호해서 안락을 얻게 하고, 그들을 위해서 널리 법을
> 설하여 가르쳐서 차츰 일체종지(一切種智)를 구하게 한다.

등등이라고 이야기합니다. 거듭

> 만일 중생이 경계(境界)에 집착하는 것을 보면, 그들을 위하여
> 법을 설해서 여래의 깊고 깊은 경계를 얻게 한다.
> 만일 중생이 진에(瞋恚) [분노의 마음]을 일으키는 것을 보면,
> 그들을 위하여 법을 설해서 여래의 인욕바라밀(忍辱波羅蜜)을
> 얻게 한다.
> 만일 중생이 해태(懈怠)하는 것을 보면, 그들을 위하여 법을 설
> 해서 보살의 깨끗한 정진바라밀(精進波羅蜜)을 얻게 한다.
> 마음이 어지러운 자를 위해서는 바른 법을 연설해서 여래의
> 선바라밀(禪波羅蜜)을 얻게 한다.

사악하고 어리석은 자를 위해서는 바른 법을 연설해서 반야바라밀(般若波羅蜜)을 얻게 한다.

삼계에 집착하는 자를 위해서는 바른 법을 연설해서 삼유(三有)를 벗어나게 한다.

소법(小法)을 즐기는 자를 위해서는 바른 법을 연설해서 보살의 큰 서원을 만족하게 한다.

스스로 편안해 하는 자를 위해서는 바른 법을 설해서 큰 서원을 갖추어 일체를 이롭게 한다.

마음이 열약한 자를 위해서는 바른 법을 연설해서 보살의 지바라밀(智波羅蜜)을 얻게 한다.

지혜가 없는 자를 위해서는 바른 법을 연설해서 보살의 지바라밀(智波羅蜜)을 얻게 한다.

등등으로 말합니다. 이 부분의 맨 끝에는,

선남자여, 나는 이와 같은 무량한 법의 보시로써 중생을 거두어들여 악도(惡道)의 고통을 없애고 천(天)·인(人)의 즐거움에 머물게 하고, 삼계의 얽힘을 벗어나 일체지(一切智)에 머물게 한다. 이와 같이 나는 갖가지 공덕을 구족하여 다양한 방편으로써 중생을 교화 제도해서 환희하는 일이 무량하다.

라고 정리합니다. 이 야천이 설한 바는 '무량환희장엄법문(無量歡喜莊嚴法門)'입니다. 보살행을 수행해서는 무량한 환희를 낳고, 보살의 큰 바다를 관찰해서는 무량한 환희를 낳고, 비로자나불의 모습을 보고서는 무량한 환희를 낳습니다. 이 법문의 작용은 무량무변(無量無邊)이라고도 합니다. 선재동자는 적정음야천께 "어떤 법을 닦아서 이 법문을 얻으셨습니까?"라고 묻자, 야천은 열 가지의 묘한 법으로써 답합니다. 그것은 다음과 같습니다.

첫째는, 보시(布施)를 수행해서 일체중생 바다를 모조리 다 환희하게 한다.

둘째는, 정계(淨戒)를 수행해서 제불공덕(諸佛功德)의 큰 바다를 완성해 가득 채운다.

셋째는, 인욕(忍辱)을 수행해서 일체제법의 진성(眞性)을 요지한다.

넷째는, 정진(精進)을 수행해서 일체지(一切智)에서 견고하여 물러남이 없다.

다섯째는, 선정(禪定)을 수행해서 일체중생의 번뇌를 제멸한다.

여섯째는, 지혜(知慧)를 수행해서 일체의 법계를 분별해 요지한다.

일곱째는, 방편(方便)을 수행해서 일체중생 바다를 교화해 성취한다.

여덟째는, 대원(大願)을 수행해서 일체의 불국토 바다에서 미래의 끝까지 보살행을 닦는다.

아홉째는, 제력(諸力)을 수행해서 생각생각 사이에 모든 국토에 나타나 큰 깨달음을 연다.

열째는, 무진지(無盡智)를 수행해서 삼세의 법을 요지해 장애하는 바가 없다.

여기에 십바라밀(十波羅蜜)의 가르침이 있습니다. 보살행은 십바라밀이 최상이라고 하는 것입니다. 더구나 여기서 인욕에 대하여 "일체제법의 진성을 요지한다."라고 합니다. 인욕의 덕목 가운데에는 무생법인(無生法忍)[제법은 본래, 무생(無生)＝불생불멸(不生不滅)이라고 아는 것]이라는 인욕이 있기 때문입니다.

적정음 야천은 이들 수행을 무량겁의 과거부터 계속해온 것이지만, 경전이 묘사한 그 모습은 일상의 인간 감각을 아득히 넘어섭니다.

성모·마야부인의 가르침

선재동자가 방문한 선지식 가운데에는 여성이나 어린이 등도 제법 있었습니다. 이제 그 가운데 한 사람을 소개합니다. 여기에서는 마야부인을 들어보려고 합니다. 마야부인은 석존의 생모로 잘 알려진 분입니다. 선재동자는 마흔 두 번째로 이 분을 찾아갑니다.

일반적으로 불교와 그리스도교를 비교할 때, 동양의 불교는 모성적이고, 서양의 그리스도교는 부성적이라고 생각하는 것은 아닐까요? 그러나 그리스도교의 가톨릭에는 마리아님이 계셔서 성스러운 예수를 가슴에 품은 형상 등을 자주 볼 수 있습니다. 예수는 신(神)과 일체[삼위일체(三位一體)]이기 때문에, 그 어머니는 신의 어머니이기도 해서 마리아야말로 신의 근원이기도 하다는 말이 될 것 같지만, 실제로 그런 교의는 없습니다. 그러나 그렇더라도 그리스도교에서는 어머니 마리아가 실로 중요한 역할을 하는 사실을 볼 수 있습니다.

한편 불교에서는 석존의 어머니인 마야부인은 석존이 출생한 후 일주일 정도 만에 사망했다고 하며, 경전 등에서도 어머니의 모습은 그다지 설하지 않습니다. 『법화경』을 보아도 실로 다정하고 자애로운 아버지는 나오지만, 어머니 쪽은 거의 나오지 않습니다. 나와도 석존에 의해서 격려를 받을 것 같은 존재로 나옵니다. 불교는 오히려 어머니의 모습은 희박해서 부성적인 종교라고 해야 할지도 모릅니다. 다만 그 아버지가 모성도 겸비한 듯한 자비로운 존재입니다.

그렇지만 『화엄경』 「입법계품」은 석존의 어머니인 마야부인을 등장시켜서 모든 부처의 근원과 같은 성격을 갖게 합니다. 만일 불교에 동양적인 대지성(大地性)이라는 것이 있다면, 그것은 『화엄경』에서야말로 존재한다고 해도 좋을 것입니다.

선재동자가 마야부인을 뵈려고 생각하자, 보안(寶眼)이라는 성천(城天)이나 법묘덕(法妙德)이라는 천(天), 선현(善現)이라는 나찰귀왕(羅刹鬼王)이 다양한 가르침을 펴서 인도합니다. 그때 선재가 나찰의 가르침에 따르자 동시에 큰 보배 연꽃이 땅에서 솟아 나오는 것을 봅니다. 그래서 불가사의한 권속에 둘러싸여 모든 중생의 앞으로 셀 수 없는 청정한 색신을 나타낸 마야부인이 계신 것을 봅니다. 이윽고 마야부인은 자신은 비로자나불의 어머니셨고, 마찬가지로 모든 과거의 부처, 현재의 부처, 미래의 부처의 어머니가 되신다고 이야기합니다. 그 사이에,

선남자여, 내가 일찍이 연화지신(蓮華池神)이었을 때, 연화장
(蓮華藏)에서 홀연히 화생한 보살이 있었던 것을 내가 손을 끌
어 잘 양육했기 때문에, 모든 세간은 나를 불러서 보살의 어머
니라고 했다. 또한 일찍이 내가 보리장신(菩提場神)이었을 때,
내 품 안에서 보살이 홀연히 화생했기 때문에, 세간은 또한 나
를 불러서 보살의 어머니라고 했다. 선남자여, 셀 수 없는 최후
신(最後身)의 보살들이 이 세계에서 다양한 방편으로 중생을 시
현(示現)하는 경우, 나는 전부 다 그 어머니가 된다.

라고도 이야기합니다.

선재가 "이 법문을 얻고 어느 정도의 시간이 지났나요?"라고 질문하
자 마야부인은 다음과 같이 대답했습니다.

선남자여, 아득히 먼 옛날 여러 보살의 통명(通明)조차도 넘어
선 셀 수 없는 겁 이전에 정광명(淨光明)이라는 겁이 있었다. 세
계를 묘덕수미산왕(妙德須彌山王)이라고 하는, 그 세계는 청정
하여 모든 더러움이 없었다. 뭇 보배로써 합성하여 다양하게
장엄해서 보는 자로 하여금 만족함을 알게 했다. 그 세계 안에
천억(千億)의 사천하(四天下)가 있었고, 그 사천하의 하나에 팔
십억(八十億) 대왕(大王)의 도시가 있었다.

그런데 그 여러 가지 왕도(王都) 안에 지당(智幢)이라는 한 왕도
가 있었고, 왕을 용성(勇盛)이라고 하는 전륜왕(轉輪王)이 있었
다. 그 왕도의 북쪽에 월광명(月光明)이라는 도량이 있었고, 도

량신을 자묘덕(慈妙德)이라고 불렀다. 그때에 이구당(離垢幢)이라는 보살이 있어서 도량에 앉아 바야흐로 도를 이루려고 하는 때에 임하여, 금강광명(金剛光明)이라는 악마가 권속과 함께 보살의 곁에 와서, 그 도행(道行)을 깨뜨리려고 했다. 그때 용성왕(勇盛王)이 보살의 자재한 신력을 구족하여, 그 마군(魔軍)보다도 더욱더 많은 수의 병사 무리를 변화로 만들어서 이들을 꺾어 굴복시켰다. 그래서 그 보살은 정각을 이룰 수 있었다. 그때 도량신은 이일을 보고 환희함이 끝이 없어서, 그 왕에 대해서 아들이라는 생각을 일으켜 불족(佛足)에 정례하고 "이 전륜왕이 성불에 이르기까지 재재처처(在在處處)마다 자신은 그 어머니가 되리라."라고 발원하였다. 그와 같이 서원을 일으켜서 다시 그 도량에서 십나유타(十那由他)의 부처님을 공양해 모셨다.

선남자여, 그대는 어떻게 생각하는가? 그 도량신은 다른 사람이 아니라 나 자신이고, 전륜왕은 노사나불이다. 선남자여, 나는 그 발원 이래로 불세존(佛世尊)[노사나불(盧舍那佛)]이 시방 국토의 모든 경계에서 처처에 생을 받고, 여러 선근을 심고, 보살의 행을 닦고, 모든 중생을 교화해 성취하고, 최후의 생을 받아 이르기까지, 항상 그 어머니가 되었다. 선남자여, 과거·현재의 시방무량(十方無量)한 모든 세계의 제불여래도 바야흐로 성불하려고 할 때, 모두 배꼽 속에서 다양하고 광대한 광명을 나타내어 나의 몸, 나의 권속 및 내가 거주하는 궁전을 비추었고, 그 최후신(最後身)으로 전부 다 나를 어머니로 삼는다.

도대체 자신이 그 사람의 어머니가 되겠다는 그 생각의 근본에 있는 것은 무엇일까요? 낳고, 수호하고, 양육해서, 혼자 서게 하고 싶은 일심 (一心)의 사실은 아니었을까요?

『화엄경』에 의하면 세계의 근원에는 비로자나불이 있을 것이라고 생각하지만, 거듭 그 근원에 어머니와 같은 구상이 존재한다고 합니다. 제 스승인 아키쥬키 료민(秋月龍珉) 노사께서는 종종 "애초에 대비가 있었다."라고 말씀하셨습니다. 『화엄경』의 이 부분은 남기는 바 없이 그 사실을 이야기한다고 생각합니다.

어쨌든 이렇게 선재동자는 만나는 사람마다 위없는 가르침을 전수받거나, 거듭 도를 구해서, 진실한 자기를 찾아 편력해나갑니다.

미륵보살과의 만남

선재동자는 끝 쪽으로 가면 미륵보살(Maitreya)과 마주치고, 또한 문수보살과 마주치고, 마지막에는 보현보살과 마주칩니다. 그 가운데 우선 미륵보살은 찾아온 선재동자에 대해서,

> 선재여, 그대는 이제 가장 큰 이익을 얻었다. 무량한 겁에 견문하기 어려운 일을 그대는 모조리 견문해서 그 공덕을 알았다.
> ─곧 문수보살을 볼 수 있어서 무량한 덕을 쌓고, 모든 험난(險難)과 악도(惡道)를 멀리 떠나서 정법(正法)에 안주하고, 우몽

(愚蒙)의 처지를 지나 모든 보살의 공덕지(功德地)에 머물고, 지혜지(智慧地)를 갖추어 모든 불지(佛地)와 보살의 행해(行海)를 얻고, 허공과 같은 제불의 지혜 창고를 성만하고, 오로지 무량한 온갖 묘한 공덕을 구해서 마음에 싫증난 일이 없다.

(중략)

선재여, 그대는 바야흐로 크게 환희하는 것이 좋다. 오래지 않아서 큰 과보를 얻게 될 것이기 때문이다. 무량한 보살이 무수한 겁에서 닦은 바의 보살행을, 그대는 더구나 이 한 생에서 모조리 다 구족하는 일을 이루었다. 그것은 오로지 직심(直心)의 정진력(精進力)에 따랐기 때문이다. 이러한 결과를 얻으려고 생각하면은 모름지기 선재의 배움을 닦는 방법에 따르는 것이 좋다.

등이라고 찬탄합니다. 미륵보살은 선재동자의 먼 길도 마다하지 않는 구도의 일심으로 선지식을 방문하고, 순수하게 가르침을 흡수하는 '직심(直心)의 정진력(精進力)'을 기리고 칭찬했습니다. 이 직심의 정진력이야말로, 인생에서 가장 중요한 마음일 것입니다.

　그후에 미륵은 보리심의 여러 공덕에 대해서 설하여 들려주고, 다시 자신이 머문 누각으로 들어가, 아찔할 정도의 신기한 변화를 보입니다. 여기의 묘사는 그야말로 「입법계품」의 압권으로, 여기야말로 화엄의 깊은 경지를 보이는 부분이지만, 지금은 지면 관계로 생략합니다. 아무

쪼록 다른 책으로 읽어주십시오.

그 후 선재동자가 "이 갖가지 미묘한 장엄은 어디로 가는 건가요?"라고 묻자, 미륵은 환사(幻事)와 같아서 "오는 것도 없고, 가는 것도 없고, 머무는 것도 없고, 집착하는 것도 없고, 발생하는 것도 없고, 소멸하는 것도 없다. 다만 보살이 배우고 익힌 지혜와 원력 때문에, 이러한 일을 나타내는 것이다."라고 답합니다. 『화엄경』의 근본에 공관(空觀)*이 있는 사실이 엿보입니다.

다시 선재가 "위대한 성인이시여, 위대한 성인은 어느 곳에서 오셨습니까?"라고 묻자 미륵은,

> 불자여, 보살은 오는 것 없는 경지, 가지도 머물지도 않는 경지, 집착하는 바 없는 경지, 나지도 않고 죽지도 않는 경지, 머물지도 않고 도달하지도 않는 경지, 떠나지도 않고 일어나지도 않는 경지, 버리지도 않고 집착하지도 않는 경지, 업(業)도 없고 보(報)도 없는 경지, 일어나는 것도 없고 의지하는 것도 없는 경지, 상주하지도 않고 단멸하지도 않는 경지에서 온다. 선남자여, 보살은 다만 중생을 교화해 구호하기 위해서 대자비로부터 온다. 중생의 괴로움을 없애기 위해서.

------

* 공관(空觀): 모든 존재는 관계성에 의해 성립하는 것으로, 그 자체에 본성은 없어 고정적으로 실재하는 것은 없다고 관상(觀想)하는 일.

등이라고 설하고, 또한

> 선남자여, 그럼에도 그대가 나에게 어디에서 왔느냐고 묻는
> 다면, 나는 내가 태어난 땅인 마리국(摩離國)에서 왔다고 답할
> 것이다. 선남자여, 저기에는 누관(樓觀)이라는 촌락이 있고, 구
> 파라(瞿波羅)라는 장자의 아들이 거기에 있다. 나는 그를 위하
> 여 법을 설해서 보리심을 일으켜 보였다. 또한 나의 태어난 땅
> 의 온갖 군생을 위해 되어야 할 바에 따라서 설법하고, 또한 부
> 모 및 친족을 위해서 응한 바에 따라 법을 설하여 그들을 대승
> 에 안립(安立)시키려고 여기에 온 것이다.

라고 대답했습니다. 어디에서 와서 어디로 가는가, 이 문제는 우리들의
"자기란 무엇인가?"의 문제와 관련한 가장 중요한 문제이며, 미륵보살
은 그 답을 훌륭하게 여기서 제시하고 있습니다.

보현보살과의 만남

미륵보살은 이후 선재동자에게 "선남자여, 그대는 이제 떠나서 문
수사리(文殊師利)에게 나아가 묻는 것이 좋으니,「보살은 어떻게 보살의
행을 배우고, 보살의 도를 닦고, 보현이 행한 바를 구족해 성취해야 하는
가?」라고" 물을 것을 권합니다. 선재가 긴 길을 거쳐서 문수사리보살

(Mañjuśrī)을 만나러 보문성(普門城) 근처에 가서 "어떻게 하면 만나 뵙고 자애로운 얼굴을 우러러 모실 수 있을까?"라고 일심으로 생각하자마자, 문수보살이 나타나 다양한 교회(教誨)를 드리워, 위로와 깨우침으로 환희용약하게 하고, 무량한 법문을 성취시켜서, 보현이 수행한 도량 속으로 들어갈 수 있게 하시고, 자신은 자취를 감추셨습니다. 그래서 선재동자가 일심으로 보현보살(Samantabhadra)과 만나려고 생각하자마자, 다양한 상서로운 모습을 보면서, 드디어 보현보살과 대면합니다.

보현보살은 여래의 어전(御前)에서 연화장 사자좌에 앉아, 하나하나의 털구멍에서 무량한 광명(光明)·향운(香雲)·화운(華雲)·불국토(佛國土)·제불(諸佛)·제보살(諸菩薩) 등등을 나타내는 등의 불가사의한 자재신력(自在神力)을 발휘합니다. 보현보살은 자신의 수행했던 보살행의 모습을 이야기해 들려주며, 선재동자에게 "그대는 거듭 아(我)가 청정한 법신(法身)을 터득하라."라고 촉구합니다. 선재가 보는 보현보살의 모습은 다음과 같습니다.

> 그때 선재는 보현보살의 상호(相好)와 지절(肢節)과 온갖 모공(毛孔) 속에서, 말할 수 없고 말할 수 없는 세계 바다의 제불이 충만하고, 낱낱의 여래가 말할 수 없고 말할 수 없는 대보살 군중을 그 권속으로 삼은 것을 뵈었습니다. 그 낱낱 여래 세계 바다의 의거하는 바가 같지 않고, 형색(形色)도 각기 서로 다르고, 금강위산(金剛圍山)에 큰 구름이 널리 덮이는 일도, 부처님이 세간에 나타나셔서 굴리는 법륜(法輪)도, 전부 이들 일은 한 가지

모습이 아닙니다. 또한 보현보살이 시방의 국토에서 모든 세계 티끌 수 여래의 화신을 나타내서 중생을 교화하여 아뇩다라삼먁삼보리심을 일으켜 주는 것을 보았습니다.

이러한 사건을 거치며, 선재동자는 이제 보현보살과 동등한 존재가 됩니다.

왜냐하면 이제 선재동자는 생각 생각의 속에서 말할 수 없고 말할 수 없는 부처세계의 바다에 들어가서, 말할 수 없고 말할 수 없는 티끌 수의 온갖 공덕 창고를 얻고, 제불 바다의 차례대로 세상에 나와서 보살 군중의 바다에 둘러싸임을 알고, 중생의 근기를 깨닫고, 자재한 힘을 나타내어, 이들을 교화해 제도하고, 혹은 한 세계에 모든 것의 안에서 보살의 행을 닦고, 내지 말할 수 없고 말할 수 없는 티끌 수의 겁에까지 보살의 행을 닦고, 이 세계에서 가라앉지 않고 저 세계에서 생기지 않으면서도, 무량무변한 세계의 중생을 잘 교화해서 아뇩다라삼먁삼보리심을 일으켜주기 때문입니다.
이때쯤 선재동자는 차례로 보현보살의 온갖 행원의 바다를 얻어서 보현과 같아지고, 제불과 같았으며, 한 몸이 모든 세계에 충만해, 국토(國土)가 같고, 행(行)이 같으며, 정각(正覺)이 같고, 신통(神通)이 같으며, 법륜(法輪)이 같고, 변재(辯才)가 같으며, 언사(言辭)가 같고, 음성(音聲)이 같으며, 역(力)·무외(無畏)가 같고, 부처님의 소주(所住)와 같으며, 대비(大悲)가 같고, 불가사의한 해탈의 자재(自在)도, 모두 다 다를 바가 없었습니다.

이렇게 선재동자의 '자신을 찾는 여행'은 완성됩니다. 보현보살의 원행의 전부를, 동자는 한 생애에서, 여러 선지식과 만나는 일 가운데서 체현한 것입니다.

이후 보현보살은 여러 보살에 대해서 "자신은 이제 부처님의 공덕 바다의 한 방울 모습을 설한다고 생각한다."라고 하며, 약간 긴 게송을 설합니다. 거기에는 거듭 불보살의 충만한 세계를 설하거나, 갖은 화용(化用)*을 설합니다. 「입법계품」은 이 게송으로써 종료됩니다. 그 마지막 부분의 일부를 여기에 들어 두겠습니다.

여래의 청정한 법신은
삼계에서 비할 것이 없고
갖가지 세간을 초월해가서
유(有)도 아니거니와 또한 무(無)도 아니네.

의지하는 바 없으나 머물고
가지 않아도 널리 이르니
꿈속에서 본 것과 같고
또한 공중의 채색 그림과 같네.

---

* 화용(化用): 사람들을 교화하는 인도 작용.

색(色)에 있지 않고 무색(無色)에 있지 않고
유상(有相)에 있지 않고 무상(無相)에 있지 않고
유(有)에 있지 않고 또한 무(無)에 있지 않고
그 본성은 마치 허공과도 같네.

불신(佛身)의 차별은
큰 바다에 마니의 무량한 색과 같고
여래는 색으로도 없고 무색으로도 없지만
응한 바에 따라 나타나면서 머무는 바가 없네.

대선(大仙)의 나타나심은
허공과 같아서
진여·자성·실제·열반·이욕·소멸—
이것들은 모두 다 하나의 본성이네.

중생심의 티끌은 세어서 알 수 있고
큰 바다의 물은 마셔서 다 할 수 있고
허공은 잴 수 있고 바람은 맬 수 있어도
부처님의 공덕은 끝내 설해서 다할 수가 없네.

만일 이 법을 듣고 환희해
신해(信解)해서 의심을 낳지 않으면
빠르게 위없는 도를 이루어서
모든 여래와 같아질 것이네.

이상으로 「입법계품」의 개요를 많이 생략하고 소개했습니다. 실로 환상적인 광경을 충분히 집어넣으면서, 선재동자의 구도편력을 이야기하고, 동자 자신이 보현보살 그 자체가 되며 부처와도 같게 되는 보살도의 여행 장면이 설해졌습니다. 그것은 또한 보현행이라고도 하지만, 그 근저에 있는 것은 모든 생명 있는 존재를 구제하고 싶고, 지키고 육성하고 싶다는 의지일 것입니다.

그 근원적인 의지 아래서, 온갖 중생을 이끌면서 살아가는, 그 생명의 비밀을 전하려는 일이, 이 이야기의 핵심은 아닌가 하고 생각합니다.

Part

02

6 모든 법문을 둘러보다

인도의 불교

중국불교에서는 종종 교상판석(教相判釋)이 행해져 왔습니다. 교상판석이란 다양한 불교 사상의 존재 방식을 모두 이해하고, 그것들의 상호 관계를 판정하는 일입니다.

한마디로 불교라고 해도 실은 다양합니다. 이른바 소승불교도 있고, 대승불교도 있습니다. 선(禪)과 같이 무신론적인 입장에 서 있는 불교도 있고, 정토교와 같이 아미타 일불(一佛)을 믿는 불교도 있습니다. 인도불교 자체에 다양한 것들이 있고, 그것이 중국에 일거에 유입되면, 중국인들은 그 가운데서 어느 것이 석존의 참뜻에 가장 가까운가. 바꿔 말하면 어느 것이 진실한 불교인가 정말이지 생각할 수밖에 없었을 것입니다.

불교는 인도뿐만 아니라 중국에서 독자적으로 전개되나, 일본에서 독자적으로 전개된 것도 있습니다. 요즘 우리로서 보면 그것들 전체 가운데서 어느 것이 진실한 불교인지 찾아내지 않으면 안 되는 사정으로, 우리는 실은 대단한 숙제를 짊어지고 있습니다. 그나저나 우선 인도·중국·일본의 다채로운 불교에 대해서 간단히 한번 훑어봅시다.

말할 필요도 없이 불교는 석존으로부터 시작됩니다. 석존의 가르침은 오늘날 한역으로『아함경(阿含經)』, 팔리어로『니까야(Nikāya)』에 수록되어 있다고 생각합니다. 확실히 이것들은 석존의 언어·설법을 모은 것이라고 할 수 있습니다. 다만 상당히 후세 사람의 손이 더해진 것도 사실입니다. 그 석존의 가르침을 원시불교(原始佛敎) 또는 근본불교(根本佛敎) 등으로 부릅니다. 그러나 석존 자신의 가르침 그대로라고는 할 수 없는 일이어서, 초기불교(初期佛敎)라고 불러야 한다는 주장도 이루어지고 있습니다.

석존이 돌아가시고 백년 정도 지나면, 그때까지 하나로서 운영되어온 교단이 크게 둘로 분열합니다. 거기에는 변화된 사회상황에 어떻게 대응해나갈 것인가의 문제에서 의견 대립이 격화되어왔던 듯합니다. 분열된 두 교단의 이름은 상좌부(上座部)와 대중부(大衆部)입니다. 이 분열을 근본분열(根本分裂)이라고 합니다.

일단 교단이 분열하면 점차 거기서 더 많은 교단으로 나뉘어갑니다. 그 분열을 지말분열(枝末分裂)이라고 합니다. 불멸(佛滅)[석존이 돌아가신 사실] 후 이백년에서 사백년 정도 사이에 근본분열과 지말분열을 합해서 스무 개의 교단이 성립했다고 전해집니다[『이부종륜론(異部宗輪論)』]. 거기서 성립된 개개의 교단을 부파(部派)라고 부르며, 그때의 불교를 부파불교(部派佛敎)라고 합니다. 대체로 이 부파불교에서는 인간과 세계를 철학적으로 상세히 규명해나가는데, 그 규명하는 일을 아비다르마(Abhidharma)라고 합니다. 아비다르마란 법의 분석, 세계를 구성하는 요소의 분석, 혹은 진실로의 지향이라는 의미입니다.

한편 서력기원 전후에 새로운 불교로서 대승불교(大乘佛敎)가 일어납니다. 대승불교는 그때까지의 불교를 소승(小乘)[열등한 교의]이라고 부르고, 스스로를 대승(大乘)[위대한 교의]이라고 자칭하며, 그 우월성을 과시합니다. 애당초 『반야경(般若經)』, 『법화경(法華經)』, 『화엄경(華嚴經)』, 『무량수경(無量壽經)』 등의 경전을 제작해서, 이것을 보급시킵니다.

머지않아 그때의 경전에 담긴 사상을 더욱더 철학적 · 논리적으로 정리해 체계적인 교리로서 묶는 작업이 이루어집니다. 그중에서도 용수(龍樹, 150-250년경)에서 발원한 중관파(中觀派)와 미륵(彌勒) · 무착(無著, 395-470년경) · 세친(世親, 400-480년경)에서 일어난 유가행파(瑜伽行派)[유식학파(唯識學派)]는 인도 대승불교의 두 가지 큰 사조(思潮)를 형성합니다.

용수는 『중론(中論)』을 짓고, 무착은 『섭대승론(攝大乘論)』, 세친은 『유식삼십송(唯識三十頌)』 등을 짓습니다. 또한 여래장사상이라는 어떤 사람도 모두 여래의 태아를 가지고 있다는 사상도 하나의 흐름으로 있었습니다. 그 밖에 아미타불 신앙운동 등도 인도에서 이미 있었다고 생각하지만, 종파 · 학파로서는 잘 알 수 없습니다. 7세기경부터는 대승불교의 이상을 계승하면서도 독자적 수행법을 주장하는 밀교(密敎)가 나타납니다.

이상은 인도불교사의 극히 간단한 묘사입니다. 특히 부파불교는 몇 갈래로 나누어져, 그런대로 다른 존재방식의 사상을 주장했습니다. 대중부의 사상에는 확실히 대승불교에 가까운 것이 인정됩니다. 또한 다양한 대승경전을 만든 사정으로, 많은 부처·보살도 이야기되었고, 불교의 사상·신앙은 매우 다양해졌습니다.

중국·일본의 불교

중국에 불교가 처음으로 전해진 것은 영평(永平) 10년, 서력 67년으로 알려져 왔습니다. 중국에는 소승불교와 대승불교가 동시에 들어왔기 때문에, 그후 다시 다양한 불교가 전래됩니다. 후에 중국에서는 다음의 열세 가지 종(宗)의 불교가 성립했다고 합니다.

비담종(毘曇宗)·성실종(成實宗)·율종(律宗)·삼론종(三論宗)·
열반종(涅槃宗)·지론종(地論宗)·정토종(淨土宗)·선종(禪宗)·
섭론종(攝論宗)·천태종(天台宗)·화엄종(華嚴宗)·법상종(法相
宗)·진언종(眞言宗)

대부분 성립된 순서대로 구성되어 있습니다. 처음의 비담(毘曇)이란 아비담(阿毘曇) 곧 아비다르마이고, 삼론종은 이른바 중관파이고, 법상종은 이른바 유가행파입니다. 지론종은 『십지경론(十地經論)』에 의한 것, 섭론종은 진제(眞諦) 역의 『섭대승론석(攝大乘論釋)』에 의한 것으로, 어느 쪽도 유가행파의 흐름 가운데에 있으며, 동시에 화엄종에 깊이 관련됩니다.

일본에서는 중국에서 이들 불교가 들어오고, 또한 일본인 자신들에 의한 불교도 만들어져서, 더욱더 다채롭게 된 것은 말할 것도 없습니다. 나라 시대의 불교에는 남도육종(南都六宗), 곧 삼론종(三論宗)·성실종(成實宗)·법상종(法相宗)·구사종(俱舍宗)·화엄종(華嚴宗)·율종(律宗)이 있습니다. 헤이안 시대에는 사이쵸(最澄)의 천태종과 구카이(空海)의 진언종(眞言宗)이 더해집니다. 가마쿠라시대에는 호넨(法然)·신란(親鸞)·잇펜(一遍)의 정토교(淨土敎) 곧 정토종(淨土宗)·정토진종(淨土眞宗)·시종(時宗), 에이사이(榮西)·도겐(道元)의 선종(禪宗) 곧 임제종(臨濟宗)·조동종(曹洞宗), 니치렌(一蓮)의 일련종(日蓮宗)도 나옵니다.

앞에서도 말했지만, 선(禪)과 염불(念佛)은 적어도 표면적으로는 마치 다른 불교처럼 보이기도 합니다. 그것들도 같은 부처의 가르침으로서 일본인의 사상사를 형성하여, 일본문화에 많고도 큰 영향을 미쳤습니다.

교상판석의 비교사상

이와 같이 한마디로 불교라고 해도 실로 다종다양하므로, 도대체 그 가운데 어느 것이 자신의 생명을 맡길 만한 것인지, 도(道)를 구하는 사람들은 진지하게 생각해야 했을 것입니다. 그러나 모두 석존의 가르침으로 여겨지므로, 자신에게 최고라고 생각되는 가르침 이외의 것에 어쩐지 부족한 면이 있다고 해도, 완전히 틀렸다고 하는 것은 너무나도 불손한 일이 됩니다.

대체로 불교는 깨달음의 길로서 설해진 것이며, 단순한 객관적 진리라기보다는 교도적(敎導的)이라고 할까, 실천적인 측면을 다분히 가진 것입니다. 흔히 대기설법(對機說法)이라는 것이 말해지듯이, 가르침의 진리성은 그것을 받아들이는 주체[기(機), 중생(衆生)]와의 관계 속에서 결정됩니다. 곧 진실이라는 것은 그 사람의 종교적인 자질에 따라서 달라질 수도 있습니다.

그렇다고 하면, 자기에게 있어 진실이라고 생각되는 이외의 것일지라도, 전적으로 잘못이라고 단정할 수는 없습니다. 예로부터 불교에서는 이러한 입장에서 다양한 불교를 빼놓지 않고 다루면서, 그것들을 자신의 진지한 구도와 사색 끝에 단계적으로 위치시켜, 상호 관련을 인정하여 각각에 의미를 부여해갔습니다. 그것을 교상판석(敎相判釋)이라고 합니다.

그것은 하나의 비교사상으로, 더구나 단순한 유사점이나 상이점을 지적하는 비교사상만은 아닙니다. 자기 삶의 터전을 어디에서 구할 것인가라는 관점에서 행하는, 더없이 주체적인 비교사상의 영위입니다. 또한 다른 것을 전혀 배제하지 않는다는 의미에서는 독선적인 배타주의를 피했던 것이 됩니다.

오늘날 세계적으로도 지역적으로도 사회가 다원화된 상황에서, 다양한 문화·사상·신앙 등으로 생활하는 사람이 공존·공생할 수 있는 길을 찾는 일이 긴요한 과제가 되고 있습니다. 그래서 종교의 세계에서도 '종교다원주의'라는 것을 말합니다. 이것은 자교(自敎)의 유일절대주의를 극복하고, 적어도 진실을 말한다고 보이는 종교는, 유일의 신적(神的) 실재에 대한 각각의 경험·응답을 나타낸 것이라는 입장에서, 상호 대화를 깊게 하려는 것입니다. 인간의 경험을 넘어선 유일의 신적 실재와 인간의 경험이라고 하는, 이른바 이원론적인 틀이 과연 모든 종교에 적절한지 의문도 나오고 있습니다. 전적으로 배타적인 자교 절대주의는 앞으로의 사회에서 결국 극복되어야 할 것입니다. 그런 의미에서 종교다원주의가 주창했던 의의는 적지 않다고 생각합니다.

교상판석은 주체적으로 자신의 종파를 중심·최고로 간주하는 동시에 다른 것을 포섭해가려고 합니다. 자기의 구제는 끝이 없는 것으로서 어디까지라도 규명하면서, 타자 각각의 길을 용인하려고 합니다. 거기에서 하나의 가능성을 찾을 수 있지 않을까 하고 생각합니다. 어쨌든 다른 입장끼리 대화를 거듭하는 것은 대단히 의미 있는 일입니다.

다양한 교상판석

교상판석은 인도에서도 후세가 되면 없어지는 것은 아닙니다. 유식을 설한 『해심밀경(解深密經)』에는 이를테면 원시불교(原始佛敎)·반야중관(般若中觀)·유식(唯識)의 순서에 의해서 깊은 진실이 분명해진다는 '삼시교판(三時敎判)'이라는 것을 제시합니다. 그와 같이 인도에서 교상판석이 없었던 것은 아니었습니다. 그러나 중국에서 보다 자주 많은 교판이 주창된 것도 사실입니다. 이제 그 가운데서 대표적인 교상판석의 예를 몇 개 들어봅시다.

우선 화엄종의 원류가 되는 지론종의 광통율사(光統律師) 혜광(慧光)은 점(漸)·돈(頓)·원(圓)의 세 종류 가르침을 세웠다고 합니다. 점교(漸敎)란 아직 근기가 미숙한 사람에 대해서 맨 처음 무상(無常)·공(空)으로 고, 이후에 상(常)·불공(不空)이라는 깊고 미묘한 가르침을 설한 것으로, 얕은 가르침에서 깊은 가르침으로 점차 설하는 입장입니다.

돈교(頓敎)라는 것은 이미 근기가 성숙한 사람에 대해서, 바로 무상(無常)과 상(常), 공(空)과 불공(不空) 등을 동시에 설해서 마치는, 곧 하나의 법문에서 모든 불법을 설하는 것으로 점차라는 것이 없는 입장입니다. 원교(圓敎)는 수행이 더욱 나아간 상위의 사람들에 대해서 "여래의 무애해탈(無礙解脫)·구경과해(究竟果海)·원극비밀(圓極秘密)·자재법문(自在法門)"을 설하는 것이라고 합니다. 부처가 깨달은 세계를 명백히 하는 가르침이라고 할 것입니다.

한편 수나라의 대연사(大衍寺) 담은율사(曇隱律師)는 인연종(因緣宗)·가명종(假名宗)·부진종(不眞宗)·진실종(眞實宗)의 네 종류 가르침으로써 모든 불교를 포섭했다고 합니다. 인연종은 소승의 설일체유부 등의 가르침, 가명종도 소승의 『성실론(成實論)』 등의 가르침으로 일체제법을 허가(虛假)·무자성(無自性)이라고 설하는 것입니다. 부진종은 『반야경』의 가르침으로 역시 공(空)이라는 것을 설해 제법이 실체로서의 존재는 아닌[不眞] 사실을 밝힙니다. 진실종은 불성(佛性)의 진리를 설하는 『열반경』이나 법계(法界)의 진리를 설하는 『화엄경』의 가르침이라고 합니다.

이상은 법장의 『오교장』에 따라서 소개한 것입니다. 어디까지가 정확한지 알 수 없지만, 어쨌든 다양한 교상판석이 주창되었던 사실만은 적지 않은 예에서 엿볼 수 있습니다.

그 가운데 가장 대표적인 교상판석의 하나로 천태대사(天台大師) 지의(智顗)의 '오시팔교판(五時八敎判)'이 있습니다. 팔교판(八敎判)이라는 것은 화의(化儀)의 사교(四敎)와 화법(化法)의 사교(四敎)를 합친 것이어서, 오시팔교판에는 세 가지의 교판이 포함되어 있습니다. 오시(五時)는 설법의 시간적 순서에 의해서 정리된 것이고, 화의는 설법의 방법에 의해서, 화법은 설법의 내용에 의해서 정리된 것입니다. 곧 지의는 그때까지 주창되었던 교상판석의 판석 기준이 잡다한 것에 대해, 그 기준을 정리해서 명확하게 하는 일을 시도한 셈입니다.

오시의 교판은 화엄시(華嚴時)·녹원시(鹿苑時)·방등시(方等時)·법화엄반시(法華涅槃時)라는 다섯 개의 시기를 세운 것입니다. 석존은 깨달음을 이루자 즉각 『화엄경』을 설해서 스스로 깨달은 세계의 모습인 자내증(自內證)의 세계를 보이고, 그 다음에 알기 쉬운 『아함경』을 설하며 점차 깊은 가르침을 순서대로 설하려고 해서, 우선 『유마경』, 『승만경(勝鬘經)』 등의 여러 대승경전을 설하고, 다시 여러 부의 『반야경』을 설하고, 마지막으로 『법화경』, 『열반경』을 설했다는 것입니다.

또한 화법의 사교에 대해서 말하자면, 이것은 삼장교(三藏敎) · 통교(通敎) · 별교(別敎) · 원교(圓敎)의 네 가지 가르침으로, 처음에는 소승의 가르침인 삼장(三藏)[경장 · 율장 · 논장], 두 번째는 소승의 사람 곧 성문과 연각 및 대승의 사람인 보살에 대해서 공의 가르침을 설하는 것, 세 번째는 보살들에게 대승의 무량한 공덕을 설하는 것, 마지막은 가장 예리한 근기의 보살에 대해서 하나하나의 事象에서 진실을 보는 중도실상(中道實相)의 뜻을 설하는 것이라고 합니다. 지의는 이와 같이 『법화경』이야말로 최고의 가르침이라고 판단했습니다.

화엄교의 오교십종판

이렇게 중국에서는 다양한 교상판석이 설해져서 지의는 그것들을 다시 정리 · 재조직했던 것입니다. 그 지의의 교판을 시야에 넣고 다시 한번 새롭게 모든 불교의 파악을 시도했던 인물이 화엄종 제3조 현수대사 법장이었습니다.

　그의 주된 저서의 하나인『오교장』은『화엄경』을 중심·최고로 하
는 새로운 교상판석, 화엄의 오교십종판(五敎十宗判)에서 본 불교는 어
떠한 것인지를 상세하게 해설한 것입니다. 법장은 그때까지의 모든 교
상판석을 연구해서 자신의 교상판석을 짰습니다. 그 교판은 교판의 교
판이라는 성격도 가진 것입니다. 이하에서 화엄의 오교십종판에 대해
서 조금 상세히 살펴봅시다.

　우선 오교판(五敎判)의 명칭·순서는 다음과 같습니다.

　　소승교(小乘敎)·대승시교(大乘始敎)·종교(終敎)·돈교(頓敎)·
　　원교(圓敎)

　한편 십종판(十宗判) 쪽은 아법구유종(我法俱有宗)·법유아무종(法
有我無宗)·법무거래종(法無去來宗)·현통가실종(現通假實宗)·속망진실
종(俗妄眞實宗)·제법단명종(諸法但名宗)·일체개공종(一切皆空宗)·진
덕불공종(眞德不空宗)·상상구절종(相想俱絕宗)·원명구덕종(圓明具德
宗)으로, 위에서 기술한 오교와 십종을 대응시키면 다음과 같습니다.

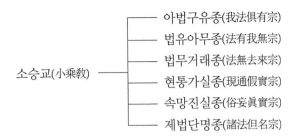

소승교(小乘敎) ── 아법구유종(我法俱有宗)
            ── 법유아무종(法有我無宗)
            ── 법무거래종(法無去來宗)
            ── 현통가실종(現通假實宗)
            ── 속망진실종(俗妄眞實宗)
            ── 제법단명종(諸法但名宗)

대승시교(大乘始敎) ─ 일체개공종(一切皆空宗)

종교(終敎) ─ 진덕불공종(眞德不空宗)

돈교(頓敎) ─ 상상구절종(相想俱絶宗)

원교(圓敎) ─ 원명구덕종(圓明具德宗)

여기에는 아직 밀교(密敎)는 나타나지 않지만, 적어도 법장이 둘러본 불교의 거의 전부를 망라한 사실을 알 수 있을 것입니다. 다음에서는 오교판에 따르면서 그 내용을 보고 갑니다.

소승교의 입장

먼저 소승교(小乘敎)입니다. 앞에서도 언급했듯이 소승교라는 말은 대승불교도(大乘佛敎徒) 측이 말하는 것으로, 말해진 측이 그것을 인정할 만한 것은 아닙니다. 오히려 자신들은 석존 이래의 정통 계보를 면면히 보유하는 정통의 것이라고 자임하고 있는 상태라고 생각합니다. 그러나 대승불교 운동을 시작한 사람들은 종래 불교의 일정 부분에 불충

분한 것을 인지하여, 그 무리를 소승(小乘)이라고 칭한 것입니다.

오교판의 소승교는 십종판과의 대응에 의해서 알 수 있듯이 부파불교의 가르침을 중심으로 합니다. 그중에서도 이것을 대표하는 것은 설일체유부의 가르침인 십종판의 두 번째 법유아무종일 것입니다. 설일체유부의 가르침은 세친의 『구사론』에 매우 요령 있게 정리되어 있고, 불교의 아비다르마(Abhidharma)[법의 분석. 세계의 분석]의 기초가 되는 것입니다. 거기서는 오위칠십오법(五位七十五法)이라는 75가지 다르마의 분석을 설합니다.

대승불교의 유식·법상종은 오위백법(五位百法)의 다르마를 설해서 대승의 아비다르마를 전개하지만, 그 이해를 위해서도 설일체유부의 오위칠십오법을 이해하는 일은 매우 중요합니다. 흔히 '유식 삼년, 구사 팔년'이라고 합니다. 이 경구는 『구사론』을 8년에 걸쳐 공부해두면 유식은 3년으로 끝난다는 것을 의미한다고 합니다.

설일체유부는 색(色)·심왕(心王)·심소(心所)·심불상응(心不相應)·무위(無爲)의 다섯 가지 그룹, 합해서 일흔 다섯 가지 법을 설합니다. 이 경우의 법이란 '임지자성(任持自性) 궤생물해(軌生物解)'* 라고 정의된 것으로, 천변만화(千變萬化)해가는 세계에서 자신의 특질을 유지해 지속하는 것입니다. 그러니까 법이란, 세계를 구성하는 기본적인 단위가 되는 것입니다. 물질현상·정신현상 등 모든 현상계의 안에서 변함없이

---

* 임지자성(任持自性), 궤생물해(軌生物解): 스스로의 특질을 유지하는 것에 의해 궤범(軌範)이 되어서, 사람들에게 그 물(物)로서의 이해가 생기는 것.

자기 자신의 특성을 유지해 지속하는 것이 법으로, 그 내용은 다음의 표와 같습니다.

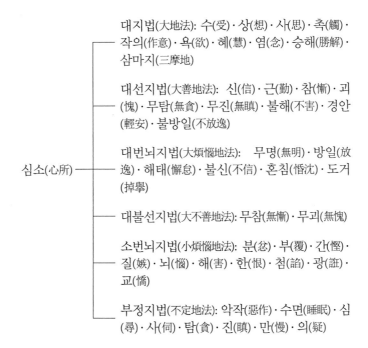

심왕(心王) - 의식(意識)

심소(心所)

대지법(大地法): 수(受) · 상(想) · 사(思) · 촉(觸) · 작의(作意) · 욕(欲) · 혜(慧) · 염(念) · 승해(勝解) · 삼마지(三摩地)

대선지법(大善地法): 신(信) · 근(勤) · 참(慚) · 괴(愧) · 무탐(無貪) · 무진(無瞋) · 불해(不害) · 경안(輕安) · 불방일(不放逸)

대번뇌지법(大煩惱地法): 무명(無明) · 방일(放逸) · 해태(懈怠) · 불신(不信) · 혼침(惛沈) · 도거(掉擧)

대불선지법(大不善地法): 무참(無慚) · 무괴(無愧)

소번뇌지법(小煩惱地法): 분(忿) · 부(覆) · 간(慳) · 질(嫉) · 뇌(惱) · 해(害) · 한(恨) · 첨(諂) · 광(誑) · 교(憍)

부정지법(不定地法): 악작(惡作) · 수면(睡眠) · 심(尋) · 사(伺) · 탐(貪) · 진(瞋) · 만(慢) · 의(疑)

색(色) - 안근(眼根) · 이근(耳根) · 비근(鼻根) · 설근(舌根) · 신근(身根) · 색경(色境) · 성경(聲境) · 향경(香境) · 미경(味境) · 촉경(觸境) · 무표색(無表色)

심불상응(心不相應) - 득(得) · 비득(非得) · 동분(同分) · 무상과(無想果) · 무상정(無想定) · 멸진정(滅盡定) · 명근(命根) · 생(生) · 주(住) · 이(異) · 멸(滅) · 명신(名身) · 구신(句身) ·

문신(文身)

무위(無爲) ─ 택멸무위(擇滅無爲)·비택멸무위(非擇滅無爲)·

허공무위(虛空無爲)

이들 법은 연기에 따라 짝을 지어 일정기간 존속하기도 합니다. 제법(諸法)의 연기에 의한 집합(集合)·이산(離散)에 의해 세계나 자기로서의 현상(現象)이 있을 뿐이라는 것입니다. 그 경우 설일체유부에서는 법 그 자체는 삼세(三世)에 실유(實有)로, 법체항유(法體恒有)라고도 하여, 이른바 다르마를 실체적 존재로서 생각합니다.

그리고 세계에는 이러한 법이 존재할 뿐이며, 결코 상주(常住)하며 단일(單一)하고 거기다 주체적 존재인 상(常)·일(一)·주(主)·재(宰)하는 아(我)[ātman]는 존재하지 않는다고 설합니다. 이 입장을 '법유아무(法有我無)' 또는 '아공법유(我空法有)'로 정리할 수 있습니다. '아공법유'라는 이 어구에 소승교의 대표적인 사고방식을 볼 수 있을 것입니다.

이와 같이 소승불교는 아(我)의 공(空)을 설합니다. 이것은 우리가 있지도 않은 상주하는 자아의 존재를 인정하여 여기에 매달리고, 집착하는 바에 여러 가지 고통의 원인이 있다고 보기 때문입니다. 이 고뇌에서 구제하기 위하여, 집착하는 대상의 자아가 실은 허망한 것에 지나지 않는 사실을 이런 형식으로 제시해서, 아집(我執)에 기초한 괴로움으로부터 해방시키려는 것입니다. 그러나 법(法)은 유(有)로 간주되고 있어서, 그것이 아직 불충분한 점이라고 대승불교는 본 것입니다.

소승 각 종의 모습들

소승교의 대표적인 입장은 이상과 같지만, 실제로는 부파에 따라서 다양한 사상이 말해져, 대승의 일체법공(一切法空)을 설하는 입장에 가까운 것도 있었던 듯합니다. 십종판 가운데서는 첫 번째부터 여섯 번째까지가 소승으로, 그것들에 대해서 대강 알아보겠습니다.

첫째는 아(我)도 법(法)도 존재한다고 설하는 입장입니다. 불교는 무아(無我)가 기치로, 아(我)도 존재한다고 설하는 것은 아무래도 납득이 가지 않을 것입니다. 생사윤회하는 것은 무엇인가 하는 문제에 대한 하나의 해답으로서 특수한 아(我)가 존재한다는 부파도 있었습니다.

독자부(犢子部)에서는 비즉비리온(非卽非離蘊)의 아(我)[개체의 구성요소로서의 같지도 않고 다르지도 않는 어떤 아(我)]를 설하고, 혹은 유위법(有爲法)도 무위법(無爲法)*도 아닌 불가설의 존재로서의 아(我)를 설했다고도 합니다. 물론 통상 우리가 집착하는 자아에 대해서는 부정한 셈입니다.

다음으로 제2의 법유아무종은 방금 전에 이미 말한 설일체유부의 설입니다. 아집을 끊고 생사윤회를 벗어나 열반의 세계로 들어갑니다. 그러나 일체법공을 알지 못하는 것이어서, 생사윤회의 세계로 다시 돌아와 그 세계에 붙잡히지 않고 자유롭게 활동한다고는 할 수 없습니다.

---

* 무위법(無爲法): 생멸변화 없이 존재하는 것. 윤회의 세계에서 해탈한 절대의 경지도 그 하나.

다만 열반에 머물며 자기만족으로 끝나버립니다. 이 점이 대승불교로부터 비판받는 가장 큰 지점입니다.

다음의 법무거래종은 대중부 등의 설이라고 합니다. 설일체유부에서는 법이 삼세에 실유한다고 보았습니다. 과거의 법도 미래의 법도 실제로 존재한다고 주장하며, 그 입장에서 세계를 설명했습니다. 그러나 과거나 미래가 현재에 존재한다고는 보통 생각하지 않습니다. 이 입장에서는 유위법은 현재의 법만 존재하는 것이며, 과거나 미래의 법은 체(體)·용(用) 모두 없다고 보았습니다. 자연히 법공(法空)의 의의를 어느 정도는 포함한 것이 됩니다.

다음의 현통가실종에서는 현재의 법 가운데에도 현실적인 것과 임시로 세워질 뿐인 것의 쌍방이 있다고 하며, 실법(實法)과 가법(假法)을 보아 궁구하려는 것입니다. 세계를 구성하는 실질이 무엇인지를 보다 좁혀 특정하고 있다고 봐도 좋을 것입니다. 이것은 설가부(說假部) 외에 『성실론』의 입장이라고도 합니다.

다음의 속망진실종은 현재의 법일지라도 세간을 구성하는 것은 모두 가법(假法)으로 허망하고, 다만 깨달음의 세계만이 진실이라고 주장하는 것으로 설출세부(說出世部)의 설이라고 합니다. 깨달음의 세계라는 것은 출세(出世)의 법이라는 셈으로, 그 출세의 법이란 좀 더 자세하게 말하면 출세간(出世間)의 인과(因果), 곧 여러 수행과 그 성과로서의 열반(涅槃)으로, 환언하면 사성제(四聖諦) 가운데의 도제(道諦)와 멸제(滅諦)가 포함됩니다.

마지막의 제법단명종은 세간이든 출세간이든[유루든 무루든], 일체의 술어로 말해진 것은, 단지 언어만 있고 대응하는 본체는 없다고 보는 것입니다. 이것은 일체법공을 설하는 것과 상당히 가까운 것입니다. 다만 이론적으로만 공을 설할 뿐으로, 그 공의 실상을 체득하고 설명하는 것은 아니라고 합니다. 혹은 어떤 것을 분석·분해해서 공이라고 설하는 것으로, 그 자체 그대로 공이라고 설하는 입장은 아니라고 합니다. 이것은 일설부(一說部)의 설이라고 합니다. 일체의 법을 단지 가명(假名)이라고 설하는 것이어서, 일설부라고 말하는 것이라고 합니다.

이상 소승교의 내용을 십종판에 기초해서 보았습니다. 불교적 세계관의 기본은 아비다르마에 있습니다. 그 법(法)과 아(我)라는 것이 끊임없이 의식되며 교리가 구성되는 사실을 알 수 있습니다.

대승시교의 입장 ① 유식

다음으로 오교판의 두 번째는 대승시교입니다. 이것은 상시교(相始敎)와 공시교(空始敎)의 두 가지가 있습니다. 간단히 말하면 상시교는 유식이고 공시교는 반야중관으로, 어느 것이나 아(我)만이 아니라 법(法)도 공(空)하다고 설하는 것입니다. 일체법공을 설하는 것이야말로 대승의 기치입니다. 그 공이라는 것이 부정적·소극적으로 제시되는 것만으로는, 실은 거기에 있는 긍정적인 측면과 적극적인 방면을 간과해버리게 됩니다. 그래서 그 한도에서 이 가르침도 아직 시작 단계의 가르침으로서 위치시켜진 것입니다.

맨 먼저 우선, 상시교의 유식에 대해서 간단히 설명합시다. 근거경전은 『해심밀경』입니다. 또한 『유가사지론(瑜伽師地論)』이나 『섭대승론』, 『유식삼십송』이라는 논서가 있습니다. 법상종의 근본성전은 『유식삼십송』에 대하여 상세히 주석한 『성유식론』입니다.

유식은 여덟 가지의 식(識)을 말합니다. 안식(眼識)·이식(耳識)·비식(鼻識)·설식(舌識)·신식(身識)·의식(意識), 그것에 말나식(末那識)과 아뢰야식(阿賴耶識)입니다. 앞의 여섯 가지는 오감(五感) 곧 다섯 가지 감각과 의식으로서 이해하기 쉬울 것입니다. 말나식은 항상적인 아집(我執)의 식으로, 의식이 깨어 있지 않아도, 이 식은 작동한다고 합니다. 아뢰야식은 장식(藏識)으로, 과거의 모든 경험을 저장하며, 또한 다른 일곱 가지의 식[칠전식(七轉識)]이 발생하는 토대가 된다고 합니다.

실은 유식에서는 우리가 보거나 들거나 하는 것, 각 식의 대상은 그 식 자체의 속에 있다고 합니다. 색(色)은 안식 속에, 성(聲)은 이식의 속에, 모든 앎의 대상은 의식의 속에 있다는 것입니다. 이와 같이 팔식(八識)의 속에 색깔·소리·향내 등이 있는 것이 됩니다. 팔식은 전부 찰나찰나에 발생해서 소멸하고, 발생해서는 소멸해가면서 상속해간다고도 할 수 있습니다. 아뢰야식과 칠전식이 찰나멸의 가운데에 연기의 관계를 맺으면서 흘러간다고 하는 셈입니다. 그 팔식의 세계에서 수많은 사물이나 자아가 상정되지만, 실체(實體)[상주불변(常住不變)]로서의 법

(法)도, 상(常)·일(一)·주(主)·재(宰)의 아(我)도 거기에는 일절 존재하지 않는다고 논하는 것입니다. 곧 팔식을 말하면서 아·법의 공을 설하는 셈으로, 여기에 일체법공의 입장이 강조됩니다.

앞에서도 말했지만, 유식은 대승의 아비다르마적 성격을 가지며, 오위백법을 말합니다. 오위(五位)란 심왕(心王)·심소(心所)·색(色)·심불상심(心不相心)·무위(無爲)라는 것입니다. 그 가운데 보통 식(識)이라고 하는 것은 심왕입니다. 그러나 오위를 말하기 때문에 다르마[法]로서 식(識) 이외[심왕 이외]의 것도 충분히 설하는 셈입니다.

그러면 이것과 유식은 어떤 관계일까요? 먼저 무위법은 여섯 가지가 있습니다. 이것은 진여(眞如)를 따로따로 부르고 있을 뿐인 것으로, 실은 진여 한 가지가 됩니다. 그것은 법성(法性)이라고도 합니다. 이 진여·법성은 유위법의 본질·본성이기 때문에, 유위법으로 돌이킬 수 있습니다. 다음으로 불상응법(不相應法)은 색법과 심왕·심소 위에 임시로 세워진 것으로, 실질이 있는 것은 아닙니다. 다시 색법은 심왕·심소 가운데의 대상면(対象面)에서 찾아야 할 것으로, 심왕·심소와 다른 것은 아닙니다.

이와 같이 심왕·심소가 남지만, 유식은 실은 오직 심왕[識]만 있다고 하는 설은 아니며, 심왕과 함께 작용하는 심소도 있다는 설입니다. 그러니까 유식이란 실은 심왕·심소라는 것이 됩니다. 그렇게 여러 가지 심왕·심소의 조합이 그때그때마다 변화하면서 상속해가는, 그 각각의 심왕·심소에 색깔·소리·향 등이 나타나는, 그 흐름이 있을 뿐입니다.

그것에 실체로서의 아도 법도 존재하지 않는다고 하는 것이 유식의 설입니다.

앞에서도 말했지만, 심왕·심소는 찰나멸이라고 하여, 모두 찰나찰나 발생해서는 소멸하고, 발생해서는 소멸해가는 것입니다. 그러니까 유식이라고 하는 그 식[심왕(心王)·심소(心所)] 그 자체는 자성(自性)을 가지지 않는 공(空)인 것입니다. 그러나 그 식을 세워서 세계의 모습을 설명해가는 것이기 때문에 '상시교(相始敎)'라고 부릅니다.

대승시교의 입장 ② 반야중관

한편 공시교(空始敎)는 『반야경』, 그리고 용수(龍樹)의 중관파(中觀派)의 가르침이 해당됩니다. 『반야』은 『팔천송반야경(八千頌般若經)』, 『이만오천송반야경(二萬五千頌般若經)』, 『금강반야경(金剛般若經)』 등을 총칭하는 것으로, 유명한 『반야심경(般若心經)』도 그중의 하나라고 해도 좋을 것입니다.

대개 『반야경』은 하여간 모든 법은 공이라고 제시하고, 따라서 모든 것에 집착하지 말라고 합니다. 공이란 어떤 事象에 그 본체가 없는 상태, 그것이 실체는 아니라는 상태를 의미합니다. 왜 공인가라는 설명은 특히 초기에 있어서는 꼭 자세하게 설명된 것만은 아닙니다. 하나의 설명은 연기(緣起)이므로 무자성(無自性)이고, 무자성이므로 공이라는 것입니다. 모든 것은 다른 것과의 관계 속에서 비로소 성립되기 때문에, 자체(自體)를 가지지 않고, 본체(本體)를 가지지 않아서, 그러므로 실체적 존재는 아니라는 것입니다.

한편 용수는 『중론』에서 언어[특히 명제(命題)]의 분석을 통해서 언어와 불가분의 실체관(實體觀)을 해체해갑니다. 우리들은 말을 사용해서 무엇인가를 주어(主語)로 세우고 이것에 술어(述語)를 입언합니다. 이때 주어에 대응하는 것이 대상화되고, 또한 하나의 것으로서 고정화됩니다. 소나무는 푸르다고 하면, 거기에 소나무라는 하나의 존재하는 것의 실체시가 포함되어버리는 셈입니다. 그러나 실제로는 그때그때의 事 세계 밖에 없는 것이라면, 거기에서 실체를 포착하는 일은 사실의 세계를 떠나버리는 것이 됩니다. 용수는 그것을 문제로 삼는 것입니다.

하나의 예를 들어보면, "신칸센이 달린다."라고 하는 말은 옳은가요? 우선 멈추어 있는 신칸센은 어디까지나 멈추어 있기 때문에 달린다고는 할 수 없습니다. 달리고 있는 신칸센은 이미 달리고 있기 때문에, 그것이 다시 달리는 일은 없습니다. 이와 같이 실은 "신칸센이 달린다."는 명제는 모순을 품을 수밖에 없는 것입니다.

또 하나 듭시다. "나는 본다."라고 합니다. 이 경우의 '나'는 보는 등의 작용을 지니지 않는 것, 기체(基體)로서 생각되지 않을 수 없습니다. 그러면 모든 작용을 지니지 않는 '나'는 어디에 있을까요? 한편 나에게 '보는' 작용이 본래 없다고 하면, '보는' 작용만이 어딘가에 없으면, 내가 보는 일은 성립하지 않습니다. 과연 그런 일이 있을까요? 그러니까 저와 보는 작용이 다르다고는 할 수 없고, 그렇다고 해서 하나라고도 할 수 없습니다. 왜냐하면 하나라고 하면, 보는 작용이 없을 때는 나도 없어지기 때문입니다.

이것은 달린다·달리지 않는다, 같다·다르다 등의 대립하는 이원적 가치만으로는 세계의 진실을 기술할 수 없다는 말입니다. 그러나 언어는 있다·없다, 같다·다르다 등의 모든 이원대립(二元對立)의 논리에 관철되어 있습니다. 그리고 동일률(同一律)·모순율(矛盾律)·배중률(排中律) 등의 논리 속에서 세계는 인식됩니다.

그러나 사실 그 자체는 그러한 이원적 가치를 넘어선 곳에 있습니다. 간단히 말해서, 제가 보거나 듣거나 하는 색깔·소리 등은 있다[없어지지 않는다]고도 할 수 없고, 없다고도 할 수 없습니다. 그래서 용수는 이원대립의 논리에 관철된 언어 세계를 철저하게 해체합니다. 이것을 상징하는 것이 『중론(中論)』의 첫머리에서 내세우는 팔불(八不)의 설인 "불생역불멸(不生亦不滅), 불상역부단(不常亦不斷), 불일역불이(不一亦不異), 불래역불출(不來亦不出)"입니다. 이렇게 해서 희론적멸(戱論寂滅)한 세계, 도리어 진실이 생성해오는 세계에서 한 번은 만나게 하려는 것이, 『중론』의 입장입니다.

이와 같이 중관학파의 가르침에는 팔불중도(八不中道)로 대표되는, 그 내용은 결코 소극적이지 않는 것이지만, 아무래도 그 교설은 부정적인 표현에 기울기 쉽습니다. 그래서 이 입장에 머무는 것을 화엄종에서는 시교(始敎)로서 대승불교의 초보단계로 위치시키는 것입니다.

또한 십종판에서는 '일체개공종'의 입장으로

> 이른바 대승시교로서, 일체의 제법은 모두 다 참으로 공(空)하
> 다고 설한다. 더구나 정(情)으로는 파악되지 않는다. 왜냐하면
> 분별(分別)이 없기 때문이다. 『반야경』 등의 교설이 이에 해당
> 한다.

라고 합니다. 무분별(無分別)의 곳에서 공(空)을 체득하고 있는 세계를
설한 것이라는 의미입니다. 여기에서는 상시교는 생략하고 공시교만
을 듭니다. 그렇다고는 하지만, 유식의 교리도 실로 무분별지(無分別智)
로 나아가는 것에, 그 의미가 있습니다.

종교의 입장

다음으로 종교(終敎)입니다. 종교는 깨달음의 세계에서 증명된 진
실한 세계의 긍정적인 측면을 적극적으로 설한 것입니다. 공(空)이라는
것을 통해서 우리의 진실한 생명의 세계를 증명할 수 있습니다. 그 세계
는 갖가지 굉장한 세계를 가져서 뛰어난 성능을 발휘합니다. 더구나 그
세계는 자기에게 홀연히 나타나는 것이 아니라, 원래부터 있었다고 알
려집니다. 그것들은 다만 번뇌에 덮여 있었을 뿐이라고 알려진 겁니다.

그와 같이 종교는 사람의 생명 가운데에 본래 갖추어진 훌륭한 성질을 적극적으로 지적하려는 입장으로, 이 사상은 일반적으로 '여래장사상'이라고 합니다. 여래장이란 사람이 여래의 태아를 감추고 있다는 설입니다. 본래 사람은 부처의 자식이라고 합니다. 이러한 가르침은 『승만경』, 『열반경』, 『능가경』 등에서 설하지만, 실은 그 연원을 앞에서도 말한 것처럼 다름 아닌 『화엄경』에서 구합니다. 곧 『화엄경』「보왕여래성기품(寶王如來性起品)」에서는 다음과 같이 말합니다.

> 불자여, 여래의 지혜·무상의 지혜·무애의 지혜가 원만하게 중생의 몸 안에 있어도, 어리석은 중생은 전도된 생각에 덮여서, 그것을 알지도 못하고, 보지도 못하고, 믿는 마음을 일으키지도 못할 뿐이다. 그때 여래는 걸림 없는 천안으로 모든 중생을 관찰하시고는 다음과 같이 말씀하신다. "기이하다. 기이하다. 중생은 무슨 이유로, 그 몸속에 여래의 원만한 지혜를 품고 있어도 그것을 지견하지 못하는가? 나는 마땅히 저들 중생들에게 가르쳐 성스러운 진리를 깨닫게 해서, 영원히 모든 망상 전도의 구박을 벗어나, 여래 지혜의 원만함이 그 몸속에 있어서, 부처와 다르지 않다는 사실을 자각하게 하리라." 그래서 여래는 그 자리에서 그들 중생에게 알려, 팔성도를 닦아서 허망한 전도를 버리게 하셨다. 중생이 남김없이 전도를 떠나버리면, 여래 지혜를 갖춘 여래와 마찬가지로 중생을 이롭게 한다.

여기서 여래가 중생을 관찰하자 불가사의하게도[기이하고 기이하게도], 그 중생은 여래의 지혜를 전부 갖춘 사실이 알려졌다고 합니다. 깨달음의 눈에서 보면, 실은 사람들이 부처의 지혜를 가지고 있다는 것입니다. 그것은 결코 공(空)이라는 것과 모순되는 것이 아니라, 공이라는 존재 방식 가운데에 있는 끝이 없는 작용의 내용일 것입니다.

이『화엄경』의 한 구절이 근거가 되어서『여래장경(如來藏經)』이나 『부증불감경(不增不減經)』등의 여래장계 경전을 제작하고, 뒤에는『보성론(寶性論)』이라는 논서도 만듭니다. 화엄종에서는 이 여래장을 설한 사상 쪽이 단순히 공을 설하는 사상보다 더욱 심오하다고 보는 것입니다. 그것은 일체법공(一切法空)을 통과한 뒤의 것입니다.

십종판에서는 이 종교를 진덕불공종(眞德不空宗)이라고 부르며,

> 이른바 종교이다. 여러 경전에서 모든 법은 오직 진여(眞如)일 뿐이라고 설한다. 여래장의 실덕(實德)이기 때문이고, 자체(自體)*를 가지기 때문이고, 성덕(性德)을 구비하기 때문이다.

라고 합니다. 여래장이란 번뇌에 덮인 진여(眞如) · 법성(法性)[재전(在纏)의 법신(法身)]에 관한 것을 무(無)로 보지 않고, 더구나 거기에 헤아릴 수 없는 훌륭한 성질 · 성능이 있다고 보아 가는 것입니다.

---

* 자체(自體): 궁극의 본체.

돈교의 입장

화엄종의 오교판 및 십종판에서는 결코 여래장을 설한 입장이 궁극적인 것은 아닙니다. 그 다음에 돈교의 입장이 있습니다. 오교(五敎)를 돈(頓)과 점(漸)[시교(始敎)·종교(終敎)]으로 나눌 수 있습니다. 그러면 돈(頓)에 대해서는

> 언설(言說)을 단번에 끊고, 이성(理性)을 단번에 나타내고, 해행(解行)을 단번에 이루어서, 일념불생(一念不生)으로, 바로 부처와 같은 것이다.

라고 설명합니다. 점차의 수행을 거치지 않고, 바로 지금의 한 생각에서 부처를 깨닫는다는 것으로, 그것은 불생(不生)이라는 상태에 진실로 계합할 때 일어나는 일이라고 합니다.

시교도 종교도 비록 팔불(八不)을 말하고, 여래장(如來藏)을 설해도, 그것은 설명의 세계로, 그 이론 자체는 추상적으로 이해된 것입니다. 그러나 이 돈교에 이르러서는 '지금·여기'에서 불생(不生)이라는 사실의 안에서 진실의 주체를 깨닫는 바에, 보다 깊은 진실이 있다는 것입니다. 일념불생(一念不生)이라는 것은 차라리 생(生)·불생(不生)을 넘어선 절대적 삶의 세계일 것입니다. 그것은 참으로 대상적 판단을 넘어선 때에 증명되는 것입니다.

이 입장은 『유마경』의 유마거사의 일묵(一黙), 『대승기신론』의 이언진여(離言眞如) 등에서 구해집니다.

> 모든 법은 본래 자정(自正)해서 언설(言說)을 기다리지 않고, 관지(觀智)를 기다릴 수밖에 없다. 정명(淨名)[유마(維摩)]의 침묵으로써 불이(不二)를 나타내는 것과 같다.……

라고 합니다. 십종판에서는 상상구절종(相想俱絶宗)이지만,

> 돈교의 가운데 절언(絶言)의 가르침, 언설을 끊는 이치를 나타내는 것과 같다. 정명(淨名)이 침묵한 도리와 같은 것이다. 이것에 준하라.

라고 합니다. 내용은 지금 말한 것과 변함이 없지만, 그 종의 명칭인 상상구절(相想俱絶)이라는 것에, 주-객의 분열을 넘어선 바의 자각을 지시하고 있는 것이 주목됩니다.

이 돈교는 사실상 선종(禪宗)의 입장과 가까운 것입니다. 선(禪)은 인도에서 보리달마(菩提達磨)가 중국에 전했다고 하지만, 중국인 자신들의 국민성 속에서 자라난 요소가 다분히 있습니다. 선종의 대표적인 서적에 『무문관(無門關)』이 있고, 그 제1칙은 '조주(趙州)의 무자(無字)' 공안(公案)입니다.

조주 화상이여, "개에게 불성(佛性)이 있습니까?"라고 내친김에 승려가 물었다. 조주가 "없다."라고 답했다.

이 무(無)는 있다·없다를 넘어선 무라고 하며, 이 무자야말로 일념불생의 자리일 것입니다. 일본의 반케이선사(盤珪禪師)는 격렬한 수행 끝에 "일체는 불생(不生)으로 정돈된다."라고 깨닫습니다. 이후에는 오로지 불생(不生)의 불심(佛心)을 직시해 마지않았습니다.

실은 불생(不生)이라는 말은 불교사상사를 관통하여 극히 중요합니다. 대승불교 8종의 조사라고도 하는 용수의 『중론』 첫머리의 귀경게는 앞에서 본 것처럼 팔불(八不)로 제시되지만, 그것도 맨 처음의 불생에서 깊이 궁구된 것입니다.

정토교에서도 담란(曇鸞)은 "왕생(往生)은 무생(無生)의 생(生)"이라고 합니다. 또한 밀교에서는 예로부터 '아자본불생(阿字本不生)'이라고 해서, 세계의 근본을 상징하는 아자(阿字)*의 본질을 본래불생(本來不生)인 바에서 보는 것이었습니다. 교상(敎相)을 부정하는 일이 많은 선종은 그것을 단적으로 깨닫고자 하는 것으로, 화엄종의 교판에서 말하면 돈교와 비교하여 정해집니다.

---

* 아자(阿字): 산스크리트 알파벳 최초의 문자로서 만유의 근원을 상징하는 글자이다. 또한 부정사(否定辭)이기도 하다.

원교 – 화엄의 입장

이제 마지막으로 원교(圓敎)입니다. 원교란 원만한 가르침, 완전한 가르침이겠지요. 이것은 이제 『화엄경』의 가르침밖에는 없습니다. 도대체 『화엄경』의 어떠한 가르침이 완전한 가르침일까요?

십종판에 의하면 원명구덕종(圓明具德宗)으로

> 별교일승의 주도하는 것과 수반하는 것이 완전하게 갖추어져 [主伴具足], 다함없이 자재하게(無盡自在) 나타난 법문과 같은 것이다.

라고 합니다. 주반구족(主伴具足)·무진자재(無盡自在)라는 것이 원교의 세계인 듯합니다. 요는 일념불생에서 한 바퀴 돌아서, 현실세계의 무한한 관계성을 설하는 것이 원교라는 것입니다. 그 무한의 관계성, 곧 중중무진의 연기에 대해서는 상즉상입이라든가, 주반구족이라든가, 순역자재(順逆自在)라든가, 중중무진이라든가, 갖가지로 표현됩니다. 시간적으로도 공간적으로도, 다채로운 관계성이 거기서 분석됩니다.

그 내용은 대단히 흥미롭지만, 본서에서는 앞으로 그 몇 개의 측면을 여러 번으로 나누어 상세하게 이야기해나갈 것이기 때문에, 지금은 그 내용을 그 곳에 양보하기로 합니다.

이상으로 화엄종의 교상판석인 오교십종판을 보았습니다. 불교에는 실로 다양한 가르침이 있지만, 화엄종에서는 이와 같은 형태로 모든 불교를 파악합니다.

　제가 제일 중요한 사실로 생각한 것은 공사상도 여래장사상도, 일단 '일념불생즉시불(一念不生卽是佛)'의 돈교에서 부정된 것입니다. 거기서는 모든 대상적인 판단을 넘어서 주체 그 자체를 깨닫는 것이며, 이 과정을 거쳐서, 화엄의 세계가 나오는 사실을 잊을 수가 없습니다.

　선종에서는 '대사일번 절후소식(大死一番 絕後蘇息)'이라고 합니다. "한 물건도 없는 가운데에 무진장하다. 꽃이 있고, 달이 있고, 누대도 있다."라고 합니다. 부정을 주체의 근저에서 깨닫는 동시에 끝없이 전개해 나가 현실세계로 들어옵니다. 여기에 화엄불교의 큰 의미가 있습니다. 그것을 화려하게도 중중무진의 관계로서 설해나가는 것이 화엄의 사상입니다.

7 소나무는 대나무, 대나무는 소나무

玄의 세계 – 사사무애법계

화엄종의 제3조 현수대사 법장은『화엄경』에 대해서 상세하게 주석을 썼습니다. 그 책의 이름을『탐현기(探玄記)』라고 합니다. 그 앞에 제2조로 불리는 지엄의『화엄경』에 대한 주석서는『수현기(搜玄記)』라는 이름이었습니다.

'수현(搜玄)', '탐현(探玄)'과 같이『화엄경』의 세계는 바로 '현(玄)'의 세계라고 알려져 있습니다. 실로 심오한 세계임을 나타내는 것이라고 생각하지만, 그것을 '玄'이라는 말로 나타내는 것에서 중국적인 감성을 엿볼 수 있습니다.

'玄'이라고 하면 바로『노자(老子)』를 기억할 것입니다.『노자』에서는 "현묘하고 현묘한 온갖 묘리가 출몰하는 문"이라고 합니다. 도가(道家)가 보는 궁극의 세계·Tao(道)를 '현묘하고 현묘한'이라고 부르는 것입니다.『수현기』나『탐현기』의 '玄'은 물론 그런 어감을 이어받고 있지만, 그 내용은 결코 혼돈(混沌)이라거나 무(無)와 같은 의미에서 실재(實在)이기도 하다는 의미가 아닙니다.

'玄'이라는 말에 의해서 드러내려한 세계는 사물과 사물이 장애 없이 융합된 세계를 표현한 사사무애법계(事事無礙法界)라는 것이 화엄종의 입장입니다. 소위 중중무진 연기의 세계이며, 바로 현실 세계의 논리 그 자체입니다. 그것은 불교의 중관 유식·여래장 등을 근거로 자각된, 불교 속에서 구성된 논리 구조로서 결코 노장(老莊)과 직결되는 것은 아닙니다.

법장이 사마르칸트(Samarkand) 출신의 집안 계통의 사람이었다는 사실은 유명하지만, 최근에는 지엄도 서역(西域) 계통이었던 것은 아닐까라고 생각합니다. 또한 지엄이나 법장의 불교는 당시 인도에서 소개된 경론(經論), 곧 진제(眞諦) 역이나 보리유지(菩提流支) 역 등의 연구 속에서 형성된 것입니다. 그렇다 하더라도『화엄경』의 궁극적 세계를 '玄'으로 표현하는 바에는 중국적 문맥이 느껴집니다. 화엄종의 사상은 인도적 논리와 중국적 감성의 통합으로 이루어진 듯한 장대한 기개를 느낍니다.

사사무애법계(事事無礙法界)라는 말은 '4법계(四法界)'의 설 가운데서 나오는 것입니다. 4법계란 사법계(事法界)·이법계(理法界)·이사무애법계(理事無礙法界)·사사무애법계(事事無礙法界)라는 것으로, '事'와 '理'의 개념*을 구사하여 말합니다. 그 궁극은 理가 사라지고 오직 사사무애라는 것이기 때문에, 이것은 '사적(事的) 세계관'의 하나라고 해도 좋을 것입니다.

또한 4법계를 말하는 것은 징관 이후라고 합니다. 물론 그 생각에 통하는 것은 지엄·법장에게 이미 있었습니다.

事的 세계관의 입장

4법계설에 대해서 보기 전에, 여기서 이 '사적(事的) 세계관'이라는 것에 대해서 조금 생각해보려고 합니다. '事'라는 말은 '物'이라는 말에 상대하는 것으로 생각됩니다. 物은 고정적인 존재로서 변하지 않는 존재이고, 게다가 하나하나가 뚜렷한 형태를 지니고 독립해서 존재한다고 생각됩니다. 또한 物은 心과 상대하고 있다고 생각해서, 物을 말할 때는 저절로 물(物) - 심(心) 이원론[주(主) - 객(客) 이원론]의 틀 안에 있는 상태가 예상됩니다.

이에 대해서 事는 변화해가는 세계입니다. 종종 특정한 둘도 없는 일회성의 事象으로서 독자적인 모습을 가진 것으로 생각됩니다. 또한 事는 단순한 객체적인 세계에 관한 것이 아니라, 거기에 주체도 관계되어 성립하는 것과 같은 주(主) - 객(客)이 서로 관련하는 가운데의 것으로 생

---

* 事와 理의 개념: 일반적으로 事는 상대·차별의 현상세계, 理는 절대·평등의 진리세계를 말하지만, 여기서는 그것을 보다 다면적으로 고찰한다.

각됩니다. 物과 心처럼 각각 명확하게 구분되는 것이 아니라, 거기에 心도 관계되어 하나가 되는, 주－객을 나눌 수 없는 세계입니다.

생각해보면, 이 세상은 여러 가지 物이 모여서 이루어진 세계인가요? 아니면 다양한 事가 여러 겹으로 쌓인 세계인가요? 적어도 우리에게 직접 인식되는 세계는 순간순간마다 변합니다. 조금 방향을 바꾸면 보이는 모습도 색깔도 바뀌고, 방향을 바꾸지 않아도 시간의 경과 아래서 그것들은 미묘하게 변하는 것입니다. 변하지 않았다고 생각해도 사실은 희미하게라도 변했을 겁니다.

이와 같이 우리는 끊임없이 시시각각으로 변하는 세계에서 살아가기 때문에, 그 쪽이 우리의 삶에 직접적·제일차적인 세계라고 할 수 있습니다. 그렇지만 대체로 언제나 같은 모습을 보기 때문에, 거기에 변하지 않는 物이 있다고 생각해버립니다. 하지만 실은 정말 매 시각 변화해가는 세계, 事의 세계에서 살아가고 있다고 할 것입니다.

본래 事의 세계 쪽이 우리에게 직접적인데, 그 事의 세계를 고정화해 수많은 物의 세계로 보는 것에 의해서, 우리는 그 物을 분석하고 조작하면서 많고도 큰 이익을 얻어 왔습니다. 그러나 그 그늘에서 그때 그 자리에 둘도 없는 독자적인 개성을 지닌 事의 풍요로움과 다채로운 맛을 버리고, 잊어버린 것은 아닐까요? 그것은 실은 한순간 한순간에 빛나는 자기 생명의 진실을 잃어버리고 있는 것은 아닐까요? 事를 事로서 받아들일 때, 거기에 독자적인 빛을 발하는 세계, 보다 정취가 깊은 세계를 발견할 수 있을 것입니다.

마쓰오 바쇼(松尾芭蕉)는

가만히 보니
냉이 꽃 피어 있다
울타리 옆에

라고 노래했습니다. 그 냉이는 단순한 잡초의 일종으로서 냉이가 아니라, 그때 그 자리에서 둘도 없는 색깔, 형태, 아름다움을 발휘하며, 온 마음이 기쁨에 넘치고 있는 냉이였던 것은 아니었을까요? 꽃꽂이 등도 꽃을 가려서 가지를 고르고, 한 개 한 개 꽂아 가는 그 과정이야말로 재미있는 일이지, 꽃이 담긴 후의 고정된 모습은 이제 무언가가 끝나 버린 세계일지도 모릅니다. 많은 서양철학은 물심이원론에 기초하고 있습니다. 그 분할적이고 고정적인 견해를 극복하려면, 다시 한번 사적(事的) 세계관이라는 것을 생각해보는 일은 크게 유효할 것입니다.

事와 언어와 物

불교는 제행무상(諸行無常)을 말하고 연기(緣起)의 세계를 설하기 때문에, 본래 事的 세계관을 주창하는 것이라고 해야 합니다. 그 뿐만 아니라 고정적인 物이나 我가 있다고 생각하는 것은 전도망상(顚倒妄想)이고 미혹이라고 합니다. 그런 고정적인 존재의 인정, 실체시야말로 집착을 일으키고, 나아가서 여러 가지 고뇌를 낳는다는 것입니다. 그래서 본래는 事의 세계인데 그 위에 왜 物을 인정하여 생각해버리는가, 착각해버리는가에 대해서 상당히 파고들어 규명합니다. 그것에는 언어의 관여가 있다고 합니다.

실제로 일본어의 '言葉(ことば, 언어)'는 事의 단서를 의미하는 것처럼, 그것은 事의 표면에 불과한 것입니다. 그러나 우리는 언어에 익숙한 것에 의해서 事를 물화(物化)해가고, 거기에 큰 착오가 있다고 불교는 지적합니다. 이와 같이 불교의 언어에 대한 통찰에는 참으로 날카롭고 깊은 것이 있습니다.

이 사실은 오늘날의 언어철학에서도 말해집니다. 소쉬르(Saussure)는 언어가 명칭목록(名稱目錄)은 아니라고 합니다. 즉 이미 세계에는 각각 자율적으로 존재하는 物이 있고, 그것에 대응해서 수많은 이름[명칭목록]이 있는 것은 아니라는 것입니다. 보통 우리는 그렇게 여러 가지 物이 스스로 존재하고, 그것들에 대응해서 언어가 있다고 생각하지만, 그렇지 않다는 것입니다.

확실히 세계에 이미 物이 스스로 존재하고 있다면, 각국 언어의 명사(名詞) 모습은 거의 공통적으로 되었을 것입니다. 그러나 실제는 그렇지 않습니다. 일본어로는 궤(机)를 'つくえ(책상)'이라고 하는 말 하나로 해결합하지만, 영어로는 'desk'와 'table'로 나눕니다. 일본어에서는 목(木)을 'き(나무)'라는 말 하나인 것을 영어로는 'tree'와 'wood'로 나눕니다.

거꾸로 일본어로 '水(수)'와 '湯(탕)'을 나누는 것을 영어로는 'water' 하나로 표현합니다. 일본어로는 '兄(형)'과 '弟(제)'를 나누는 것을 영어로는 함께 'brother'라고 합니다.

이렇게 실제로는 각 언어마다 명사의 체계라는 것은 다르게 구분되어 있습니다. 프랑스어의 물고기 이름은 매우 적지만, 일본에서는 같은 물고기를 도쿄 지방에서는 '와카시(ワカシ)', '이나다(イナダ)', '와라사(ワラサ)', '후리(フリ)'로, 오사카 지방에서는 '투바스(ツバス)', '하마티(ハマチ)', '메지로(メジロ)', '푸리(プリ)'로 구분합니다. 결국은 언어라는 것은 외계에서 자율적으로 이미 존재하는 수많은 物에 대응한 것이 아니라, 각국의 언어마다 세계를 구분해가는, 그 고유의 분절 방법을 나타내는 것에 지나지 않습니다. 언어는 객관적인 것이라고는 말하기 어렵습니다. 언어는 각국어(各國語)를 사용하는 집단의 공동 주관적인 분절을 표시하고 있다고 해도 결코 지나친 말이 아닙니다.

그렇다면 각각의 언어는 무엇을 나타내고 있는 것일까요? 언어에 대응하는 무엇인가 적극적인 것은 없을까요? 어떤 의미에서는 역시 없다고 하지 않을 수 없습니다. 예를 들어 개(犬)와 승냥이(山犬)와 이리(狼)라는 세 가지의 분절을 가진 언어와 개와 이리라는 두 가지의 분절 밖에 없는 언어를 생각하면, 이리란 무엇인가라고 할 때에 전자는 개와 승냥이를 제외한 것, 후자는 개가 아닌 것[승냥이를 이리에 포함시킨 것]이라고 말하게 됩니다. 결국 언어가 나타내는 것은 인접한 다른 언어와의 관계 속에서 결정되어가는 것으로, 전체를 분절하는 그 분절의 모습대로라는 사실이 됩니다.

실은 이러한 사고방식은 고대 인도에서도 알려져 있었습니다. 디그나가(Dignāga)[진나(陳那), 480-540년 무렵]는 아포하(Apoha) 설을 제창해 언어가 나타내는 것은 '다른 것의 배제'라고 했습니다. 소는, 개로도 말로도 코끼리로도 ……로도 아닌 것, 소가 아닌 것으로는 아닙니다. 언어라는 것은 그와 같이 다른 것의 배제, 다른 것의 부정밖에 나타내지 않는다는 것입니다.

그러나 우리는 그러한 성격을 가진 언어를 익히는 속에서, 언어 그대로 세계는 있다고 생각하고, 각각의 언어에 대응해서 각각의 物이 있다고 꼭 믿고, 그 자체를 실체화하여, 그것에 집착해서 고통을 낳습니다. 이 과정 속에서 물(物) - 심(心) 이원론의 틀도 전혀 의심되지 않는 것이 되어갑니다. 그러나 만일 언어 그대로 세계가 있는 것이 아니라고 한다면, 그 세계의 진실을 일단 지켜보아야 할 것입니다.

언어는 物에 대응한 것이 아니고, 시시각각 변화하는 세계, 事의 세계에 대해서 세워진다고 할 수 있습니다. 그렇다면 우리는 언어의 미망을

꿰뚫어보고, 그 事 세계의 실상을 지켜봐야 합니다. 거기에 가장 직접적인, 가장 생생한 생명의 세계가 있다고 생각되기 때문입니다.

오감과 物의 관계

불교에서 事를 물화(物化)하는 과정의 분석은 이상의 것에만 그치지 않습니다. 또 하나의 중요한 것이 있습니다. 그것은 오감(五感)이 본래 나누어져 있다는 사실입니다. 유식에서는 우리들의 존재를 8식에 의해서 나타내려고 했습니다. 적어도 거기에 안식(眼識) · 이식(耳識) · 비식(鼻識) · 설식(舌識) · 신식(身識)이라는 오감의 식(識)이 있습니다. 그것들은 당연히 시각(視覺) · 청각(聽覺) · 후각(嗅覺) · 미각(味覺) · 촉각(觸覺)으로서 따로따로의 감각입니다. 物은 이러한 감각에 의해서 포착된다고 생각할 수 있지만, 실은 감각 그 자체는 원래 시각 · 청각 등과 구분되는 것입니다. 그것들이 구분되어 주어진다는 그것이야말로, 우리에게 직접적인 세계, 제일차적인 세계일 것입니다. 대뇌생리학적으로 생각해도, 뇌는 눈에서 들어온 정보에 색(色)을, 귀에서 들어온 정보에 음(音)이라고 하듯이, 정보마다에 따로따로의 것을 감각할 터입니다. 요컨대 오감은 본디 구분되어 있는 것입니다.

더구나 감각은 현재에 밖에 없습니다. 눈이 과거의 색과 미래의 색을 보는 일은 생각할 수 없습니다. 귀가 과거의 소리나 미래의 소리를 듣는다는 일도 생각할 수 없는 것입니다. 오감은 그때그때의 현재에 밖에 없는, 결국은 시시각각 변화해간다는 것이기도 합니다.

그와 같이 본래 따로따로이며, 게다가 시시각각 변화하는 세계가 우리에게 제일차적으로 주어진 세계입니다. 그럼 거기에서 物은 도대체 어떻게 지각될까요?

거기에 개재하는 것이 언어입니다. 이 언어를 조작하는 것이 제6 의식(意識)입니다. 제6 의식의 작용에 의해서 시시각각 변화해가는 다섯 가지 감각이 언어에 의해서 묶이고, 고정화되어 物로서 인식되어버리는 것입니다. 원래 생명의 세계로 있던 것이 고정적으로 정지(靜止)된 세계로 되어버린 셈입니다.

더구나 언어는 반드시 객관적이지만도 않고, 이른바 자의적(恣意的)이어서, 고작 다른 것의 부정밖에 표현하지 못했습니다. 그와 같은 언어를 유동하는 事의 세계에 적용하고, 이를 물화하여 그것에 실체적 존재를 인정하여 버립니다. 실체적 존재를 인정하기 때문에 이것에 집착하고, 집착하기 때문에 거기에서 고통이 생겨납니다. 불교는 이와 같은 분석을 수행해서 물화되어버린 세계, 본래 事일 뿐인 세계였음에도 실체적인 物이 있다고 생각되어버린 세계를 전도몽상(轉倒夢想)의 세계(『반야심경(般若心經)』)라고 하는 것입니다. 그러므로 불교의 깨달음이란 물적(物的) 세계의 근저에 사적(事的) 세계가 있다고 명확히 요해하는 것, 사적(事的) 세계에 일단은 철저해서, 거기서부터 자기와 세계의 문제를 생각해가는 것이라고 해도 좋을 것입니다.

말할 것도 없이 事의 세계가 완전히 무질서한 혼돈의 세계라는 것은 아닙니다. 거기에 어떤 질서를 형성하는 동태(動態)도 있을 것입니다. 기린은 목이 길고, 코끼리는 코가 깁니다. 이러한 일은 우리들의 주관적 생각과 관계없이 저절로 생성되는 셈입니다.

곧 事의 세계 가운데서도 객관적인 본연의 모습을 제시하는 방면을 갖추고 있다는 것입니다. 그렇다 치더라도, 이 事의 세계는 동적(動的) 세계이지 결코 고정적인 세계는 아니라는 사실, 끊임없는 주(主) - 객(客) 상관속의 事인 사실, 그 사실을 잊어서는 안 됩니다. 그러나 언어의 속박 속에 있는 것만으로는, 주 - 객 이원론의 강고한 틀 속에 머무는 것만으로는, 그 자기 생명의 진실을 알 수 없고, 풍부한 생명의 정취를 맛보는 일도 어려울 것입니다. 그 의미에서 事라는 사실을 다시 한번 자신의 생명에서 되찾아야 할 것이라고 생각합니다. 이 事의 세계에 대해서 화엄종에서는 4법계설로서 분석하여 제시합니다.

법계라는 말의 의미

서론이 상당히 길어졌지만, 아래에서 4법계설에 대해서 보려고 합니다. 먼저 '법계(法界)'라는 말에 대해서 조금 설명해두겠습니다.

법계라는 말은 예컨대 유식 등에서는 진여(眞如)·법성(法性)·실제(實際) 등등 현상세계의 본성을 뜻하는 말과 이음동의어로 설명합니다.

일진법계(一眞法界) 등이라는 말도 씁니다. 그것은 승의제(勝義諦)*를 표현하는 말로 사용됩니다. 유식에서는 현상과 본성을 명확하게 구별하므로, 법계는 오로지 그 본성의 세계를 나타내는 말로서 사용됩니다. 그러나 화엄종에서는 4가지의 법계를 설하는 사정으로, 그 각각에 응해서 법계의 의미도 달라진다고 합니다.

이 가운데 법(dharma)이라는 말은 매우 다의적인 말입니다. 원래 유지한다는 의미의 동사인 'dhṛ'에서 나온 말로, '지키는 것, 받치는 것'이라는 의미가 있습니다. 따라서 세계를 보존하는 법칙(法則), 섭리(攝理), 사회를 보호하는 법칙도 다르마입니다. 또한 진리를 의미하는 것이고, 나아가서는 진리를 표현하는 설법(說法)도 다르마입니다. 이 경우는 교법(敎法)으로서의 다르마라는 말입니다.

한편 아비다르마에서 분석한 법은 '자신의 특질을 지키는 것'으로, 예로부터 '임지자성(任持自性), 궤생물해(軌生物解)'로 정의되었습니다. 이 경우의 법은 색법(色法)이나 심왕(心王)·심소(心所) 등 세계를 구성하는 단위가 되는 것, 요소가 되는 것으로 제법(諸法)이라든가, 일체법(一切法)이라는 경우의 법도 그것을 의미합니다. 단지 만법(萬法) 등이라고 할 때는 모든 현상의 전부라는 의미로 사용되는 것입니다. 그와 같이 동일한 법이라는 말이 진리를 의미하는 경우도 있고, 개개의 법, 개개의 事象을 의미하는 때도 있습니다.

---

* 승의제(勝義諦): 세속제(世俗諦)와 상대되는 말이며, 뛰어난 지혜가 작용하는 영역. 궁극적인 진리. 제일의제(第一義諦), 진제(眞諦)라고도 한다.

한편 계(界)는 dhātu가 원어로, 원래 무엇이 놓인 장소나 기반을 의미하여, 광맥(鑛脈)·광석(鑛石)과 같은 것을 의미합니다. 갈면 금이나 보석이 되는 것으로, 근원의 의미가 있습니다. 이 근원은 깨달음 지혜의 근원으로서 보면 소위 여래장이 되고, 또는 현상세계의 본성으로서는 진여·법성이 됩니다. 불성(佛性)이라는 말의 원어는 'buddha-dhātu'입니다.

또한 이 말은 한편으로 제법의 근원이라는 의미로 사용될 수도 있어, 낱낱 법의 종자(種子)로서 생각되기도 합니다. 또는 오히려 다양한 현상세계의 기초가 되는 것으로서의 제법 그 자체, 어떤 일정한 단위[요소(要素)] 그 자체의 의미도 됩니다. 육근(六根)·육경(六境)·육식(六識)의 십팔계(十八界)의 '계'는, 그 의미의 계입니다. 따라서 법과 마찬가지로, 계도 또한 세계에서 어떤 분석된 단위가 되는 것을 의미하는 일도 있는가 하면, 본성 그 자체를 의미하는 일도 있습니다.

이렇게 4법계를 말할 때에 하나하나 법계의 의미, 특히 계의 의미는 변화하는 것입니다. 그래서 첫째, '사법계(事法界)'라고 할 때, '사(事)'는 개개의 事象, 현상(現象)을 의미합니다. 따라서 이 경우의 '계'는 '분(分)의 의미'가 되어서 어떤 일정한 분한(分限)을 가지는 것, 어떤 다른 것과 구별되는 것을 의미하는 것으로서 받아들입니다.

한편 '이법계(理法界)'의 경우에 '계'는 '성(性)의 뜻'이 되어서 본성(本性)으로서의 이성(理性), 즉 진여·법성을 의미하는 것으로서 받아들입니다.

'이사무애법계(理事無礙法界)'에서는 '계'가 '분(分)'과 '성(性)'의 쌍방적 의미를 지닌다고 읽어 들입니다. 성(性)과 분(分), 그 양자가 걸림 없이 녹아 있기 때문입니다.

'사사무애법계(事事無礙法界)'에서 '계'는 또한 '분(分)'의 뜻이 됩니다. 여기에서는 '성(性)'을 통해서 서로 융통해 중중무진으로 관계하는 '분'의 의미가 됩니다.* 이렇게 4법계의 각각에 응해서 각 법계의 의미를 다르게 받아들였습니다.

사법계의 세계

그러면 이상을 근거로 4법계설의 내용을 이제부터 생각해봅시다.

먼저 사법계(事法界)입니다. 이것은 말할 것도 없이 개개의 事象에 관한 것으로, 각각이 다른 것과 구별되는 세계입니다. 불교사상의 가운데서 말하면, 본래는 아비달마에서 분석할 듯한 제법입니다. 그러나 그것을 굳이 '事'라고 부르는 사정에서, 그 의미를 헤아려야 합니다.

예를 들면 事로서, 소나무도 있으면 대나무도 있고, 매화나무도 있으면 벚꽃나무도 있습니다. 꾀꼬리는 '꾀~꼴~' 하고 울고, 소쩍새는 '솔-쩍-' 하고 웁니다. 각각 차별이 있고, 차이가 있고, 분한(分限)이 있습니다. 다만 그것은 대상물로서의 소나무와 대나무, 꾀꼬리와 소쩍새

---

* 宗密, 『註華嚴法界觀門』 참조.

가 아닙니다. 내가 있는 때 있는 장소에서 보는 소나무 혹은 대나무이고, 내가 있는 때 있는 장소에서 들은 꾀꼬리 혹은 소쩍새여야말로 그 '事'일 것입니다.

그것은 각자의 아래에 그때 그 장소로 있을 만한 것입니다. 이를 차별의 세계라고 하며, 그러한 주(主) − 객(客)이 서로 관계하는 속에서 성립하는 특정한 事象의 세계가 '사법계'입니다.

이법계의 세계

다음으로 이법계(理法界)는 그러한 개개 事象의 본질·본성에 관한 것을 의미합니다. 理라고 하면 일반적으로는 무언가 도리(道理)라든가 법칙(法則)이 상정됩니다. 불교에서도 그러한 理를 설하지 않는 것은 아닙니다. 예를 들면 '제행(諸行)은 무상(無常)이다.'는 도리, '제법(諸法)은 무아(無我)다.'는 도리 등이 있습니다.

그러나 화엄종에서 말하는 理란 이러한 도리(道理)·법리(法理)에 관한 것이 아닙니다. 그들을 오히려 넘어서는 제법에 대한 법성(法性), 소위 진성(眞性)에 관한 것을 말합니다. 유식의 삼성설(三性說)로 말하면, 의타기성(依他起性)[연기의 세계]에 대한 원성실성(圓成實性)[연기한 세계의 본성]의 상태입니다. 이것은 어디까지나 공성(空性) 그 자체이며, 그 공성은 단순한 무(無)가 아니고, 거기에 적극적인 성능(性能)이 있는 것입니다. 특히 여래장사상의 경우는 이지불이(理智不二)라는 理[공성인 본성]에 지혜의 작용을 인정하기 때문에, 결코 소극적인 것만으로 그치지 않습니다.

또한 '事'는 본래 둘도 없는 개적(個的)인 것입니다. '일반적'에 대한 개별적, '보편적'에 대한 특수적인 특질을 가지고 있습니다. 이에 대해서 理는 바로 일반적·보편적인 측면에 해당하는 것이고, 더구나 그 보편성은 어떤 의미로도 한정되지 않는 최고도로 넓은 것이 됩니다. 어떠한 事象도 관철해야만, 모든 사상의 理로 존재한다고 할 수 있기 때문입니다. 그 의미에서 理는 상대에 대한 절대로도 존재합니다. 역으로 事는 절대에 대한 상대라는 것이 되는 셈입니다.

이사무애법계의 세계

다음으로 이사무애법계(理事無礙法界)는 理와 事가 서로 걸리는 일 없이 융합되는 바를 보는 것입니다. 예를 들면 事를 법(法), 理를 법성(法性)으로 볼 때, 법을 떠나서 법성만이 어딘가에 있을 도리는 없습니다. 법성은 어디까지나 법의 본성이고, 법이 공(空)이라는 그 본성에 관한 상태인 공성(空性)과 다르지 않습니다. 한편 법도 그 본성인 공성을 떠나서 존재할 도리는 없습니다.

『반야심경(般若心經)』에서 '색즉시공(色卽是空)·공즉시색(空卽是色)'

이라는 것과 같습니다. 색(色)과 공(空)[원어로는 공성(空性)]이 별도로 어딘가에서 하나로 되는 것이 아닙니다. 원래 '색즉시공·공즉시색'입니다. 事와 理도 마찬가지입니다. 4법계설에서는 당초 사법계·이법계로 일단 이 양자를 구별해서 제시했었지만, 사실은 事를 떠난 理가 있는 것이 아니고, 理를 떠난 事가 있는 것도 아닙니다. 여기가 理와 事가 걸림 없이 융합해 있다고 하는 바입니다.

유식삼성설의 언어를 사용하면, 事는 '의타기성(依他起性)'[연기의 세계]이고, 理는 '원성실성(圓成實性)'[진여·법성]이 됩니다. 이 양자의 관계를 유식에서는 비일(非一)·비이(非二)로 설명합니다. 그것은 마치 앞에서 언급한 개별과 일반, 특수와 보편의 관계와 유사하다고 합니다.

이 관계에 대해서 조금 더 구체적으로, 예를 들어 벚꽃나무라는 특수와 나무라는 보편의 관계에서 보면, 우선 벚꽃나무는 나무를 떠나서 있을 수 없습니다. 벚꽃나무는 나무이기 때문에, 벚꽃나무와 나무는 하나입니다. 그러나 벚꽃나무는 특정한 종류의 나무이고, 나무는 모든 종류의 나무를 포함합니다. 이 점에서는 다르다고 할 수밖에 없습니다. 벚꽃나무는 나무 가운데의 하나이기 때문에, 나무와 완전히 다른 것도 아닙니다.

이렇게 양자의 사이에서 같다고도 할 수 없지만 다르다고도 할 수 없다고 하는 비일·비이의 관계를 볼 수 있습니다. 연기의 세계[事]와 그 본성으로서의 진여·법성[理]과의 관계와 논리구조도, 그것과 마찬가지라고 합니다. 다만 그 理는 벚꽃나무에 대한 나무라는 일정한 보편, 유한

한 보편이 아니라 궁극의 보편, 최고의 보편으로서 오히려 한정할 수 없는 것입니다.

어쨌든 화엄에서 말하는 事와 理의 사이에서도 마찬가지의의 사태, 비일·비이의 관계가 성립합니다. 그러나 理에서야말로 事가 성립할 때, 事는 전체가 理에 들어간다고 볼 수도 있습니다. 역으로 事가 있어야 理가 있는 것인 이상, 理는 事에 전체가 들어간다고도 볼 수 있을 것입니다.

화엄 쪽에서는 이렇게 사즉리(事卽理)·이즉사(理卽事)로, 그런데도 역시 事는 事, 理는 理로, 그러한 방식으로 거기에서 걸림 없는 관계를 봐 가는 것입니다.

사사무애법계의 세계

이사무애법계를 근거로 해서 다음의 사사무애법계(事事無礙法界)가 나옵니다. 미리 지적하면, 여기에 두 가지의 신선한 시점이 있습니다. 하나는 더 이상 理가 소멸해버리는 것입니다. 진여·법성이라고도 해야 할 것, 상대에 대한 절대와도 비교하여 정해져야 할 것이며, 맨 마지막에는 모습을 소멸해버리고 마는 것입니다. 그것도 그 절대의 세계, 궁극의 보편, 진여·법성이 실로 공성과도 다르지 않다는 사실, 이른바 끊임없이 스스로를 비워 나가는 작용 그 자체이기 때문입니다. 법장은 종종 '진여불수자성(眞如不守自性)'이라고 말합니다.

이와 같이 남은 事의 세계에 있는 낱낱의 事는 서로 걸리는 일이 없이 융합한다고 합니다. 이것이 두 번째 요점입니다.

원래 事는 시간적으로도 공간적으로도 개별·특수로서, 낱낱이 특수성의 분한이 있는 것으로 생각됩니다. 그러나 事는 결코 '物'은 아니어서, 실체적 존재로는 있지 않습니다. 그것은 공성을 본성으로 하지만, 그 공성은 궁극의 보편과도 다르지 않습니다. 그런데도 事는 전체가 理와 하나가 된다는 것이어서, 그것은 이 본성을 통해서 다른 모든 事와 융합한다는 것이 됩니다.

다시 또한 事는 낱낱이 독립해서 성립하는 것이 아니라, 다른 事와의 다양한 관계[연기(緣起)]에 기초해서 성립하는 것입니다. 결국은 어떤 事는 다른 事 없이는 있을 수 없고, 다른 事가 있어서 어떤 事라는 것이 됩니다. 이렇게 事는 반드시 다종다양한 관계성의 그물코 속에서 성립하는 것이라는 측면도 있습니다. 이렇게 하여 각각 분한을 지킨다고 생각되는 事도 다른 많은 事, 사실은 모든 事와 관계하고, 동시에 본성을 통해서 융합한 것입니다.

개개의 事가 공성을 본질로 해서, 무자성이라는 것을 본질로 삼기 때문에야말로, 이러한 사태가 성립합니다. 이렇게 화엄종에서는 세계의 궁극적 모습을 理도 소멸한 후의 모든 事가 걸림 없이 융합해 관계하여 어우러지는 세계로서 제시하는 것입니다.

이 세계에서는 事와 事가 서로 융합해 어우러지기 때문에, 예를 들면 소나무는 대나무이고 대나무는 소나무라는 것과 같은 세계가 펼쳐집니다. 바다 속의 물고기는 하늘 위의 물고기이고, 하늘 위의 별은 산사의 감열매다는 것도 됩니다. a는 b이고 b는 a라고 할 수 있으며, 당신이 나이고 나는 당신이라는 사실도 됩니다.

이렇게 이미 이루어진 분한에 얽매이지 않고, 다양한 事가 참으로 교류해 만나 서로 울려 어우러지는 생명의 세계가 눈앞에 열리는 것입니다. 겉보기에는 멀리 떨어진 것끼리도 실은 깊고 긴밀한 관계 속에 있다는 실상(實相)이 보여 올 것입니다.

더구나 이 사실은 어떤 특정한 두 가지 것 사이의 일만이 아닙니다. 찻잔은 단순히 찻주전자뿐만 아니라 다른 주전자에도, 차 탁자에도 방석에도, 기둥에도 받침대에도, 그 외 우주의 모든 것에 녹아 들어가고, 그 반대로 우주의 모든 것은 한 개의 찻잔 속으로 거두어집니다. 곧 일즉일체(一卽一切), 일체즉일(一切卽一), 일입일체(一入一切), 일체입일(一切入一)의 관계가 성립하고 있습니다. 또한 이 사실은 어떤 특정한 하나, 예를 들면 찻잔만의 일이 아니라 어떤 것에서도 성립하는 사실이기 때문에, 일체즉일체(一切卽一切), 일체입일체(一切入一切)의 관계가 성립하고, 그것도 공간적으로만이 아니라 시간적으로도 성립해 있는 것입니다. 이렇게 사사무애법계는 실로 동태(動態)에 대한 중중무진의 관계를 설하는 것이었습니다.

事와 事끼리가 서로 융합해 어우러진다고 보는 세계관은 그다지 서양에서는 볼 수 없습니다. 이 화엄의 사사무애법계의 세계관이야말로 동양사상의 정화(精華)라고 해야 할 것입니다. 이 세계의 논리구조가 더 자세히 분석되어서, 다른 화엄종의 교리인 십현문(十玄門), 육상원융의(六相圓融義) 등으로 조직되어갑니다.

그것은 또한 일본의 사회생활 속에도 은밀하게 유입되어서, 우리는 툭하면 어떤 사람에 대해서도, 낯선 사람에 대해서도 '덕분에'라고 인사하는 것입니다.

이 '덕분'의 마음이야말로, 화엄의 사사무애법계를 단적으로 말해 주는 것입니다.

4법계설과 인간과 신의 관계

이상으로 4법계의 내용을 개략해서 설명했지만, 마지막에 이것을 인간과 신(神)의 관계에서 다시 생각해보려고 합니다. 이미 기술한 바와 같이 事는 상대, 理는 절대라는 것은 어떻든 그럴 수 있습니다. 그렇다면 事는 인간, 理는 신이라고도 번역할 수 있습니다. 실제로 事는 사실상 주 – 객이 서로 관계하는 가운데에서 인간을 의미한다고 해도 좋은 셈입니다. 그와 같이 볼 때, 이사무애법계란 인간과 신이 걸림 없이 융합된 세계라는 것이 됩니다.

보통의 종교에서는 인간과 신의 사이에는 절대 넘어설 수 없는 심연이 가로놓여 있다고 할 것입니다. 예전부터 그리스도교에서는 다분히 이 점이 강조되었습니다. 그러나 불교는 꼭 그렇게 만은 보지 않습니다.

불신론(佛身論) 가운데서 법신불(法身佛)이라는 부처가 설해지며, 이 법신불은 우리를 관통하고 있다고 합니다. 우리는 법신과 하나일 뿐이지만 법신을 그대로는 체현하지 못해서, 거기에 우리와 부처의 형평성과 구별성이 있고, 비일·비이의 관계가 있습니다.

실은 최근 그리스도교에서도 인간과 신의 관계를 단절적으로만 보는 것이 아니라는 시각이 나타나고 있습니다. 타키자와 카츠미(瀧澤克己)는 '임마누엘(Immanuel)'이라는 말이야말로 성서의 안목(眼目)이라고 보아 연구하여, 그 '신이 우리와 함께 계십니다.'라는 것을 그리스도교 신앙의 원점으로 삼았습니다. 우리는 깨닫지 못했지만 항상 신과 함께 있으며, 신을 떠나지 않는다는 것입니다. 신과 인간이 분리되지 않는다는 사실은 신에게서 단절될 까닭도 없다는 사실을 의미할 것입니다.

타키자와는 그 인간과 신의 관계를 불가분(不可分)·불가동(不可同)·불가역(不可逆)이라고 합니다. 적어도 여기서 불가분·불가동이라는 의미여서, 이것은 불교가 설한 비일·비이의 관계와 마찬가지입니다. 이를테면 그리스도교에서도 인간과 신은 구별되지만, 뗄 수 없다고 하는 것입니다.

타키자와 카츠미의 『불교와 그리스도교』라는 저작은 히사마츠 신이치(久松眞一)가 무신론(無神論)의 선(禪) 내지 불교(佛敎)야말로 현대의 종교라고 주장한 것에 대한 그리스도교 측에서의 응답이었습니다. 거기서는 다음과 같이 말합니다. 다소 길어지지만, 소개하겠습니다.

그러나 그뿐만이 아니다. "나는 그리스도를 믿는다."라고 그리스도교도가 말할 때, 그것은 결코 단순히 박사가 말하는 것과 같은 의미에서 '유신론적(有神論的)으로 믿는다.'를 말하는 것이 아니다. 아니, 현실의 인간으로서 지금 여기에 살아 있는 내가 예수 그리스도를 믿는다는 것은, 이 신체가 그리스도의 신체의 촉발을 받는 것, 직접적으로는 예를 들어 성서를 읽는 것에 의해서, 그 자신이 신(神) 그 자체인 영원한 신의 아들이 지금 여기서 이러한 나 자신을 받아들이고 있음을 믿는 것이다. 바꿔 말하면 죄인인 나의 자리가 곧 성스러운 신의 자리인 사실, 절대적으로 결정된 이 지금이 바로 절대적으로 창조적인 영원(자)인 사실에 눈뜨는 것이다. 이 신앙, 이 각성은 확실히 나의 믿음, 나 자신의 각성이다. 그러나 그것은 결코 단순히 자신의 내부에서 소위 근세적·자율적으로 일어날 수 없다. 오히려 그냥 그러한 능동성·자발성이 거기에서 절대적으로 부정되는, 이 순간부터 절대 '무아적' 능동적인 주체의 움직임으로서만 일어날 수 있음은 말할 것도 없다. ……

그러므로 예수·그리스도 자신에게서 진정한 신의 행동이 곧 진정한 인간의 행동이었듯이, 진실한 그리스도 교인에게서는 인간 그 자신의 움직임이 신 그 자체의 움직임이다. "이곳을 떠나지 않고서 이곳을 벗어난다."는 절대적으로 결정된 현재가 곧 절대적으로 능동적인 영원한 생명의 시작이 된다는 히사마츠의 소위 '부처행'은, 그때까지 박사를 비롯한 많은 불교도의 뿌리 깊은 의심과는 다르게, 그리스도교도가 삼가 그렇게 부르는 '예수·그리스도'에 있어서도, 그리스도교도 자신에게 있어서도 완전히 동일하게 성립한다고 하지 않으면 안 된다.'

이렇게 타키자와 카츠미는 그리스도교가 보통의 유신론이 아니라, 예수·그리스도도 그리스도인도 마찬가지로 '무아적 능동적 절대주체의 활동'으로 사는 것이자, 동시에 '참으로 무신론적 종교적인 인간'으로서 선불교(禪佛敎)가 말하는 바와 전혀 다르지 않다고 합니다. 히사마츠 신이치가 말한 무신론의 입장이야말로, 올바른 그리스도교의 입장이라고 합니다. 이와 같이 그리스도교에서도 인간과 신의 비일·비이를 설한 셈입니다.

그러나 화엄이 이사무애라는 것에 대하여, 타키자와는 다시 불가역(不可逆)이라고 합니다. 거기에 하나의 차이가 있을지도 모릅니다. 그렇다 해도, 타키자와에게서 신은 밖에 대상적으로 존재하는 것이 아니라, 자기의 바로 아래에서 주체의 근저로 존재하는 신일 것입니다. 그 영원한 창조자, 절대 능동적인 주체로서의 신은 실체적 존재로서 보다는 공성(空性)으로서 생각되어야 하지 않을까요?

사사무애법계와 창조적 세계

절대자를 공성으로서 포착한 것을 철학적으로 표현한 것이 니시다 기타로(西田幾多郞)였습니다. 흥미 깊게도 니시다는 절대자는 절대자

---

*   瀧澤克己, 『佛教とキリスト教』, 法藏館.

스스로를 부정하는 것이라고 합니다. 그 절대자에 고유한 작용 속에서 우리 많은 인간이 성립되어온다는 것입니다. 우리의 성립 근원에는 신이 있어, 그 점에서는 역시 타키자와가 말하듯이 인간과 신의 관계는 불가역 이외의 어떤 것도 아닙니다. 그러나 불교와 니시다에서는, 그 절대자가 모습을 없애 버립니다. 거기에 참으로 자유로운 인간이 성립합니다. 어떠한 제약도 받지 않는 절대 자유로운 주체가 거기서 실현되는 것입니다.

또한 그렇게 자기가 절대자의 자기부정에서 성립한다고 자각하는 사람은, 동시에 타자도 마찬가지의 근원에서 성립하고, 또한 자기는 그와 같은 타자와 서로 관계해 어우러져 성립하는 사실도 자각할 것입니다. 이때 자연히 타자의 고통은 자기의 고통이 되고, 타자의 기쁨은 자기의 기쁨이 된다고 느낄 것입니다.

실제로 아들에 대한 어머니의 모습은 바로 이러한 모습 그 자체입니다. 또한 선어(禪語)에 "장공(張公)이 술을 마시니, 이공(李公)이 취한다."[張公喫酒李公醉]라는 말도 있습니다. 선승(禪僧)끼리 서로 상대의 이름을 자기의 이름으로 하는 옛일도 있습니다. 그러한 세계가 열려 가는 것입니다.

그러므로 종교의 세계에서는 일방적으로 명령을 받는 것과 같은 일은 전연 없고, 정말이지 자유의지로 타자와 관계하여, 타자와의 관계를 다시 맺고, 바로 쌓아 가는 주체가 발동할 것입니다. 즉 참으로 자유로운 주체가 성립하기 때문에, 모든 인간끼리의 관계를 주체적으로 규정해

돌이켜 가는 주체가 움직이기 시작합니다. 이것은 어떤 의미에서는 가역(可逆)이라는 사태가 전개한다고 하는 것이며, 거기에 화엄이 말하는 이사무애·사사무애라는 사실이 있을 것입니다. 물론 근저에 불가역이 있어서 그 가운데에 가역이 있다고 해야 합니다. 그러나 사람이 자유를 살아가는 것은 그만큼 신이 스스로를 없앴기 때문입니다. 사람이 자유로이 주체적으로 살아가는 일 자체가 신 스스로의 작용 속의 일입니다. 또한 다른 것과의 관계 속에서야말로 성립할 만한 자유이기도 합니다.

이렇게 모든 사항을 겸허하게 배우면서, 역사를 창조해가는 주체가 성립되어 오는 세계가 사사무애법계라고 저는 생각합니다.

결국 理가 사라져 이쪽과 저쪽 모두의 事만으로 된 세계는, 인간들이 서로 창조성을 발휘하여 세계를 계속 생성해가는 세계라는 것입니다. 단순히 대상적으로 事와 事가 걸림 없이 관계한다고 보는 것만이 아니라, 낱낱의 자기가 자기의 책임으로 자타(自他)를 고려하면서 역사를 창조해가는, 주체적인 세계로 보아야 한다고 생각합니다.

그런 의미에서 화엄의 세계관은 하나하나의 사물·사람을 중시하는 매우 주체적인 사상임을 간과해서는 안 됩니다. 동시에 무한의 관계를 설하는 그 가르침은, 우리가 인간으로서 산다는 일에 대한 상상력을 풍부하게 일으켜줄 것입니다.

사사무애라는 사실은 인류의 역사, 우주의 역사라는 사태에서 퍼져 오는 것입니다. 보살도(菩薩道)라는 것이 여기로 이어질 일을 생각해야 할 것입니다.

8 어우러져 울리는 무한

십현연기무애법문의란

    화엄종의 가장 근본적인 성전으로서 현수대사 법장의『화엄오교장
(華嚴五教章)』이 있습니다. 이 성전은 제목대로 소승교(小乘教)·대승시
교(大乘始教)·종교(終教)·돈교(頓教)·원교(圓教)라고 모든 불교를 다섯
가지 가르침으로 분류하며, 그것들의 사상 내용과 특징에 대해서 해설
합니다.

    그 가운데서도 특히 화엄종의 사상 내용에 대해서 정리하여 설명하
는 장이 제9「의리분제(義理分齊)」입니다. 의(義)란 그 사상의 내용, 리
(理)란 그 논리 구조, 분제(分齊)란 그 분한(分限) 즉 위치 지워진 모습·특
질이라는 의미입니다.

    이「의리분제」에는 네 가지 주제가 있습니다. 그것은 삼성동이의(三
性同異義)·연기인문육의법(緣起因門六義法)·십현연기무애법문의(十

玄緣起無礙法門義)・육상원융의(六相圓融義)라는 네 가지입니다. 그중에서도 뒤의 두 가지는 모아서 '십현육상(十玄六相)'이라고 하며, 화엄의 가장 화엄다운 사상을 전개하는 것입니다. 어느 것이나 이른바 사사무애법계의 논리 구조를 상세히 해명하는 것입니다.

이번 장에서는 그 가운데 십현연기무애법문의[십현문(十玄門)]를 다음의 제9장에서는 육상원융의[육상(六相)]을 배워 가겠습니다. 그것에 의해서 우리가 살아가는 세계에 본래 존재하는 풍부한 관계성, 무한한 관계성으로의 시선을 깊게 하려고 합니다.

1. 동시구족상응문(同時具足相應門)
2. 일다상용부동문(一多相容不同門)
3. 제법상즉자재문(諸法相卽自在門)
4. 인다라미세경계문(因陀羅微細境界門)
5. 미세상용안립문(微細相容安立門)
6. 비밀은현구성문(秘密隱顯俱成門)
7. 제장순잡구덕문(諸藏純雜具德門)
8. 십세격법이성문(十世隔法異成門)
9. 유심회전선성문(唯心廻轉善成門)
10. 탁사현법생해문(託事顯法生解門)

상당히 어려운 말이 늘어서 있지만, 동시에 매우 깊은 분위기를 느낄 것입니다.

이것들을 구석구석까지 완전히 아는 일은 단기간으로는 매우 어려울 것입니다. 여기에서는 이것들을 살필 때의 기본적인 사고방식에 대해서 조금 주의 깊게 배워가기로 합시다.

관계의 기본적 구조

본래 부처가 깨달은 세계의 한가운데는 말로 설명할 수 없지만[果分不可說], 그것을 굳이 설명할 때, 그 하나를 십현문으로서 말합니다. 이 십현문을 완전히 이해하기 위해서는 우선 관계라는 것에 포함되어 있는 내용의 기본적인 분석을 이해하지 않으면 안 됩니다.

관계가 있기 위해서는 적어도 거기에 두 가지 이상의 것이 있어야만 합니다. 어떤 것과 그 이외의 것이 있어야 비로소 관계라는 것이 존재합니다. 그러나 화엄에서는 그와 같이 다른 것끼리 관계한다는 일은 관계하는 것의 자신에 다른 것과 관계할 수 있는 성질이 원래 존재해 있지 않으면 안 된다고 생각합니다.

결국 어떤 것 자신 안에 그 자체로서의 성질뿐만이 아니라, 다른 것으로서의 성질도 존재하고 있어서, 그래서 비로소 다른 것과 관계할 수 있다고 합니다.

예를 들어 나는 교사이고, 남편이고, 아버지이기도 합니다. 그것은 학생이 있거나, 아내가 있거나, 아이가 있기 때문만이 아니라, 우리 자신

속에 학생에 대한 역할을 할 수 있는 자기, 아내에 대한 역할을 할 수 있는 자기, 아이에 대한 역할을 할 수 있는 자기 등이 있기 때문일 것입니다. 나란, 그것들의 총화(總和)와도 다르지 않습니다.

그 경우에 그러면 나란 무엇인가 하는 것이 문제가 되지만, 그것은 그러한 관계들을 통합하면서, 자기 자신의 둘도 없는 생명을 발휘해 실현하려는 깊은 바람이라고 할 수 있습니다. 그것을 대승불교에서는 보리심(菩提心)으로 불렀다고 생각합니다.

그것은 어쨌든 화엄에서는 무릇 관계를 보는 경우에, 하나는 서로 다른 것끼리의 관계, 다른 하나는 관계를 맺고 있는 하나의 것 속에서 다양한 요소 사이의 관계라는 두 가지 관계를 생각하며, 그 양자가 합쳐져 관계가 성립한다고 보는 것입니다.

이상의 것을 『오교장』에서는 다음과 같은 방식으로 논합니다.

> 이 가운데에 두 가지가 있다. 첫째는 이체(異體)이고, 둘째는 동체(同體)이다. 이 두 문이 있는 까닭은 모든 연기문(緣起門)의 안에 두 의미가 있기 때문이다. 첫째는 서로 말미암지 않는다[不相由] 의미이다. 이른바 스스로 덕(德)을 구비하기 때문이다. 인(因)에서 연(緣)을 기다리지 않는다는[不待緣] 등과 같은 것이다. 둘째는 서로 말미암는다[相由]는 의미이다. 연(緣)을 기다린다는[待緣] 등과 같은 것이다. 처음이 동체이고, 뒤가 이체이다.

이 설명은 因·緣에 대한 화엄의 관점인 연기인문육의법(緣起因門六義法)을 밑받침하고 있습니다. 요점은 어떤 것이 다른 것과 관계를 맺는 요인이 내재되는 면과 다른 것이 있어야 비로소 관계가 성립하는 면의, 그 양면을 함께 생각해가는 시점이 필요하다는 것입니다. 그 경우에 다른 것끼리의 관계를 이체(異體)의 관계라고 하고, 어느 하나의 것 안의 자(自)와 타(他)의 요소 관계를 동체(同體)의 관계라고 합니다.

막상 관계를 볼 경우에 이미 하나의 시점이 도입되고 있습니다. 그것은 어느 것과 다른 것이 관계할 때, 작용으로 관계하고 있다는 면과 존재 그 자체로 관계하고 있다는 면, 그 두 면을 나누어보는 것입니다.

어떤 것이 다른 것에 서로 작용하여 관계하거나, 그 역으로 있거나 혹은 서로 작용하여 어우러지는 등 작용의 관계라는 일은 자주 볼 수 있을 것입니다. 무릇 관계한다란, 어떤 것이 작용해 합쳐지는 일입니다. 그때 작용·움직임으로 관계하는 것뿐만 아니라, 실은 존재 그 자체로서도 관계해 합쳐지기 때문에, 그 양자가 작동해 어우러지는 관계도 성립한다고 생각합니다.

예를 들면 우리가 음악을 들을 때, 우리가 귀를 기울이고, 음향기기가 음악을 연주한다는 양자의 움직임이라는 것이 있어야, 음악을 즐긴다는 일이 성립합니다. 그러나 그것은 여기에 내가 있고, 거기에 음향기기가 있고, 또는 음악이 있기 때문일 것입니다. 이렇게 어느 하나의 관계에는 작용 관계와 존재 관계의 두 가지 관계가 있습니다. 이것을 전통적으로는 용(用)의 관계와 체(體)의 관계라고 말해왔습니다.

그러니까『오교장』십현문은 하나의 관계라는 사태에 대해서 이체 (異體)·동체(同體)의 관계와 체(體)·용(用)의 관계를 나누어보는 시점을 제시하는 것입니다. 이체 가운데 체의 관계를 상즉(相卽), 용의 관계를 상입(相入)이라고 합니다. 동체 가운데 체의 관계를 일즉다(一卽多)·다 즉일(多卽一), 용의 관계를 일중다(一中多)·다중일(多中一)이라고 합니 다. 이것들이 각각 무슨 말을 하는지 이해할 때에 십현문도 이해한다는 것이지만, 어쨌든 지금은 이름만 들어둡니다.

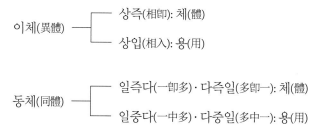

상즉·상입의 구조

다른 것끼리의 관계에서 상즉·상입이라는 두 가지 관계가 있지만, 그것은 어떻게 설명될까요?『오교장』은 다음과 같이 말합니다. 우선 상 즉이라는 것에 대해서입니다.

상즉(相卽)의 안에 자(自)가 존재한다고(有) 할 때는 타(他)는 반드시 존재하지 않기(無) 때문에, 타(他)는 그대로 자(自)이다. 무슨 까닭인가? 타(他)는 자성(自性)이 없으므로 자작(自作)이 되기 때문이다. 둘째는 자(自)가 공(空)일 때는 타(他)는 반드시 유(有)가 되기 때문에, 자(自)는 그대로 타(他)이다. 무슨 까닭인가? 자(自)는 자성이 없으므로 타작(他作)이 되기 때문이다. 양자가 존재하는 것(有)과 양자가 공(空)인 것은 각각 동시적으로 일어날 수는 없기 때문에, 자(自)는 타(他)에 상즉(相卽)하지 않을 수 없다. 유(有)가 무(無), 무(無)가 유(有)라는 것이 둘이 아니기 때문이다. 이러한 까닭에 항상 상즉한다. 만약에 그렇지 않다면, 연기가 성립하지 않는다. 자성(自性)이 있다는 등의 잘못이 있게 된다. 이는 생각해보면 알 수가 있을 것이다.

여기서는 다음과 같이 생각해가면 될 것입니다. 어떤 것이 그 자신에 의해서 존재하여, 다른 어떤 것과도 상관없이 존재할 수 있다고 합시다. 그것은 자신만으로 완결되고, 다른 것과 관계할 필요가 없습니다. 그러한 것들끼리의 사이에서는 관계가 성립되지 않게 되어버립니다.

반대로 대개 관계가 성립하는 세계에서는, 관계하는 각각이 자기의 본체(本體), 자기의 자체(自體)를 유지하는 것이 아니라, 다른 것에 열려 있어서 유연합니다. 그 자체를 가지지 않는 존재방식을 무자성(無自性)이라고 부르고, 공(空)이라고 부릅니다. 그와 같이 공(空)이라는 것은 전연 없다는 것이 아니라, 무자성(無自性)이지만 어떤 것으로서 현상한다는 것입니다. 관계의 세계란 그러한 것끼리 비로소 성립될 수 있는 셈이지만, 그런데도 그 각각에는 유(有)의 면과 공(空)[무자성(無自性)]의 면이 있습니다.

이것을 전제로 해서 어떤 것과 다른 것이 관계할 때, 양자 모두 공(空)[무(無)]은 아니고, 양자 모두 유(有)라고도 할 수 없습니다. 양자가 공(空)[무(無)]이면 관계하는 것은 거기에 없다는 일이 되어버리고, 양자가 유(有)라면 앞에서도 말했듯이 관계할 필요가 없습니다. 그래서 무자성(無自性)이어서 서로 관계하는 양자 사이에서, 어떤 것을 유(有)의 방면에서 보면, 그 어떤 것이 있어서 다른 것과의 관계가 성립하는 것이기 때문에, 다른 것은 어떤 것에 전면적으로 따라서 존재하는 것이 됩니다. 그래서 다른 것에서는 무자성·공이라는 성격이 전면으로 나오게 됩니다. 이렇게 해서 다른 것은 무자성인 이상, 어떤 것에 전면적으로 즉한다[하나가 된다]는 사실이 됩니다.

반대로 어떤 것이 다른 것과의 관계 속에 있는 일은 다른 것이 있어야만 한다고 보면, 다른 것이 유(有)가 되고, 그 어떤 것은 무자성(無自性)·공(空)이 되어서, 다른 것에 전면적으로 즉하는 것이 됩니다.

더구나 이 두 가지의 사태는 동시에 성립하는 것입니다. 그런 까닭으로 비로소 관계는 성립합니다. 거기가 "유(有)가 무(無), 무(無)가 유(有)라는 것이 둘이 아니기 때문이다. 이런 까닭에 항상 상즉한다."입니다. 이와 같이 관계를 보는 것이 상즉의 관계입니다.

다음으로 이체에서 용의 관계인 상입입니다.

상입(相入)에서 역용(力用)의 가운데에 자(自)가 전유력(全有力)인 까닭에 타(他)를 거둘 수 있다. 타(他)가 완전히 무력(無力)이기 때문에 자(自)에 들어갈 수 있다. 타(他)가 유력(有力)이고 자(自)가 무력(無力)인 경우도, 위의 경우를 뒤집어보면 알 수 있다. 자체(自體)에 의거하지 않기 때문에 상즉이 아니다. 역용이 서로 꿰뚫기 때문에 상입을 이룬다. 또한 두 가지가 유력인 경우와 두 가지가 무력인 경우는 각각 함께 하지 않기 때문에, 그것이 상입하지 않을 수 없다. 유력이 무력, 무력이 유력인 것이 둘이 아니기 때문에, 이런 까닭으로 항상 상입하는 것이다.

여기서는 작용·움직임의 관계에 대해서입니다. 어떤 것과 다른 것이 함께 작용하지 않는다면, 그 관계는 없습니다. 또한 양자 모두 자신만으로 작용을 발휘한다고 본다면, 관계할 필요는 없으며, 오히려 서로 충돌할 뿐이어서, 관계가 성립하지 않게 되어버립니다.

그래서 양자가 작용해 어우러져 서로 관계하고 있을 때, 거기에서 어떤 것의 작용 아래에서 그 관계가 성립한다는 면에서 보면, 다른 것은 전면적으로 어떤 것의 작용에 의한 것이어서, 어떤 것은 다른 것을 거느리는 것이 되고, 다른 것은 어떤 것에 들어가는 것이 됩니다. 그러나 동시에 다른 것의 작용 아래에 그 관계가 성립하고 있다고 보는 때는 다른 것이 그 어떤 것을 거느리고, 어떤 것은 다른 것에 들어가는 것이 됩니다.

이렇게 존재 그 자체의 관계가 아닌 작용의 상호관계가 끄집어내집니다. 어떤 관계든 관계가 성립되는 바에서는 서로 '역용교철(力用交徹)'

한다는 사태가 있는 셈입니다. 이와 같이 "유력이 무력, 무력이 유력인 것이 둘이 아니기 때문에, 이러한 까닭에 항상 상입하는 것이다."는 사실이 됩니다.

또한 지금 존재[體]의 관계와 작용[用]의 관계를 굳이 나누어 분석했지만, 실제로는 그 양자 곧 체와 용은 따로 있는 것이 아닙니다. 체와 용의 양자는 동시에 하나로서 성립하는 것입니다. 그것을 『오교장』은

> 또한 용(用)으로써 체(體)를 끌어당기기에 조금도 별도의 체(體)가 없기에 상입(相入)할 뿐이다. 체(體)로써 용(用)을 거두어들이기에 별도의 용(用)이 없기에 상즉(相卽)일 뿐이다.

라고 합니다. 용을 말할 때는 용의 가운데에 체가 포함되고, 체를 말할 때는 체의 가운데에 용이 포함되어서, 용(用)만으로, 체(體)만으로 나누어지는 일은 없다는 것입니다.

이상으로 이체 가운데의 상즉·상입 관계의 설명을 보았습니다. 이것에 의하면, 근본에서는 무자성이기에 현상하는 세계가 존재한다고 보는 사실을 알게 됩니다. 화엄 세계관의 근본에는 이 무자성·공의 세계가 있기 때문에 그것을 근본으로 해서 관계의 모습을 다면적으로 분석 규명하는 셈입니다. 무자성·공의 세계에서는 실체적 존재, 본체(本體)·자체(自體)를 지닌다고 생각할 수 있는 것은 완전히 부정됩니다. 그러한 실체적 존재는 언어에 의한 파악과 불가분이어서, 거기서는 언어도 철

저하게 부정됩니다.[희론적멸(戲論寂滅),『중론(中論)』]

그러나 무자성·공이기에 연기의 세계가 성립하고, 현상세계가 성립합니다. 그래서 있는 그대로를 한 방면에 치우쳐 파악하지 않고, 쌍방향적으로, 여러 각도로, 전체적으로 묘사하려는 것이 화엄의 세계입니다.

상입을 십의 셈 가운데서 생각하다

이후에『오교장』은 이러한 이체의 관계에 대해서 십전(十錢)을 세는 법을 비유로 해서 설명합니다. 이것은『화엄경』「야마천궁보살설게품」의 한 구절에 따른 것이라고 합니다. 거기에는

비유하면 갖가지 셈은
모두 다 이 셈법인 것처럼
모든 법도 또한 이와 같아서
그 본성에는 아무런 다른 것이 없네.

비유하면 셈법의 십(十)은
일(一)을 더해 무량(無量)에 이르러도
모두 다 이들 기본 셈이어서
지혜로써 차별하는 것과 같네.

라는 시가 있습니다. 이것이『오교장』의 동전 열 개를 세는 법의 근본이 되는 것이라고 합니다.

그러면 그『오교장』의 설명이지만, 이체문 상입의 설명부터 시작합니다. 향상수(向上數)와 향하수(向下數)의 두 문이 있습니다. 향하수는 처음에 일(一)을 중심으로 다른 수와의 관계를 보고, 다음으로 이(二)를 중심으로 다른 수와의 관계를 보고, 그렇게 해서 마지막에 십(十)을 중심으로 다른 수(數)와의 관계를 보는 것입니다.

향하수는 그 반대로, 처음에 십(十)을 중심으로서 다른 수와의 관계를 보고, 다음으로 구(九)를 중심으로서 다른 수와의 관계를 보고, 그렇게 해서 마지막에 일(一)을 중심으로 해서 다른 수와의 관계를 보는 것입니다. 이하에서『오교장』의 문장을 더듬어 가봅시다.

> 이 가운데서 먼저 상입을 밝힌다. 향상수에 열 가지 문이 있다.
> 첫째는, 일(一)이 본수(本數)이다. 무슨 까닭인가? 연(緣)으로 이루어졌기 때문이다.
> 내지 열째는, 일(一) 속의 십(十)이다. 무슨 까닭인가? 만약 일(一)이 없다면, 곧 십(十)이 이루어지지 않기 때문이다. 바로 일(一)에 완전한 작용력이 있기 때문에 십(十)을 포섭하는 것이다. 그러니 십(十)은 일(一)이 아니다.
> 나머지 아홉 문도 또한 이와 같아서 하나하나에 모두 십(十)이 있다. 이 예에 준하면 알 수 있다.

우선 처음에 일(一)을 일(一)부터 십(十)을 세는 가운데서 근본의 수로 봅니다. 일(一)이 근본이 되어서 다른 수를 성립시킨다고 보는 것입니다. 일(一)이 다른 수를 만든다는 것은 일(一)이 일(一)만으로 그치지 않고, 이(二)가 되거나 삼(三)이 되어간다는 사실로, 자유자재하게 다른 것과 융화해 갑니다. 그것을 연성(緣成)의 일(一)이라고 합니다. 자기의 본체(本體)를 가지지 않는 무자성(無自性)의 일(一)이라는 것입니다. 그렇기 때문에야말로 다른 것과 관계할 수 있고, 관계 속에서 일(一) 그 자체일 수 있는 까닭입니다.

이 일(一)이 있어, 비로소 이(二)도 있습니다. 일(一)에 일(一)을 더해서 이(二)가 나옵니다. 만약 일(一)이 일(一)로 고정되어서 다른 것과 관계하지 않는다면, 일(一)과 일(一)이 있어도, 그것은 어디까지나 일(一)과 일(一)로서, 이(二)로는 되지 않을 것입니다. 이(二)로 된다는 사실은 일(一)이 일(一)을 잃어서 이(二)로 융통해가는 것입니다.

그렇게 일(一)이 근본에 있기 때문에야말로 이(二)도 성립하는 것이지만, 결국은 그러한 일(一) 때문에 이(二)가 성립하는 것, 곧 일(一)이 이(二)를 성립시키고 있다는 것, 따라서 일(一)에 완전한 힘[全力]이 있기 때문에, 이(二)를 일(一) 속에 거두게 된다는 것이 됩니다. 곧 이(二)는 일(一)에 들어가게 되는 것입니다. 그와 같이 일(一)에 완전한 힘이 있기 때문에야말로 이(二)도 성립하지만, 결국은 일(一)이 이(二)를 스스로 거두고, 이(二)는 일(一)에 파고들어야 이(二)는 이(二)로서 성립한다고 하는 것입니다.

이렇게 일(一) 가운데에 삼(三)도 들어가야 그 위에서 삼(三)이고, 일(一) 가운데에 사(四)도 들어가야 그 위에서 사(四)이고, 내지 십(十)까지, 이 사실을 말할 수 있습니다.

일(一)을 본수(本數)로 해서 그 일(一)과 다른 이(二) 내지 십(十)까지의 관계를 이와 같이 본 다음에, 이번에는 이(二)를 본수로 해서 그 이(二)와 다른 일(一) 혹은 삼(三) 내지 십(十)까지의 관계를 마찬가지로 고찰하고, 그 다음에는 삼(三)을 본수로 해서 그 삼(三)과 다른 일(一), 이(二) 혹은 사(四)에서 십(十)까지의 관계를 마찬가지로 고찰합니다.

어떤 경우에도 본수(本數)가 없으면, 다른 것[末數]이 성립하지 않고, 따라서 본수에 완전한 힘이 있어서 다른 수를 거두고, 다른 수는 본수에 들어가 있는, 그렇기 때문에야말로 다른 수는 다른 수로서 성립한다고 보는 것입니다. 이렇게 본수를 일(一)에서 십(十)까지 늘려가고, 그 본수와 다른 수와의 이러한 관계를 전부 보는 것이 향상수입니다.

여기서 일(一)을 본수로 했을 때, 그것이 있어야 다른 수가 성립한다는 사실은 알기 쉬우리라고 생각합니다. 그러나 일(一) 이외의 다른 몇 개의 수를 본수로 했을 때, 그것이 있어야 그 밖의 수[末數]가 성립한다고 하는 사실은 다소 알기 어려운 면이 있습니다.

예를 들어 오(五)를 본수로 했을 때의 사실을 생각해봅시다. 이때에 오(五) 속에 일(一)이 들어 있습니다. 왜냐하면 오(五)가 없으면 일(一)은 성립하지 않습니다. 그래서 오(五)에 완전한 힘이 있어 일(一)을 거두고 있다고 보는 것입니다. 그러면 어째서 오(五)가 없으면 일(一)은 성립하지 않는다고 할 수 있을까요?

이 알기 어려운 차이는 일(一)이 근본이라는 우리들의 선입관에 의할 것입니다. 특정한 시점에 얽매이지 않으면, 일(一)에서 십(十)까지의 열 개의 수가 있을 때, 그 어느 것을 근본으로 봐도 좋을 것입니다. 거기서 오(五)를 근본으로서 본다면, 오(五)에서 사(四)를 빼면 일(一)이 나오는 것이기 때문에, 오(五)가 근본이 되어 일(一)이 성립하고, 오(五)가 없으면 일(一)도 있을 수 없다고 볼 수 있는 것입니다.

이처럼 화엄의 세계에서는 시점의 자재한 이동·전환이 있습니다. 관계 속의 각각이 중심으로 될 수 있다는 관점이 존재합니다. 거기에는 자아중심에서 세계중심으로 관점의 전환이 있을 것입니다.

이렇게 본수를 일(一)에서 십(十)까지 올라가면서 거두고·들어가는 관계를 본 후에는, 본수를 십(十)에서 시작해서 차례로 구(九), 팔(八) …… 일(一)까지 내려가면서 마찬가지로 거두고·들어가는 관계를 봅니다.

다만 이때의 설명은 "만약 십(十)이 없다면 일(一)은 성립하지 않기 때문에, 곧 일(一)에 완전한 힘이 없어서 십(十)으로 귀착하기 때문이다."라고 설명되어 있습니다. 이것은 거두는 측[본수(本數)]이 아니라, 거두어지는 측[돌아가는 측, 들어가는 측, 말수(末數)]을 기본으로 해서 말하는 것으로, 앞의 설명을 뒷면에서 보는 것입니다.

이와 같이 모든 수에 다른 모든 수가 들어가 있고, 그런데도 각각의 수로서 성립해 있는 것이 됩니다. 이것이 상입(相入)이라는 사실입니다. 각각의 수가 다른 것에 들어와 다른 것을 거두고 있는 바에, 자기의 본체를 가진 것이 아닌, 연성(緣成)이라는 사실이 있습니다. 각각이 그러한 특질을 가지기 때문에 관계라는 일이 성립하는 것이고, 관계가 성립하고 있다면, 관계하는 것은 대체로 이와 같은 특질을 지닌다는 것입니다.

상즉을 마찬가지로 생각하다

이상은 이체문의 용에 관한 관계의 모습을 기본적으로 분석한 것이었습니다. 다음으로 상즉에 대해서 곧 이체문에서 체의 관계에 대해서 보게 됩니다. 여기서도 향상문과 향하문이 있습니다. 우선 향상문 쪽을 보면 다음과 같습니다.

처음의 문, 위로 향해 간다는 것 가운데에는 열 가지 문이 있다. 첫째는 일(一)이다. 무슨 까닭인가? 그것은 연(緣)에 의하여 성립하기 때문이다. 일(一)은 곧 십(十)이다. 어떤 까닭인가? 만약 일(一)이 없다면, 곧 십(十)도 없기 때문이다. 일(一)이 유체(有體)*일 때, 나머지는 모두 공(空)이 되기 때문이다. 그러므로 이러한 일(一)은 곧 십(十)이다. 이와 같이 위로 향해 가서 이내 열 번째에 이를 때까지, 모두 각각 앞에 준해서 알아야만 한다.

---

* 유체(有體): 그 자신으로 존재하는 것.

우선 일(一)을 본수로 합니다. 일(一)을 다른 수와의 관계 속에서 중심으로 볼 수 있는 것은, 일(一)이 그 자체로 완결된 자체(自體)인 것이 아니라, 다른 것에 열려진 무자성의 일(一)이기 때문입니다.

다음으로 일은 이(二)라고 봅니다. 결국은 일(一)이 없다면 이(二)가 없는 이상, 일(一)이 유체(有體)로서 이(二)는 공(空)이 되고, 이는 죄다 일(一)로 되어 다해버립니다. 여기에서 이(二)가 일(一)이 되어 다해버릴 때, 그 일(一) 때문에 이(二)가 된다는 것이기도 합니다. 그래서 그렇기 때문에야말로, 일(一)은 곧 이(二)라는 사실도 되는 것입니다. 그렇기 때문에 이(二)는 이(二)로도 있을 수 있습니다. 이와 같이 차례로 일(一)은 삼(三)이라고 보고, 일(一)은 사(四)라고 보고, 그 마지막에 일(一)은 십(十)이라고 봅니다.

그 논리가 지금 "만약 일(一)이 없다면 곧 십(十)도 없기 때문이다. 일(一)이 유체일 때, 나머지는 모두 공(空)이 되기 때문이다."라고 한 것으로, 그 결론으로써 "이러한 일(一)은 곧 십(十)이다."라고 했습니다. 이 "곧-이다."라는 표현을 간과할 수 없습니다. 이 "곧-이다."에서 '곧[卽]'의 의미를 헤아려야 할 것입니다.

이후에는 이(二)를 본수로 해서 다른 수와의 관계를 마찬가지로 봅니다. 본수를 일(一)에서 차례대로 올라가는 것이 향상거(向上去)이고, 십(十)에서 차례대로 내려가는 것이 향하래(向下來)입니다. 어느 것을 본수로 해도 그 본수가 없다면, 다른 것은 있을 수 없다고 봅니다. 그 자재·유연한 시점이 요청되는 사실은 앞의 상입 경우와 마찬가지입니다.

일(一)이 이(二)이거나, 삼(三)이거나, 십(十)이라는 것은 참으로 기괴하기도 합니다. 그러나 일(一)이 일(一)일뿐이라고 한다면, 일(一)과 일(一)이 있어도, 이(二)는 성립되지 않고, 일(一)과 일(一)과 일(一)이 있어도, 삼(三)은 성립되지 않습니다. 일(一)이 이(二)일 수 있거나 삼(三)일 수 있기 때문에, 이(二)도 성립하고 삼(三)도 성립합니다. 또한 이(二)나 삼(三)이 성립하는 것에서 일(一)도 일(一)일 수 있지만, 일(一)일 수밖에 없는 바에서는 일(一)도 없다는 사실이 될 것입니다.

동체문의 관계에 대해서

이상으로 이체문에서 상즉·상입의 존재방식을 보았습니다. 다음으로 동체문에서 체의 관계와 용의 관계를 보게 됩니다. 전자는 일즉다(一即多)·다즉일(多即一)이라고 하며, 후자는 일중다(一中多)·다중일(多中一)이라고 합니다.

『오교장』에서는 역시 후자인 용의 관계부터 설명합니다. 여기서는 간단히 적어 두겠습니다. 우선 일(一) 가운데의 다(多)라는 것은 일(一)을 본수로 해서, 그 일(一) 속에 이(二)를 성립시키는 일(一), 삼(三)을 성립시키는 일(一), ……이라고 하듯이, 열 개의 일(一)이 있다고 보는 것입니다. 한편 다(多) 가운데의 일(一)이란 십(十)을 본수로 해서, 그 십(十) 가운데에 구(九), 팔(八) …… 일(一)이 있다고 보는 것입니다.

그러면 일중다(一中多)와 다중일(多中一)을 따로따로 말하고 있지만, 상세히는 이러한 양면이 모두 성립한다고 보는 것입니다. 곧 일(一) 가운데에 열 개의 일(一)이 있고 혹은 이(二), 삼(三) 내지 십(十)도 있습니다. 역으로 십(十)의 가운데에 열 개의 십(十)이 있고 혹은 구(九), 팔(八) 내지 일(一)도 있다고 하듯이.

앞의 이체에서도 본수의 가운데에 다른 것이 들어온다[다른 것을 거둔다]는 관계를 보았습니다. 그러나 이체문에서는 그것을 근거로 하여, 그 위에서 다른 것끼리 관계하는 경우를 봅니다. 한편 이 동체문에서는 "일(一) 가운데에 스스로 십(十)을 갖춘" 바를 보는 것으로, 자신 안에 원래 다른 것을 넣고 있는, 혹은 갖추고 있는 바를 말하는 것입니다.

한편 체의 관계인 일즉다(一卽多)·다즉일(多卽一)의 가운데서 우선 일즉십(一卽十)은 맨 먼저 일(一)을 본수로 한다고 해서, 차례로 일즉이(一卽二)라고 봅니다. 왜냐하면 이(二)를 성립시키는 일(一)은 바로 이 일(一) 그 자체와 다르지 않기[다른 자체가 없기] 때문입니다. 이렇게 일즉삼(一卽三), 일즉사(一卽四)로도 보고, 일즉십(一卽十)으로도 봅니다. 여기서는 본수가 그대로 다른 수[末數] 그 자체라는 사태가 보이고 있습니다. 일(一)을 본수로 하는 고찰이 끝나면, 차례로 이(二)를 본수로 해서라고 하듯이, 십을 본수로 해서의 관찰까지 나아갑니다.

다음으로 다즉일(多卽一)입니다. 우선은 십(十)을 본수로 해서, 그리고 십즉구(十卽九)로 봅니다. 왜냐하면 구(九)는 십(十)이 있어야 구(九)이고, 구(九)는 십(十)에 즉하는 것입니다. 여기서는 구(九)는 바로 십(十)

으로[조금도 자신의 구(九)가 아닌], 따라서 십즉구(十卽九)가 되는 것입니다. 이 경우는 말수가 본수와 다르지 않다는 것이 되어서, 그 사실에 의해서 본수 그 자체의 안에서 본수와 말수는 하나가 된다는 일이 성립합니다.

여기서도 일즉다(一卽多)와 다즉일(多卽一)이 약간 내용의 차이가 있는 것 같습니다. 일즉다는 본수가 말수에 입각해서 있는 것이고, 다즉일은 말수가 본수에 입각해서 있는 것입니다. 그러나 일즉다의 가운데에도 말수가 본수에 입각해 있는 사태가 존재하고, 다즉일의 가운데에도 본수가 말수에 입각해 있는 사태가 존재할 것입니다.

이상으로 이체 및 동체의 체와 용 관계의 존재방식에 대해서 보았습니다. 어쨌든 관계의 안에 있는 어떤 하나의 것은 그 자신의 안에 다른 것을 넣고 있는 혹은 다른 것 그 자체와 하나라는 사태가 있고[同體], 동시에 다른 것과 서로 거두어 합쳐지거나, 다른 것이 되어서 다한다는 사태가 있어서[異體], 그것들이 동시에 성립하는 것이 관계 세계의 본래 모습이라는 것입니다.

매우 복잡한 사실이지만, 어쨌든 이상이 『오교장』에서 설한 관계성 논리구조의 전체 모습입니다.

십현문의 세계

이제 겨우 십현문을 볼 준비가 되었습니다. 그러나 지면 관계로 여기서는 간단히 보겠습니다. 어쨌든 중요한 것은 이체·동체의 체·용 관계를 자세히 보는 일에 있었기 때문입니다.

우선 첫 번째의 동시구족상응문(同時具足相應門)은 하여간 두 번째 이하의 모든 관계[이체·동체의 체·용 관계의 일체]가 눈앞에 동시에 성립하는 사실을 말하는 것입니다. 『오교장』은 "해인삼매(海印三昧)에 의해서 환하게 밝아서 동시에 나타나 성립한다."라고 말합니다.

두 번째의 일다상용부동문(一多相容不同門)은 특히 용(用)의 관계에서 일(一)과 다(多)가 서로 관계하고, 그런데도 각각은 각각으로 존재하는 사실을 말하는 것입니다.[이체·동체를 포함한다.]

세 번째의 제법상즉자재문(諸法相卽自在門)은 특히 체(體)의 관계에서 제법에 상호 관계가 있는 사실을 말하는 것입니다.[이체·동체를 포함한다.]

네 번째의 인다라미세경계문(因陀羅微細境界門)은 인다라망이라는 제석천의 궁전에 걸린 그물을 비유로 써서, 용(用)의 관계에 대해서 중중무진의 관계가 있는 사실을 말하는 것입니다. 두 번째의 '일다상용부동문'은 어떤 하나의 것과 다른 많은 것의 관계만을 보고 있어서 그것은 일중(一重)의 관계밖에 보지 못했습니다. 여기서는 그것이 모든 것의 사이에서 성립하고 있다는 다중(多重)의 관계, 중중(重重)의 관계를 보는 것입니다.

다섯 번째의 미세상용안립문(微細相容安立門)은 일(一)[미세(微細)]에 다(多)를 받아들이고[用], 그런데도 일(一)도 다(多)도 파괴하는 일없이 정연하게 거기에 현전하는 사실을 말합니다. 상용(相容)이라고 하지만, 실제로는 일(一)에 다(多)를 받아들이는 방향만을 의미합니다. 덧붙여 말하면『오교장』의 실제 설명에서는 미세(微細)를 일념(一念)으로 해서, 그것에 수용되는 다(多)에 시간적인 퍼짐을 보고 있습니다.

여섯 번째의 비밀은현구성문(秘密隱顯俱成門)은 체(體)의 관계에서 공(空)·유(有)는 아니고, 은(隱)·현(顯)이 동시에 성립한다는 것으로, 그것이 비밀(秘密)[심심미묘(甚深微妙)]하다는 사실이기도 합니다.[동체·이체에 통한다.]

은(隱)·현(顯)의 설명으로서, 어떤 사람이 부모에 대해서는 자식, 동생에 대해서는 형, 아내에 대해서는 남편 등등일 때, 항상 그 모두가 성립해 있습니다. 자식인 것이 겉으로 드러나면 형·남편은 숨고, 형인 것이 겉으로 드러날 때는 자식·남편은 숨는다고 하듯이, 여러 가지 다채로운 셀 수 없는 관계가 은현동시(隱顯同時)로 성립하는 사실을 말합니다.

일곱 번째의 제장순잡구덕문(諸藏純雜具德門)은, 특히 체·용에 한정된 것은 아니고, 어떤 것이 다른 일체를 거두는 바에 착안했을 때, 거두는 것의 덕(德)[성질·성능]이 되는 바를 보는 것입니다. 제장(諸藏)이라는 것은 제법이 그렇게 능장(能藏)[능섭(能攝)·순(純)]과 소장(所藏)[소섭(所攝)·잡(雜)]이 되는 것으로, 이 능장·소장을 합한 것입니다.

『오교장』은 "이와 같이 법계에 빈번하게 흥기해도, 순일함과 잡다함이 자재해서, 구족하지 못함이 없다."라고 하므로, 서로 순(純)·잡(雜)이 되어 어우러져 자재한 바를 보는 것입니다.

여덟 번째의 십세격법이성문(十世隔法異成門)은 특히 동시적 관계에서 체·용 관계의 모두를 말하는 것입니다. 다만 불교에서는 시간을 독립한 실재(實在)로 보지 않고, 제법 위에 임시로 세워진 것으로 보므로, 결국 과거의 법, 미래의 법, 현재의 법의 상즉·상입을 말하는 것입니다. 실제 문제로서는 과거의 법이나 미래의 법은 존재하지 않는 것이지만, 일단 그것들을 상정해서[화엄에서는 과거·미래의 현재를 유체(有體)로 본다], 그 위에서 상호의 관계를 말한 것입니다. 거기에 격법이성(隔法異成)이라는 사실이 있습니다.

무엇보다 과거·미래·현재만으로는 삼세(三世)입니다. 그랬던바 과거는 과거의 어떤 시점을 기준으로 하면, 그것을 경계로 다시 과거와 미래가 구별됩니다. 결국 과거의 어떤 현재를 중심으로, 그 과거와 미래가 구별될 수 있습니다. 이렇게 과거의 속에 삼세가 있고, 마찬가지로 미래에도 삼세가 있고, 현재에도 삼세가 있습니다. 이것들로 구세(九世)가 성립하지만, 그것은 현재의 일념(一念)에 거두어집니다. 그 구세와 현재의 일념을 합하여 십세(十世)로서, 그 구별이 있으면서 상즉·상입하여 일념으로 거두는, 그래서 그 일념에 십세가 전부 동시에 나타난다고 합니다.

아홉 번째의 유심회전선성문(唯心廻轉善成門)은 이제까지 말한 연기의 세계는 오직 일심(一心)이 전개되어 잘 이룬 것이라는 사실을 보여, 연기하는 세계의 근본을 밝힌 것이었습니다. 그 유심(唯心), 유일심(唯一心)은 자성이 청정한 마음의 상태로, 이것이 회전해서 무한한 연기의 세계가 전개된다는 것입니다.

그것을 화엄에서는 성기(性起)라고도 하며, 이 성기라는 것에 대해서는 이미 제4장에 언급해두었습니다.

이 회전한다는 사실의 가운데서는 이사무애에서 사사무애로 理가 사라지는 일도 포함될 것입니다.

열 번째의 탁사현법생해문(託事顯法生解門)은 비유에 의해서 이들 가르침의 의의를 밝히는 것으로, 화엄에 있어서 비유 작용의 화려함을 주장하는 것입니다.

『화엄경』에는 보석, 하늘, 구름 등 수많은 비유를 설하여 화엄의 세계관을 밝힙니다. 보석에서는 그 고귀한 상태를, 하늘에서는 그 자재로운 상태를, 구름에서는 그 사람들을 적셔 이익하고, 또한 겹겹으로 서로 겹쳐 있는 상태를 밝힌다고 합니다. 그런데도 그들 보석, 하늘, 구름 등이 단순한 비유에 머물지 않고, 실제로 화엄의 중중무진 연기의 세계 속에 있어서, 현실에서 각각이 다른 모든 덕을 갖춘다고도 합니다.

이상은 십현문 각 문의 아주 간단한 해설입니다. 『오교장』에서는 "그런데도 이 열 개의 문은 하나의 문 가운데에 따르더라도 바로 나머지 문을 섭수해서, 모두 다하지 않는 일이 없다. 마땅히 육상의 방편으로써 이를 회통해야 한다. 이것을 준하라."라고 합니다.

십현문은 열 개의 문이 있을 뿐만 아니라, 그 각각의 한 가지 문은 다른 문을 섭수해 다한다고도 하는, 이 사실은 다음에 설하는 육상원융의에 의해서 점점 깊게 요해된다고 합니다. 꼭 다음 장도 참조하십시오.

인다라망의 비유

십현문의 각 문은 자세히 살펴보면, 여러 가지로 논의해야 할 점도 나오는 것 같습니다. 원래 동체·이체의 체·용 관계의 전체로 좋을 것이지만, 그것이 어째서 이 열 종류의 법문으로 정리되어야 하는지, 그 필연성은 반드시 확실하지만은 않습니다.

다만 그 중중무진 연기의 세계는 제4의 인다라미세경계문이 잘 묘사하고 있습니다. 그것은 용의 관계에만 적용되었지만, 용의 관계에는 체의 관계도 포함는 셈이기 때문에, 중중무진의 연기 세계를 충분히 그리고 있다고 생각합니다.

인다라미세경계문이란, 인다라망(因陀羅網)으로 불리는 제석천(帝釋天)[Indra]의 궁전에 장식으로 걸린 그물을 비유로 해서, 중중무진 연기의 심심미묘(甚深微妙)한 세계를 표현하는 법문입니다.

제석천의 궁전에 걸린 그물에는 그 헤아릴 수 없는 그물코 하나하나에 보석이 동여매져 있습니다. 그 보석은 서로 비추며 끝이 없습니다. A·B·C·D……라는 보석이 있어서 A는 B·C·D……에 비치고, B는 A·C·

D……에 비치고, C는 A·B·D……에 비치고 있습니다. A가 B에 비칠 때, 그것은 B·C·D…… 등을 비추고 있는 A가 B에 비치는 것입니다. 그런데도 그러한 A가 비쳐 있는 B를 A가 비추고, 다시 그 A가 또 한 번 B에 비치는 것입니다. 이렇게 비추는 관계에 끝이 없습니다.

두 개의 거울을 마주 향하여 서로 비추어 맞대면, 무한히 비추어 어우러집니다. 그것이 두 개의 보석 사이뿐만 아니라 많은 보석들 사이에서, 헤아릴 수 없는 보석들 사이에서 일어난다고 합니다. 실로 인다라망의 비유에는 아찔해질 듯한 무한의 관계를 나타냅니다.

앞에서 열 개의 동전을 세는 법의 비유가 제시되었습니다. 거기서는 예를 들어 일(一)의 안에 이(二)가 있거나 삼(三)이 있거나 십(十)까지의 수가 있는 것이었습니다. 그 이(二)든 삼(三)이든 또한 십(十)의 수를 갖추고 있습니다. 그 하나하나가 또한 열 개의 수를 갖춥니다. 이렇게 일(一)의 안에 무한(無限)이 있고, 이(二)의 안에 무한이 있다는 사태가 실은 성립하고 있었던 것입니다. 무한은 헤아려 알 수 없는 큰 수의 저편에 있는 것이 아니라, 무한의 관계성을 조직해내는 그 하나하나 아래에 있는 것입니다.

바꾸어 말하면 우리들 하나하나의 생명은 그 안에 무한의 관계성을 깊이 간직하고 있으며, 동시에 다른 것과 끝없는 관계 속에 있었던 것입니다. 화엄의 세계관은 그러한 우리의 자기 생명의 깊이, 퍼짐, 가능성을 떠올리게 하는 것이었습니다.

이 십현문에서는 각 문의 내용을 설한 『화엄경』의 말씀이 증거로서 인용되지만, 지금의 제4 인다라망미세경계문에서도 그 세계를 나타내는 『화엄경』의 말씀을 몇 가지 인용합니다.

마지막으로 그 가운데서 하나 인용하여 이번 장을 마치기로 합시다.

모든 부처세계의 티끌 수와 같은 그러한 부처님
하나의 털구멍마다 앉아 계시니
셀 수 없는 보살 대중이 모두 뒤따르며
하나하나 중생들 위해서 빠짐없이 보현행을 설하네.

셀 수 없는 세계가 하나의 털 안에 존립하고
부처님은 보리연화좌에 늘 앉으셔
일체 모든 법계를 가득 채우시고
모든 털구멍에 자재하게 나타나시네.

「노사나불품(盧舍那佛品)」

9 한 티끌에 머무는 우주

부분과 전체의 상호관계에 대해서

화엄사상에서는 예로부터 '십현(十玄)·육상(六相)'이라는 것을 말해서, 십현연기무애법문의(十玄緣起無礙法門義)[十玄]와 육상원융의(六相圓融義)[六相]가 화엄사상의 가장 핵심이 되었습니다.

이번 장에서는 그 육상원융의에 대해서 배웁시다. 앞 장의 십현문과 마찬가지로『오교장』「의리분제」에서 설하는 것으로, 여기서도 그 사고방식의 순서를 자세히 더듬어보려고 합니다.

십현문에 대해서도 "마땅히 육상의 방편으로써 이것을 회통해야 한다."라고 했었기에, 육상원융의를 깊이 요해하는 일은 화엄의 가르침 전체를 명확히 이해하는 바로 연결될 것입니다.

애당초 육상원융의란 무엇인가 하면 전체와 부분 사이의 관계 및 그 전체 속에서 부분과 부분 사이의 관계에 대해서 논구하는 것입니다. 흥미롭게도 그 사실을 집을 예로 설명합니다.

유기체나 생명체에서는 부분과 전체가 협동하는 것을 보는 일은 용이합니다. 인간을 생각해보면, 심장은 물론 폐나 췌장·신장 등도 인간이라는 한 개의 생명체 안에 있어야 기능할 수 있습니다. 곧 부분은 전체의 안에 있어야 비로소 부분이라고 할 수 있습니다.

역으로 인간의 생명은 심장이나 폐 등이 없이 존속할 수 없습니다. 곧 전체는 부분을 스스로 유지해야 전체입니다. 그렇게 한 개의 생명체는 부분과 전체가 교류해 어우러지는 속에 있다고 볼 것입니다. 이러한 관계성은 심장이나 폐 등의 각 장기와 그것을 형성하는 세포의 사이에서도 마찬가지일 것입니다.

그런데 『오교장』은 집이라는 반드시 생명체·유기체라고는 할 수 없는 것을 예로서, 그런데도 실은 부분과 전체가 교류하는 구조가 있다고 합니다. 우리에게는 그냥 독립한 것이 모인 것처럼 보여도, 무릇 몇 가지 것이 모여서 하나의 전체를 구성할 때는, 그 부분과 전체 그리고 부분과 부분의 사이에, 볼 수는 없어도 다채로운 관계가 확실히 존재한다는 것입니다.

더욱이 그러한 경우도 부분과 부분은 서로 다르기 때문에야말로, 다시 부분은 전체와 결코 같지는 않기 때문에야말로, 하나의 관계가 성립되고, 그렇기 때문에야말로 전체도 부분도 함께 산다고 하는 주장까지 이야기합니다.

집의 예는 나중에 『오교장』을 읽으면서 고찰해보고자 합니다. 여기서는 기계에 있어서 구성요소와 전체 관계의 흥미로운 예를 들어봅시다.

어떤 기술자가 대단히 성능이 좋은 엔진을 개발했습니다. 그 자체는 나무랄 데 없는 엔진이지만 그것을 차체에 탑재하자 어째서인지 잘 기능하지 못하고, 몇 번을 시험해도 차의 속도를 높이면 말썽이 일어나는 사태가 계속됩니다. 그래서 엔진을 한층 더 좋은 것으로 하려고 엔진 개량에 부심했지만, 아무리 개량해도 지금 일어난 말썽이 해결되지 않습니다.

그런데 사소한 일에서 엔진을 차체에 장치하면 엔진의 진동이 차체 전체에 전해져, 그 차체의 진동이 엔진에 전해져 엔진의 성능을 저해하는 사실을 알 수 있었습니다. 그래서 엔진 진동이 차체로 전해지지 않는 간단한 고안을 해보자, 어렵지 않게 차의 속도도 올랐다는 것입니다.

이 사실은 차라는 기계 속에서 엔진만을 생각하면 되는 것이 아니라, 차라는 전체 속에서 엔진의 모습을 생각하지 않으면 안 된다고 하는 것입니다.

지금의 경우는 오히려 엔진과 다른 것을 불필요한 점에서 분리하여 독립시키는 일이 초점이었지만, 그러한 방법으로 하나의 구성요소를 전체 속에서 적절히 위치시킬 때, 그 구성요소 자체도 살고 전체도 사는 것입니다.

그와 같이 무릇 모든 것은 관계 속에서 그 자체인 것으로, 그 관계에 대해서 완전한 시선이 있을 때, 그것 자신도 관계의 전체도 함께 살아서 올 것입니다.

화엄의 육상원융의에는 그러한 시선이 풍부하게 있습니다.

그것은 자연계를 구성하는 요소를 구해서 대상을 단지 분할해가는 세계관이나, 인간을 원자적으로만 보는 것과 같은 인간관과는 다른 것이어서, 그러한 근대 합리주의의 논리를 근본적으로 다시 보기 위한 하나의 유력한 힌트가 되지 않을까 생각합니다. 그리고 관계 속에서 비로소 둘도 없는 개성도 발휘할 수 있고, 자기 자신 생명의 있는 그대로를 새삼 재고하게 해줄 거라고 생각합니다.

육상과 그 의의

이하에서는 『오교장』의 텍스트에 따라서 육상원융의의 사고법을 따라가 보기로 합시다. 우선 육상이란 무엇인지를 설명합니다. 육상은 총상(總相)·별상(別相)·동상(同相)·이상(異相)·성상(成相)·괴상(壞相)이라는 것입니다. 이 육상의 각각에 대해서는 다음과 같이 말합니다.

총상이란, 하나의 것에 많은 덕(德)을 포함하기 때문이다.
별상이란, 많은 덕이 하나의 것은 아니기 때문이다. 별(別)은 총(總)에 의지해서 그 총(總)을 채우기 때문이다.
동상이란, 많은 의미가 서로 다르지 않아 같이 하나의 총(總)을 이루기 때문이다.
이상이란, 많은 의미를 대비하면 각각이 다르기 때문이다.

성상이란, 이 의미들에 의해서 연기가 성립하기 때문이다.

괴상이란, 모든 의미가 따로따로 각자의 법에 머물면서 이동

하지 않기 때문이다.

총상이란, 다양한 성질·공능을 가지는 많은 것을 이끄는 전체입니다. 이것에 대해서 별상이란, 그 전체를 구성하는 개개의 것으로, 전체로 환원되는 일이 없는 어떤 것, 각각이 전체와는 다른 것입니다.

동상이란 전체를 구성하는 개개의 것이 서로 일치해 전체를 형성하는 것이며, 이상이란 그것들 각각의 것이 서로 다르다는 것입니다. 그 요점은 서로 일치하고 있다는 것과 서로 서로 다르다는 것에 있습니다.

성상이란 개개의 것이 모여서 전체를 형성하는 동시에 그것이 개개의 것을 성립시키는 사실이고, 괴상이란 그런데도 개개의 것은 어디까지나 개개의 것인 사실을 상실하지 않는 것입니다.

이상의 각 상의 차이에는 미묘한 점이 있어 조금 이해하기 어려운 점이 있지만, 어쨌든 전체와 그 부분에 관해서 육상이 분석됩니다. 아마도 "하나의 전체를 구성한다."는 문장이 성립할 때, 하나라는 바에 동상, 전체라는 바에 총상, 구성한다는 바에 성상이 있습니다. 그 반대가 이상·별상·괴상이라는 것이 됩니다.

다음으로 어째서 이 육상원융의가 설해졌는가, 이것에 어떤 의미가 있는가에 대해서 설합니다.[제2 교흥의(教興義)]

이 가르침은 일승원교(一乘圓教), 법계연기(法界緣起), 무진원
융(無盡圓融), 자재상즉(自在相卽), 무애용지(無礙容持) 내지 인
다라무궁(因陀羅無窮)의 이사(理事) 등을 나타내기 위해서다.

라고 합니다. 어쨌든 화엄의 중중무진 연기의 세계 모습을 밝히기 위해
서라는 사실은 미루어 살필 수 있습니다.

　일승원교란 바로 화엄의 가르침에 관한 것, 법계연기란 최종적으로
사사무애법계로서 말해지는 것과 같은 연기하는 세계에 관한 것, 무진
원융이란 그 중중무진의 관계성에 관한 것이어서, "일승원교, 법계연기,
무진원융"이란 화엄이 설한 중중무진의 사사무애법계라는 사실이 됩
니다.

　자재상즉이란 거기에 있는 본체의 관계에 관한 것, 무애용지란 거기
에 있는 작용의 관계에 관한 것으로 순서대로 십현문의 제법상즉자재
문, 일다상용부동문입니다. 내지 인다라무궁의 인다라란 십현문의 인
다라미세경계문에 관한 것으로, 그 앞에 있었던 내지에는 십현문 가운
데서 지금의 세 가지 문을 제외한 나머지의 문을 거둔다고 봅니다. 이렇
게 이 부분에 의해서 화엄의 사사무애법계를 또다시 십현문으로 제시
합니다.

　이사 등이란, 실은 십현연기무애법문의로 서로 관계하는 것을 이
(理)·사(事), 인(因)·과(果), 인(人)·법(法) 등의 열 가지 의미로 제시하는
것이며, 그 십의(十義)에 관한 것을 말합니다. 요약하면 이 이사 등은 사

사무애의 관계를 구성하는 일체제법에 관한 것을 의미한다고 생각하면 좋을 것입니다.

결국 육상원융의를 설한 이유는 십현문에서 설한 것과 같은 화엄의 사사무애법계 실상을 밝히기 위해서라고 보면 좋을 것입니다. 이와 같이 십현문과 육상원융의는 표리일체입니다.

전체를 일부분에서 보다

그리고 이 다음에서 육상에 대한 설명이 이루어져 갑니다. 그것은 앞에서도 말했지만, 집을 예시로 해서 이야기합니다. 이하에서 그 설명을 주의 깊고 상세히 보겠습니다. 우선 총상에 대해서입니다.

묻는다. 무엇이 총상인가?
답한다. 집이다.

우선 총상이란 무엇인가의 질문을 받고, 집이 총상이라고 답하는 사실이 제시됩니다. 전체란 무엇인가라는 물음에 집이라고 답하는 이것은 지극히 당연한 대답일 것입니다. 그런데 그렇다면 집이란 무엇인가 하고 더욱 깊이 파고들어간 질문을 합니다.

묻는다. 이것은 다만 서까래 등의 여러 가지 연(緣)일 뿐이다.
무엇이 집인가?

집이라고 해도 그것은 서까래 등의 여러 가지 건축재의 모임일 뿐입니다. 전체로서의 집이란 무엇으로 구해지는가라는 것입니다. 서까래란 지붕의 기와를 얹는 판자를 받치는 나무로, 지붕의 바로 아래에 절단면[재목(材木)의 단면]이 많이 줄지어 보이는 나무입니다. 어쨌든 집은 서까래나 기둥이나 가름대 등등의 조합 이외에는 없지만, 그것들 이외에 집은 어디에 있는가라는 것입니다. 막상 그 답은 매우 흥미롭습니다.

답한다. 서까래가 바로 집이다. 무슨 까닭인가? 서까래가 완전
히 홀로 집을 지을 수 있기 때문이다. 서까래를 떠나서는 집이
곧 완전히 이루어지지 않기 때문이다. 이것으로써 만일 서까
래를 얻었을 때, 곧 집을 얻는다.

집이란 전체의 것이라고 생각했지만, 답에서는 집이란 하나의 서까래라고 합니다. 실로 의표를 찌르는 대답이지만, 대체 왜 집은 하나의 서까래라는 것이 될까요?

그것은 "하나의 서까래도 빠져서는 집은 완성되지 않는다. 하나의 서까래가 있어야 집도 완성되는 것이어서, 집의 성립 여부는 바로 하나의 서까래에 달려 있다. 결국은 그 하나의 서까래가 전면적으로 집을 짓

는다는 것이 된다. 따라서 하나의 서까래가 집 그 자체라는 사실이 된다.”는 셈입니다. 집 전체가 하나의 서까래에 달려 있을 때, 확실히 한 개의 서까래는 집 그 자체라고 할 수 있습니다. 그러나 이 사실에 대해서는 더욱 검토해야 할 점도 있을 것입니다.

> 묻는다. 만약 서까래가 완전히 홀로 집을 짓는다면, 아직 기와 등이 없어도 응당 집을 이룬다고 할 수 있는가?

한 개의 서까래만으로 전면적으로 집을 이룬다면, 다른 건축재인 기와 등이 없어도 집이 지어져버린다는 사실이 되는 것은 아닌가, 그것은 이상한 일이 아닌가 하는 것입니다. 그 답은 교묘합니다.

> 답한다. 아직 기와 등이 있지 않을 때에는, 이것은 서까래가 아니기 때문에 짓지 않는다. 이것이 서까래면서도 지을 수 없다는 것이 아니다. 지금 짓는다고 말하는 것은 오직 서까래가 지을 수 있다는 사실을 논할 뿐이다. 서까래가 아니면서 짓는다고는 하지 않는다. 무슨 까닭인가? 서까래는 이것의 인연(因緣)이기 때문이다. 아직 집을 이루지 않았을 때는 인연이 아니기 때문에, 이것은 서까래가 아니다. 만일 이것이 서까래라면, 집은 반드시 완전히 이루어진다. 만약 완전히 짓지 않으면, 서까래라고 부를 수 없다.

서까래 등의 건축재는 어디까지나 집의 구성요소이며, 집이 거기에 들어서야 서까래는 서까래, 기둥은 기둥, 가름대는 가름대가 됩니다. 기둥은 종(縱)이라고 가름대는 횡(橫)이라고도 말하지만, 그것은 집의 안에 있어야지 자재 적치장에 놓여 있을 때는 기둥도 기둥이라고 할 수 없고, 서까래도 서까래라고는 할 수 없을 것입니다.

집이 집으로서 완성되어 있을 때는 그 구성요소로서 서까래도 서까래라고 부를 수 있고, 기둥도 기둥이라고 부를 수 있습니다. 그러나 집이 집으로서 완성되어 있지 않으면, 아직 집이 없는 것이기 때문에, 집의 구성요소라고 할 수 없고, 따라서 아직 서까래가 서까래로 되지 못하고, 기둥도 기둥으로 되지 못한다는 논법입니다.

그러한 까닭으로 기와 등이 없는 경우는 집이 집으로서 완성되어 있지 않은 것으로, 거기에 한 개의 목재가 있었다고 해도 그것을 서까래라고는 부를 수 없고, 서까래는 아직 없는 것이 되는 셈입니다. 서까래가 아닌 것이 집을 짓는다는 일은 없습니다. 그러나 서까래가 서까래일 때는 이미 집도 집으로서 성립하고, 이 경우에 한 개의 서까래가 집을 짓는, 한 개의 서까래가 집과 다름없다고 할 수 있는 셈입니다. '음'하고 감탄할 수밖에 없는 교묘한 답입니다.

다시 질문은 계속됩니다.

묻는다. 만일 서까래 등의 여러 연(緣)이 각각 소력(少力)을 내어 공동으로 지은 것이어서, 각각 완전히 지은 것이 아니라면,

어떤 잘못이 있는가?

서까래 등의 낱낱 건축재가 각기 집 전체를 짓는다는 것이 아니라, 서까래는 서까래만큼을 짓고, 기둥은 기둥만큼을 짓고, 그러한 수많은 건축재가 함께 모여서 집이 지어질 수 있다고 보는 것은, 왜 안 되는가라고 묻고 있습니다. 적은 힘을 낸다는 것은, 결국 그와 같이 다른 것에 관여하지 않는다는 것이 될 것입니다.

> 답한다. 단(斷)과 상(常)의 잘못이 있다. 만약 완전히 지을 수 없는 적은 힘일 뿐이라면, 여러 연(緣)은 각각이 적은 힘일 것이다. 이것은 다만 여러 개의 적은 힘이어서 하나의 완전한 힘을 이루지 못한다. 그러기에 단절적으로 보는 잘못이 있다. 여러 연이 함께 적은 힘이어서 모두 다 완전히 지을 수 없는 것을 완전한 집을 지을 수 있다고 집착한다면, 원인이 없어도 집은 존재하는 것이 되기 때문에, 그것은 항상적으로 보는 잘못이 있다. 또한 만일 완전하게 지은 것이 아닌 것에서 하나의 서까래를 제거했을 때에도, 집은 역시 성립될 수 없다. 집이 이미 완전히 집으로서 성립되지는 않는다. 그렇기 때문에 적은 힘이 아니라고 알아야 한다. 모두 완전해야 이루어지기 때문이다.

우선 각각의 건축재가 자신을 이루는 것에 머물러 다른 것에 관여하지 않고 전체를 짓지 않는다면, 그 경우는 많은 제각기 다른 건축재가 있을 뿐[다만 여러 개의 적은 힘]이어서, 하나의 전체로서의 집은 성립하지 않는다는 것이 되어버립니다.

이것은 단견(斷見)[무(無)]의 과실(過失)이라는 것이 됩니다. 그와 같이 다양한 건축재가 자신만 성립되는 것만으로 전체를 짓는 일이 없는 경우에도 집이 있다고 본다면, 무(無)에 대해서 유(有)로 보는 상견(常見)의 과실이라는 것이 됩니다.

요는 각 건축재가 각각 전체를 만든다는 시점을 갖지 않는다면, 전체가 성립할 도리가 없다는 뜻입니다.

예를 들어 만약 각각이 전체를 짓는 것이 아니라면, 하나의 서까래를 빼고 갔다고 해도, 집은 역시 전체로서 존재할 수 있다는 것이 될 것입니다. 그러나 있어야 할 한 개의 서까래라도 빠진다면, 집은 불완전하게 되고, 집이 아니게 되어버립니다. 그렇다면 역시 각각의 건축재는 자신만을 이룬다는 것이 아니라, 전체를 이룬다고 보아야 한다고 합니다.

정말, 그것은 그럴 수 있을 것입니다. 그러나 여기서 소박한 의문이 나옵니다.

묻는다. 한 개의 서까래가 없을 때, 어찌 집이 아닐 것인가?

서까래 하나쯤 없어도, 집은 집이 아닌가라는 것입니다.

답한다. 이것은 다만 파사(破舍)이지 호사(好舍)가 아니다. 그러기에 호사는 완전히 하나의 서까래에 속하는 것임을 알아야 한다. 그러기에 서까래가 곧 집임을 안다.

결국 하나라도 서까래가 없다면, 그 집은 불완전한 것[破舍]이 되지 않을 수 없습니다. 엄밀한 의미에서는 집이라고는 할 수 없다는 것으로도 됩니다. 그 의미에서 완전한 집[好舍]은 결국 어떤 하나의 건축재에도 관련되지 않을 수 없습니다. 그러니까 결국 집은 예컨대 한 개의 서까래와 다름없다고 할 수 있는 것입니다.

부분과 부분의 상호 관계

이상에서 개개의 건축재와 집 전체, 곧 구성요소와 전체, 부분과 전체의 관계에 대한 독자적인 시점을 설했습니다. 실로 흥미 깊은 전개였습니다.

다음으로 그 관계를 근거로 해서, 부분과 부분, 구성요소 상호의 관계에 대해서 설합니다. 집을 짓는 각각 건축재끼리의 관계입니다.

묻는다. 이미 집이 곧 서까래라면, 나머지 목재나 기와 등도 당연히 곧 서까래인가?

한 개의 서까래가 집이라는 이상, 필연적으로 서까래 이외의 다른 건축재 각각도 그 한 개의 서까래가 되는 것이 아닌가 하고 묻고 있습니다.

답한다. 모두 어느 것이나 다 서까래이다. 무슨 까닭인가? 서까래를 제거하면, 곧 집도 없기 때문이다. 그러한 까닭으로 만약 서까래가 없으면, 곧 집이 무너진다. 집이 무너졌기 때문에 목재, 기와 등이라고 부르지 않는다. 따라서 목재, 기와 등이 곧 서까래이다. 만약 즉(卽)하지 않으면, 집은 이루어지지 않는다. 서까래, 기와 등도 함께 다 이루어지지 않는다. 지금은 이미 함께 이루어졌다. 그러기에 상즉한다고 알 따름이다.
하나의 서까래가 이미 그러하므로, 나머지 서까래[또는 연(緣)]의 예도 그러하다.

여기의 주장 내용은 다음과 같습니다. 집이 없으면, 기둥도 기둥이 되지 않고, 가름대도 가름대가 되지 않고, 서까래도 서까래가 될 수 없습니다. 그것은 앞에서 본 것과 같습니다.

한편 하나의 서까래라도 없으면, 집은 집이 될 수 없습니다. 결국은 집의 구성요소인 기둥도 가름대도, 한 개의 서까래에 관계되어 있다는 사실이 됩니다. 이렇게 집을 구성하는 각각의 건축재 모두는 하나의 서까래와도 다르지 않다는 것이 됩니다. 여기서는 바닥재 혹은 벽재나 무슨 널판이나 기와 등이 서까래와 다르지 않다고 이야기하고 있습니다.

만약 하나의 서까래와 다른 건축재가 상즉하지 않는다면, 아마도 뿔

뿔이 흩어진 건축재만 있을 뿐이지, 집 그 자체가 성립하지 않을 것입니다. 집이 성립하지 않는다는 것은 집의 구성요소로서의 기둥도 가름대도 성립하지 않는다는 것이었습니다.

그러나 하나의 서까래가 있는 것에 의해서 집도 성립하고, 기둥도 가름대도 성립합니다. 집의 성립과 서까래·기둥·가름대 등의 성립은 동시입니다. 그것은 또한 서까래와 기둥·가름대 등등의 상즉하는 관계도 동시에 성립하고 있다는 것이 됩니다.

이렇게 하나의 서까래는 그대로 기둥이기도 하고, 가름대이기도 하고, 널판이기도 하고, 기와이기도 ……라고 말한 것이었습니다.

그런데 위에서 말한 모든 사실은 하나의 서까래에만 성취하고 있는 것은 아닙니다. 다른 서까래의 각각에도 성취하고 있는 것입니다. 또는 다른 건축재의 각각에도 성취하고 있는 것입니다.

이렇게 부분과 부분의 상즉, 구성요소끼리의 상즉도 말할 수 있습니다. 앞에서는 전체와 부분의 관계에 대해서 설하고 있어서, 그것은 말하자면 이사무애법계에 해당합니다. 그러나 여기에 나온 부분끼리의 관계에 대해서 설하는 것은 사사무애법계의 정취입니다. 하나의 집 가운데서 기둥과 가름대, 기둥과 기와, 기둥과 서까래 등등 서로 걸림 없이 상즉한다는 사실은 왠지 재미있는 일이네요.

위 총상의 설명을 정리해서 다음과 같이 말합니다.

이런 까닭에 모든 연기의 법은 성립하지 않으면 곧 그때까지이지만, 성립하면 곧 상즉용융(相卽鎔融)하고, 무애자재(無礙自在)하고, 원극난사(圓極難思)해서, 정량(情量)*을 초월한다.

갖가지 사물이 관계 안에서, 하나의 전체를 구성한다고 하는 일이 없다면 그것까지이지만, 무릇 그 일이 성립하고 있다면 관계의 전체와 관계하는 것, 나아가 관계의 전체에 입각하여 관계하는 것끼리는, 체(體)에서는 상즉하여 어우러지고, 용(用)에서는 용융하여 어우러지는, 그 상호관계는 중중무진으로 무애자재가 됩니다.

이 세계관은 완전의 극치로, 보통의 지성으로 이해하기 어려운, 미혹의 마음을 아득히 초월해나온 바의 것입니다. 화엄이 본 연기의 세계는 [여기서는 법성연기(法性緣起)라고 칭한다], 우주 전체의 온갖 것에 관계해서 널리 퍼져 있습니다.

이와 같이 『오교장』은 주장했습니다.

그러자면 어떠한 시스템이든, 그 전체는 그것을 구성하는 한 가지 요소에 있는 것이 됩니다. 우리가 살고 있는 세계, 이 우주 그 자체가 어떤 것도 빼놓을 수 없는, 쓸데없는 것이 없는, 하나의 전체를 구성하고 있을 때, 그 우주의 어떤 것에도, 그 전체가 있는 것이 됩니다. 한 털구멍에 전 우주가 갖춰지고, 한 티끌에 전 우주가 머문다는 것이 되는 셈입니다.

그런데도 그러한 한 털구멍, 한 티끌 각각이, 우주 전체를 머금은 채,

---

* 정량(情量): 정식(情識)을 가지고 사량(思量)하는 일. 미혹한 마음 작용.

254

서로 무애하게 교류해 어우러지는 것입니다. 집을 우주로 넓히면, 그와 같은 사실이 됩니다. 실로 심오한 세계관이 여기에 있습니다.

이상으로 총상의 설명이 끝나지만, 여기는 육상 가운데서도 가장 상세하게 설명되어 있습니다. 지금 설명 속에서 이미 사사무애법계의 논리적 급소가 예리하게 설해졌다고 생각합니다.

다른 육상의 내용

다음으로 별상에 대해서 봅시다.

> 둘째로 별상(別相)이란, 서까래 등의 여러 연(緣)은 총(總)과 구별되기 때문이다. 만일 별(別)이 없다면, 총(總)의 의미도 성립하지 않는다. 별(別)이 없을 때는 바로 총(總)도 없기 때문이다. 이것은 어떠한 의미가 있는가? 본래 별(別)로써 총(總)을 이룬다. 별(別)이 없는 것에 의해서 총(總)도 이루어지지 않는다. 그렇기 때문에, 별(別)이란 곧 총(總)에 의거해 별(別)이 된다.

별상이란, 집[전체]의 건축재[구성요소, 부분]로서의 서까래 등은, 결코 전체 그 자체는 아니라는 바를 보는 것입니다. 개개 독자적인 건축재가 있기 때문에야말로 집도 성립합니다. 그 개개 독자적인 건축재는 역시 집 전체와는 다른 것입니다. 이 전체와는 구별된다고 하는 바가 별상입니다.

역시 부분은 부분, 전체는 전체라는 것입니다. 다만 부분[구성요소]이 부분이라고 할 수 있는 것은 전체가 있어야만 합니다. 부분이 없다면 전체는 없고, 전체가 없다면 부분은 없습니다. 그 의미에서는 전체가 있어야만 부분도 부분입니다. 그러므로 전체로써 부분으로 삼는다는 시점도 필요해집니다. 그렇더라도 부분은 어디까지나 부분으로, 전체로는 있을 수 없는 것입니다.

앞에서는 집은 한 개의 서까래이고 전체는 하나의 구성요소에 다름없다고 보았습니다. 그러나 그 바로 뒤에서, 이와 같이 집과 한 개의 서까래 등과는 다른 것이라고 합니다. 구성요소는 결코 전체는 아닌 것이라고 합니다.

이 부근에서는 화엄의 다각적 시점, 일체적 관계와 대립적 관계를 동시에 살펴가는 유연한 시점의 본령을 엿보는 일이 가능합니다.

더구나 앞에서는 전체가 일부분 그 자체로 있어야 전체는 성립한다고 했습니다. 여기서 전체와 부분이 구분된다고 한다면, 그것은 잘못이었던 것은 아닌가 하는 의문도 일어날 것입니다. 그러나 어디까지나 이러한 양면은 필요한 것입니다.

거기서 "서까래가 곧 집이기 때문에 총상이라는 것과 같이, 집이 곧 서까래이기 때문에 별상이라고 한다."라고도 합니다. 부분은 전체에 입각해서 부분이고, 전체는 부분에 입각해서 전체인, 양자 사이에 상즉의 관계가 있습니다. 그 상즉도 전체와 부분이 분명하게 구별되기 때문에야말로 그런 것입니다.

계속해서 동상에 대해서 봅시다.

> 셋째로 동상(同相)이란, 서까래 등의 여러 연(緣)이 화합해서
> 집을 이룰 때, 서로 어긋남이 없기 때문에 집의 연(緣)이라고
> 할 수 있다. 다른 것을 만드는 것이 아니기 때문에, 동상(同相)
> 이라고 하게 된다.

서까래나 기둥이나 가름대 등등은 화합하고 일치해서 하나의 집을 만듭니다. 각자 제멋대로 다른 것을 만드는 것은 아닙니다. 그 하나의 집을 서로 공동으로 만들며 상위하지 않는, 위배되지 않는 점이 동상이라고 합니다.

앞의 총상과 동상의 차이에 대해서는 "총상은 오직 하나의 집을 바라보고 설하는 것이다. 지금 이 동상은 서까래 등의 여러 연에 맺어 있다. 체가 각각 다르다고 해도, 이루는 힘의 뜻은 가지런하기 때문에, 동상이라고 명명하게 된다."라고 설명합니다. 역시 총상은 하나의 전체를 말하는 것이고, 한편 동상은 각 부분이 마찬가지로 하나의 전체를 구성하는 점을 말하는 것 같습니다. 이 점에서는 서까래도 기둥도 가름대도 같은 것이라고 할 수 있다는 것입니다.

이것에 대해서 이상이 있습니다.

넷째로 이상(異相)이란, 서까래 등의 여러 연(緣)은 자신의 유
형에 따라서 서로 차별이 있기 때문이다.

이상이란 서까래는 서까래, 기둥은 기둥, 가름대는 가름대, 다른 형
태·작용을 가지는 바를 말하는 것입니다. 서까래는 지붕을 받치고 기둥
은 들보나 가름대 등을 받칩니다. 앞서의 보는 법에 의하면, 하나하나의
건축재는 각각 똑같이 전체를 만들고 있지만, 그래도 각각의 기능은 다
르기 때문에야말로 집이 성립할 것입니다.

하나의 전체를 구성한다는 점과 개개의 구성요소는 고유의 존재로
서 독자적인 기능을 발휘한다는 점 역시 이러한 양면이 필요합니다. 이
와 같이 이상이 있기 때문에만 동상도 있다는 것이 되고, 동상이 성립해
야만 이상도 성립한다는 것이 됩니다.

앞의 별상은 개개의 부분이 전체와는 구별된다고 하는 것을 보는 것
이지만, 지금의 이상은 개개의 부분끼리가 서로 다르다는 것을 보는 것
입니다. 각각이 둘도 없는 개성과 기능을 가진 것이라고 하지 않으면 안
되는 바를 말하는 것입니다.

다시 성상이 있습니다.

다섯째로 성상(成相)이란, 이 여러 연(緣)에 말미암아서 집이
라는 의미가 성립하기 때문이다. 집을 이루기 때문에 서까래
등을 연(緣)이라고 부른다. 만약 그렇지 않다면, 두 가지 모두

성립하지 않는다. 지금 실제로 성립하는 것을 얻었기 때문에
성상(成相)이 있음을 알 따름이다.

성상은 서까래 등 갖가지 건축재가 집을 이루고 있는 바를 보는 것입니다. 서까래 등이 집을 성립시킬 수 없다고 하면, 집은 존재하지 않게 되어서, 서까래도 서까래가 아닌 것이 되어버립니다. 구성요소는 전체를 이루어야 구성요소일 수 있습니다. 여기에는 구성요소의 성립과 전체의 성립이 동시라는 사실도 포함될 것입니다.

동시에 구성요소가 전체를 이룬다고 할 때, 구성요소는 전체로 되어 다해버리는 것은 아닙니다. 구성요소는 어디까지나 구성요소인 채로 있어야 전체를 성립시킬 수 있습니다. 거기가 다음의 괴상이라는 것입니다.

여섯째로 괴상(壞相)이란, 서까래 등의 여러 연(緣)이 각각 자신의 법(法)에 머물러서 본(本)이 되는 것이 아니기 때문이다.

괴상은 서까래는 서까래에 머물고, 기둥은 기둥에 머물러서 결코 집 전체로 되어 다하는 것은 아니라는 바를 보는 것입니다. 그렇게 있어야 집도 거처로서 성립하는 것이 됩니다. 여러 가지 사물이 관계를 구성한다고 해서, 그 경우에 개개의 사물은 결코 관계의 전체로 될 필요는 없고, 또한 같은 성질의 것으로 통일되어서는 안 되고, 어디까지나 서로 다른

자기 자신에 투철해야 하고, 그렇기 때문에야말로 관계의 전체도 성립한다는 것입니다.

육상의 요약

이상으로 육상의 설명이 끝났습니다. 육상, 곧 총상·동상·성상의 세 가지 상과, 별상·이상·괴상의 세 가지 상들 사이의 차이에는 미묘한 것이 있고, 중복되는 듯한 느낌도 있어서, 구별을 명석하게 이해하는 일은 어렵습니다. 「육상원융의」에서는 이제까지의 설명 뒤에 다시 한번 위의 것을 정리해서 다음과 같이 말합니다.

총(總)은 곧 하나의 집
별(別)은 곧 여러 연
동(同)은 곧 서로 다름없음
이(異)는 곧 여러 연의 각자 구별
성(成)은 곧 여러 연의 결과를 말함
괴(壞)는 곧 각각 자신의 법에 머무름

또다시 그 차이를 확인할 수 있을 것입니다.

다시 한번 이 「육상원융의」에서는 마지막에 그 내용을 다음과 같은 게송으로 정리해서 제시합니다.

하나가 곧 여럿을 갖춤을 총상이라 하고
여럿이 곧 하나가 아닌 것이 별상이다.
많은 종류가 스스로 같이함이 전체를 이루고
각각 체가 구별되어 달라도 같은 것을 나타낸다.
하나와 여럿의 연기에서 이치는 미묘하게 성립하고
괴상은 스스로의 법에 머물러 늘 움직이지 않는다.
오직 지혜의 경계이지 사식(事識)*이 아니다.
이 방편을 따라서 일승으로 돌아간다.

의역이긴 하지만, 제 나름대로 번역해보겠습니다.

전체에 여럿의 구성요소를 갖춘 바를 총상이라고 한다.
여럿의 구성요소는 전체와 다른 바가 별상이다.
여럿의 구성요소론 있는 것이 스스로 일치 협력해서 전체를
이루는 바가 동상이다.
여럿의 구성요소는 각각 서로 다르기 [때문에 일치해서 전체
를 이루는] 바가 이상이다.
여럿의 구성요소와 전체가 서로 서로를 성립시키는 바가 성상
이다. [그 동시적 성립을 묘(妙)라고 한다.]
여럿의 구성요소 각각은 어디까지나 자기 자신의 특징을 유지
하는 바가 괴상이다.

---

* 사식(事識): 사물을 분별하여 인식하는 마음.

이들 육상원융의 세계는 오직 지혜에 의해 알려질 뿐이어서
통상의 지성으로 알 수는 없다.
이 육상을 관찰해가는 방편에 따라서 화엄일승의 세계로 깨달
아 들어가는 것이다.

어쨌든 육상에는 다르기 때문에 하나가 될 수 있고, 대립이 있기 때
문에 일치할 수 있다는 독자적인 관점이 있으며, 모순과 동일이 하나인
듯한, 실로 흥미 깊은 관점이 제시된다고 생각합니다.

시간적으로 본 육상원융의

그것은 그렇다 하고, 이 육상원융의에서 관계의 세계는 공간적으로
뿐만 아니라 시간적으로도 성립되는 사실은 말할 것도 없습니다. 화엄
은 언제나 시간적 관계와 공간적 관계의 전체를 보고 갑니다.

그러면 이 육상원융의가 시간적 관계에 적용되었을 때, 어떠한 사실
을 말할 수 있을까요? 이것에 대해서 언급한 부분이 있기 때문에, 그것
을 봐둡시다. 실은 「제2 교흥의」 부분에 나오는 것입니다.

이 의미가 현전한다면, 모든 미혹과 장애는 하나가 끊어지면
모든 것이 끊어져서, 구세(九世)·십세(十世)에 걸친 소멸을 얻
는다. 수행의 공덕[行德]은 하나가 이루어지면 모든 것이 이루

어진다. 진리의 본성[理性]은 하나가 나타나면 모든 것이 나타난다. 또한 보별구족(普別具足)하고, 처음과 끝이 모두 가지런해서, 처음 깨달음의 마음을 일으킬 때에 즉각 바른 깨달음을 이룬다.

어쨌든 일즉일체·일체즉일이기 때문에 한 생각에 하나의 번뇌를 끊는다면, 모든 과거 모든 미래에 걸친 번뇌의 일체를 끊는 것이 되고, 하나의 수행을 닦아서 그 공덕을 이룬다면, 육바라밀에서 불지(佛智)까지의 모든 지혜를 성취하게 되는 것이며, 그저 간신히 진여(眞如)·법성(法性)[理性]을 증득하면, 실은 그 모든 것을 원만하게 증명하는 일이 된다는 것입니다.

보별구족이란, 전체성과 개별성이 함께 동시에 존재한다는 사실, 집의 예에서도 그랬고, 수행의 길에서도 각각의 지위에 깨달음의 전체가 이미 상즉하는 사실을 말합니다. 이렇게 수행의 시작에서도 수행의 종극과 하나가 되고 있는 바가, 처음과 시작 모두 가지런하다는 상태일 것입니다. 그것은 수행의 어느 계위에서도 수증의 전체를 포함하고 있다는 사실입니다.

이상과 같은 논리에서 "초발심시(初發心時) 변성정각(便成正覺)"[초발심의 때에 정각을 이룬다.]이라고 합니다.

이 글귀는 『화엄경』 「범행품」에 나오는 구절로 화엄의 입장을 대표하는 유명한 구절입니다. 처음 보리심을 일으킬 때, 그 보리심에 깨달음

지혜의 전부, 부처 지혜의 전부가 포함되어 있다는 것입니다.

도카이도의 53개 역은 『화엄경』 「입법계품」의 선재동자가 53인의 선지식을 찾아가는 구도편력 이야기에서 유래한다는 설도 있습니다. 에도를 나와서 교토에 가려고 할 때, 에도를 나온 그 한걸음에 이미 교토로의 도착은 포함되어 있다는 것입니다. 교토로 향해 걸어 나갈 때의 일을 생각했을 때, 확실히 이 사실을 말할 수 있는 것일지도 모릅니다.

하지만 육상원융의에서는 끊임없이 총상에 대해서 별상, 동상에 대해서 이상, 성상에 대해서 괴상을 말하고 있었습니다. 에도는 어디까지나 멀리 교토의 도회지를 떠난 에도이고, 초발심시는 어디까지나 초발심에 고유한 특질을 가진 시간일 것입니다. 그 한 가지 측면도 잊을 수 없습니다.

그러나 그렇다고 해도, 에도에서의 한 걸음은 교토까지의 전 거리를 안에 포함한 한 걸음이라는 것도, 화엄의 견지에서 보면 사실입니다. 우리들이 보리심을 펴서 부처로의 길을 한걸음 한걸음 갈 때, 거기에 불지 (佛智)는 원만하게 구비되어 있는 사실을 생각하면, 이미 어떤 초조함도 없는, 느긋한 기분이 될 것입니다.

그렇기 때문에 전체 거리의 최초 한 걸음으로 비유되는 보리심을 일으킨다는 것은 아주 중요한 일, 결정적으로 중요한 일로 생각할 수 있었습니다.

이상으로 육상원융의를 자세히 살펴보았습니다. 또한 화엄의 수도론에 대해서는 장을 새롭게 하여 다음 장에서 생각해보려고 합니다.

10 빠른 성불의 길

불교의 수도론

불교사상은 크게 나누어 두 분야로 이루어져 있습니다. 하나는 이른바 세계관으로, 세계나 자기의 실상을 어떻게 고찰하고 요해하는가입니다. 또 하나는 이른바 실천론으로, 어떻게 수행해서 본래의 자기를 실현해나가는가입니다.

불교에서는 전자를 법상(法相)이라고 부르기도 합니다. 『구사론(俱舍論)』[설일체유부(說一切有部)]의 오위칠십오법, 유식(唯識)의 오위백법과 같은 제법의 체계인 아비다르마는, 그 대표적인 것입니다. 이것에 대해서 후자는 수도론(修道論)으로 부르는 세계입니다.

어느 불교종파도 독자적인 수도론이 있습니다. 천태종(天台宗)에는 천태종의, 진언종(眞言宗)에는 진언종의, 정토종(淨土宗)에는 정토종의, ……라고 하듯이 각각의 수도론이 있습니다.

정토진종(淨土眞宗)과 같이 절대타력(絶對他力)을 제창하는 경우에 수도론은 없다고도 생각할 수 있습니다. 거기서도 신성취(信成就)하면 이 생애 안에서 불퇴(不退)의 지위에 든다거나, 등각(等覺)의 지위와 같게 된다든가와 같은 설의 배경에는 기본적인 수도론을 전제한 셈으로, 역시 전적으로 수도론을 무시하는 것이라고는 할 수 없습니다.

수증일등(修證一等)을 설하고, 지관타좌(只管打坐)*을 설하는 도겐(道元)도 발심(發心)·수행(修行)·보리(菩提)·열반(涅槃)이라고 곧잘 말하기에, 행지도환(行持道環)**의 수도론이 거기에 존재한다고 할 수 있을 것입니다.

수도론이라는 것의 내용은 어떠한 수행을 어떠한 경로로 닦아 나갈지라는 사실이 중심이 됩니다. 어떠한 경로라는 것에는 어떠한 계위(階位)를 밟아서라는 사실이 포함됩니다.

그러면 화엄사상에서 수도론은 어떤 것일까요? 그 특징을 눈에 띄게 하기 위해서라도, 극히 평범한 대승불교의 수도론을 살펴봅시다. 그 기본은 유식의 수도론에서 구할까 하고 생각합니다.

유식에서는 수행의 계위를 십주(十住)·십행(十行)·십회향(十廻向)·십지(十地)·불(佛)의 41위로 설명합니다. 중국이나 일본의 불교에서는 자주 십신(十信)·십주·십행·십회향·십지·등각(等覺)·묘각(妙覺)의 52위를 설합니다. 화엄종에서도 이 계위를 사용하는 일이 많습니다.

---

* 　지관타좌(只管打坐): 잡념을 버리고 다만 오로지 좌선 하는 것.
** 행지도환(行持道環): 수행을 호지하여 도가 고리처럼 끊어짐이 없는 것.

무엇보다도 41위와 52위가 그다지 다른 것은 아닙니다. 왜냐하면 십주(十住)의 최초 계위는 초발심주(初發心住)로 부르는 처음 아눅다라삼먁삼보리, 곧 무상정등각의 실천을 구해가는 각오가 정말로 정해진 지위[발보리심(發菩提心)]를 말합니다.

그 각오가 정해지기 위해서는 믿음이 성취되는 상태, 신결정(信決定)하는 일이 필요합니다. 따라서 초발심주의 앞에는 신(信) 수행을 요청합니다. 52위의 경우는 그것이 십신(十信)으로 들어지는 것으로, 결국 41위와 52위는 크게 다른 것이 아닌 셈입니다.

유식에서는 지금의 41위를 다른 관점에서 다섯 단계로 분류합니다. 그것은 오위(五位)의 수도론으로, 그 오위란 자량위(資糧位)·가행위(加行位)·통달위(通達位)·수습위(修習位)·구경위(究竟位)라는 것입니다. 이 가운데 통달위는 견도(見道), 수습위는 수도(修道)라고도 합니다.

이 오위와 조금 전의 41위와의 관계를 나타내면, 대략 다음과 같습니다.

자량위 – 십주·십행·십회향
가행위 – 십회향의 마지막 단계
통달위 – 십지의 처음[초지의 입심(入心) 단계]
수습위 – 십지
구경위 – 불(佛)

육바라밀의 내용

그러면 이런 단계들에서 어떤 수행이 이루어질까요? 십주·십행·십
회향 등 각각의 수행이 있지만, 지금 여기서는 오위의 수도론에 따라서
간단하게 설명하기로 합시다.

우선 자량위(資糧位)는 그 후의 오랜 수행 길의 가운데를 무사히 넘
기 위한 양식을 축적해가는 단계입니다. 여기서는 불도(佛道)의 기초적
인 수행을 여러 가지로 해갑니다. 곧잘 육바라밀(六波羅蜜)이나 삼십칠
보리분법(三十七菩提分法)*, 사섭사(四攝事)[보시(布施)·애어(愛語)·동
사(同事)·이행(利行)], 사무량(四無量)[자(慈)·비(悲)·희(喜)·사(捨)]의
수행을 말합니다. 지금은 대승불교의 가장 기본이 되는 육바라밀에 대
해서 간단히 설명해둡니다.

육바라밀이란, 보시(布施)·지계(持戒)·인욕(忍辱)·정진(精進)·선
정(禪定)·지혜(智慧)입니다. 일반적으로 불교의 수행은 계(戒)·정(定)·
혜(慧)의 삼학(三學)이라고 하지만, 이 삼학에 정진 외에 보시와 인욕이
더해져 있습니다. 결국 육바라밀의 수행은 타자와의 관계를 중시한 것
이 됩니다.

보시는 남에게 베푸는 일이지만, 그것은 결코 금품이나 재물만을 주

---

* 삼십칠보리분법(三十七菩提分法); 삼십칠품(三十七品), 삼십칠조도품(三十七
助道品)이라고도 한다. 깨달음에 이르기 위한 37종의 자량(資量). 사념처(四念
處), 사정근(四正勤), 사여의족(四如意足), 오근(五根), 오력(五力), 칠각지(七覺
支), 팔정도(八正道)를 가리킨다.

는 것에 한하지 않습니다. 그것들의 보시를 재시(財施)라고 하며, 그 외에 법시(法施)라든지 무외시(無畏施)라든지가 있습니다.

법시란, 불교의 훌륭한 가르침을 독차지하지 않고 남에게도 전해주는 일입니다. 이것은 불교의 가르침뿐만 아니라 다양한 사상, 지식이나 기술 등을 사람들과 나누는 것도 포함된다고 생각합니다.

무외시란, 두려움 없는 마음을 사람들에게 주는 것, 바꿔 말하면 상대의 불안을 없애주는 것, 사람의 기분을 부드럽게 하는 것이라고 할 수 있을 것입니다. 저는 보시에서 가장 중요한 것은 이 무외시가 아닐까 하고 생각합니다.

다음으로 지계(持戒)는 문자 그대로 계를 지키는 일입니다. 대승불교의 경우에 계는 세 가지 요소로 이루어졌다고 볼 수 있습니다. 첫째는 지악(止惡), 의식적으로 악행을 피해가는 섭율의계(攝律儀戒)입니다. 둘째는 수선(修善), 적극적으로 선행을 닦아가는 섭선법계(攝善法戒)입니다. 그리고 셋째는 타자를 소중히 하고, 상대를 위하는 일에 노력해가는 것입니다. 이것은 요익유정계(饒益有情戒)라고 부릅니다.

보통 계율이라고 하면 첫 번째 것만을 고려한다고 생각하지만, 대승불교의 계는 이와 같이 폭이 넓은 것입니다. 특히 사람들을 이롭게 하는 일이 포함되는 점은 주의해야 합니다.

수선은 결국 다양한 불도수행을 해가는 것입니다. 그러면 지악은 도대체 무엇일까요? 이른바 소승불교의 계율, 특히 계(戒)는 출가자의 수행공동체(saṃgha)의 운영규칙집이라는 성격이 다분히 짙은 것입니다.

대승의 계는 특히 재가자의 경우, 예를 들어 십악(十惡)의 방지 등을 생각하면 좋을 것입니다.

십악은 살생(殺生)·투도(偸盜)·사음(邪淫)·망어(妄語)·양어(兩語)·악구(惡口)·기어(綺語)·탐욕(貪欲)·진에(瞋恚)·사견(邪見)이라는 것입니다. 이 반대가 십선(十善)으로, 그 십선을 지닌 일을 십선계(十善戒)라고 합니다.

다음으로 인욕(忍辱)이란 참고 견디는 것입니다. 이것에는 우선 욕됨을 견디는 일이 있습니다. 남의 비난, 헐뜯음을 견디고, 짐짓 그 자를 해하려 하지 않고, 스스로를 바라보면서 주장해야 할 사실은 냉정하게 주장해가는 것입니다.

『법화경』에서 설한 상불경보살(常不輕菩薩)은 상대의 비방뿐만 아니라 폭력도 참으면서, 오로지 "당신은 부처가 될 분입니다."라고 합장 예배를 계속했습니다. 상불경보살은 그 수행에 의해서 신속하게 성불했다고 합니다.

또한 확실히 인내심 강하게 수행해가는 일도 포함됩니다. 한겨울 강추위의 쓰라림도, 한여름 무더위의 괴로움도 견디며 수행해가는 등의 것입니다.

그 다음으로 인욕에는 진리를 분명하게 관찰하여 알고 받아들여 가는 일이 포함됩니다. 진리를 끝까지 지켜보고 받아 두는 일에는 인내가 필요할 것입니다. 오히려 이것이 앞에 둘의 기반이 됩니다.

정진(精進)은 현대 일본어에서도 받아들이고 있듯이, 노력해 마지 않는 것입니다. 처음에는 그러기 위해서 대단한 정력이 필요합니다. 굳은 각오를 정해서 그것을 눌러 맞붙는 일이 필요합니다. 이렇게 노력하는 속에 어느새 동요하지 않고 힘쓰는 일이 가능하게 되고, 그런데도 아직 부족한 것이 있으면 더욱 노력해가는 것이 가능하게 됩니다. 그 전 과정을 포함해서 정진이라고 하는 것입니다. 이것은 어떤 방면에서도 할 수 있을 것입니다.

다음으로 선정(禪定)은 마음을 통일해가는 일입니다. 이른바 좌선(坐禪)의 세계로 실현되어가는 것과 같은 관찰의 대상에 마음이 집중된 상태를 말합니다. 원어는 dhyāna로, 선(禪)은 그 음과 관계됩니다. 이것에는 가지각색의 동의어가 있으며, samādhi도 그 하나로서, 이것은 삼매(三昧)로 음역됩니다. 흔히 무슨 무슨 삼매라는 것을 말하는데, 원래 삼매란 불도 수행 가운데의 말입니다.

불교에서는 예로부터 선정 없이 지혜는 있을 수 없고, 선정과 지혜 양쪽을 닦아야 한다고 합니다. 선정은 진정한 지혜의 실현을 위해서는 반드시 빼놓을 수 없는 것입니다.

그리고 마지막의 지혜는, 바로 지혜 그 자체입니다. 깨달음의 지혜를 펴기 이전에 닦은 지혜는 분석적으로 판단하고, 관찰해가는 작용이 중심이 되는 것인지도 모릅니다. 그러나 깨달음의 지혜라면, 근본무분별지(根本無分別智)라고도 부르는 것과 같은 지혜가 있고, 후득지(後得智)라고 하는 깨달음 이후의 분석적인 지혜도 있습니다. 아직 깨닫기 이전의 지혜 수행도 최종적으로는 무분별지로 이어져 가는 것이 될 것입니다. 다만 자량위에 있어서 지혜의 수행으로서는 불교의 가르침을 적확하게 파악하고 판단하는 일이 되리라고 생각합니다.

이상이 육바라밀의 내용입니다. 자량위에서는 이 육바라밀을 중심으로, 그 외의 다양한 수행도 쌓아 가는 것에 의해서, 한 걸음 한 걸음 걸어가는 것입니다.

부처로의 길

다음으로 오위 가운데의 두 번째 가행위(加行位)는 충분히 기초적인 수행을 하고, 깨달음의 지혜를 발휘해야 할 단계에 다가선 자가, 거듭 수행을 더하여 진실로 깨달음의 지혜를 실현시켜 가는 단계입니다. 이 수행은 앞에서도 말했듯이 십회향의 마지막 단계에서 닦습니다.

여기서는 깨달음의 지혜에 직결하는 지관행(止觀行)을 오로지 닦습니다. 유식의 경우에 유식관(唯識觀)이라는 관법을 집중적으로 닦는 것입니다. 유식관이라는 것도 어디까지나 지관행으로, 결국 선정(禪定) 세계[止] 가운데의 관찰행(觀察行)[觀]이 됩니다.

이 유식관에서는 언어와 그 나타내는 것 사이의 관찰을 통해서, 주관-객관 쌍방을 실체시하는 주-객 이원론적 선입관을 넘어선다는 것이 그 내용이 됩니다. 그런데도 최종적으로는 세계는[자기를 포함해서] 오직 식뿐이라는 요해마저 넘어가는 것입니다. 실로 유식의 가르침은 유식이라는 사상조차 스스로 넘어가는 구조를 갖춘 것입니다.

이 유식관이 철저해짐에 따라서 주─ 객 이원적 분열을 넘어섰을 때, 비로소 깨달음의 지혜를 낼 수 있습니다. 여기가 통달위(通達位)라고 불리는 단계로, 견도(見道)라고도 하는 곳입니다.

여기서는 먼저 무분별지(無分別智)*가 발생해서 진여(眞如)를 깨닫는다고 합니다. 진여를 깨닫는다고 해도, 그것은 대상적으로 인식한다는 것은 아닙니다. 그 지혜의 이름이 무분별지(無分別智)로, 그것은 직각적(直覺的)인 지혜라고 해야 할 것입니다.

이 무분별지가 일어나면, 그 후에 분석적인 지혜가 발생합니다. 이것을 후득지(後得智)라고 합니다. 이 후득지는 공정하게, 치우치지 않고 세계의 여러 모습을 적확하게 분석·판단해가는 것입니다. 이 지혜가 생기므로, 사람들에 대해서 적절한 대응·교화도 가능해지는 것입니다.

통달위[견도(見道)]는 십지(十地)의 처음[입심(入心). 각 지에는 그 밖에 주심(住心)·출심(出心)의 여러 단계가 있고, 초지의 주심 이하는 수습위(修習位)]에 해당합니다. 이후 더욱더 십지의 수행을 해가게 되는 것입니다.

일단 깨달음의 지혜를 발휘한다고 해도, 무시이래 일어나 계속되어온 아집(我執)·법집(法執)의 흔적이 의식 아래의 세계[아뢰야식(阿賴耶識)]에 철저히 배어들어 있으므로, 모든 문제가 해결되었다고는 할 수 없습니다. 거기서 거듭 십지의 수행을 해가는 것이지만, 이 단계를 수습위

---

* 무분별지(無分別智): 분별에 들지 않는 직각적(直覺的)인 지혜. 궁극의 진리인 진여·승의제를 깨달아 증득하는 것.

(修習位)라고도 하고 따로 수도(修道)라고도 합니다. 그 십지의 수행이란 다름 아닌 『화엄경』 「십지품」 [『십지경(十地經)』]에서 설한 바입니다.

십지의 수행 내용은 제법 다채로운 것이 있지만, 단순화해서 말한다면 순서대로 십바라밀을 수행해가는 일이 됩니다. 곧 보시(布施)·지계(持戒)·인욕(忍辱)·정진(精進)·선정(禪定)·지혜(智慧)·방편(方便)·원(願)·력(力)·지(智)의 십바라밀입니다. 다만 앞에서 언급한 과거이래의 아집·법집의 의식 아래에 있는 축적을 제거해 끊어가기 위해서는, 무분별지를 자주 일으켜 그것을 닦는 것이 가장 효과가 있습니다. 이것은 수도(修道)[수습위(修習位)]의 한 가지 요점이 됩니다.

이렇게 십지의 수행이 완성될 때, 부처가 됩니다. 부처라는 것은 유식의 설명으로 말하면, 팔식이 전부 지혜가 된 사람을 말합니다. 곧

아뢰야식 → 대원경지(大圓鏡智)

말나식 → 평등성지(平等性智)

의식 → 묘관찰지(妙觀察智)

전오식 → 성소작지(成所作智)

로 된다는 사실입니다. 사지(四智)가 원만히 밝고, 모든 공덕을 완성해 자리(自利)·이타(利他) 모두 원만하게 성취된 사람이 부처라는 존재입니다. 그 자리·이타는 자각(自覺)·각타(覺他)라고도 합니다. 이렇게 지혜를 성취한 부처는 미래영겁토록 고통을 겪는 다른 사람들의 구제 활

동을 계속한다고 합니다.

이상으로 유식의 입장에서 설한 오위의 수행에 대해서 간단하게 설명해보았습니다. 유식은 대승불교의 기초를 이루는 대승의 아비다르마[법상(法相)]을 전개하는 학문이기도 하므로, 대부분의 대승불교는 일단 이 수도론을 기준으로 한다고 생각해도 좋을 것입니다.

유식의 수행 길이

그러면 이 수행의 전체, 처음으로 보리심을 내서 부처가 되기까지의 과정은 도대체 어느 정도의 시간이 걸리는 것일까요?

실은 유식에서는 이 수행의 길이는 상상을 초월할 듯한 대단히 긴 시간이 걸린다고 합니다. 물론 그것은 죽어서 태어나고, 죽어서 태어나고, 몇 번이고 생사윤회해서 수행해가는 것이 됩니다. 처음 보리심을 내서 부처가 되기까지 유식에서는 누구라도 반드시 삼대아승기겁(三大阿僧祇劫)이라는 헤아려 알 수 없는 시간이 걸린다고 합니다.

일대아승기겁(一大阿僧祇劫)의 시간이 어느 위(位)의 길이인가 하면, 그것은 "팔백 리짜리의 입방체 돌을 정거천(淨居天) 옷의 무게 삼수(三銖)* 되는 것으로, 그 정거천의 연시(年時)**의 삼 년마다 한 번씩 떨어

---

* 수(銖)는 중량이 지극히 가벼운 것.
** 정거천의 연시는 천보광명수(千寶光明樹)라는 수목이 괴멸하는 사이를 일 년

없애서, 그것이 마침내 닳아 없어지는 데 걸리는 시간"이라고 합니다.*
일대아승기겁만으로도 참으로 정신이 아찔해지는 듯한 시간이지만,
이것을 세 번 거듭해야 우리의 수행은 완성된다는 것입니다.

덧붙여서 이 삼대아승기의 41위에 대한 배분은 다음과 같습니다.

더욱 상세히는 제10지의 최종단계에 이르러서, 다시 백겁(百劫)의
사이에 업(業)을 쌓고, 그렇게 해서 불과(佛果)를 실현한다고 하는 것입
니다.

──────

으로 한다.
* 深浦正文, 『唯識学研究(下巻)』, 永田文昌堂.

인도인은 오랜 시간을 걸려서 수행할수록 소중하다고 생각했던 것 같습니다. 그렇다 치더라도 우리들이 보리심을 내서 부처가 되어가는 것을 엄청나게 길고 먼 도정으로 설합니다.

화엄의 삼생성불

그러면 화엄의 수도론은 어떤 것일까요? 앞서도 말했지만, 화엄종에서는 수행의 계위로서 주로 52위설을 채용하는 듯합니다. 그것은 『화엄경』스스로에서 그 계위를 시사하기 때문입니다. 『육십화엄』[60권본 『화엄경』]에서는 7처 8회의 설법으로 34품의 가르침을 설했지만 거기서는,

도리천궁회　제11 「보살십주품」
야마천궁회　제17 「공덕화취보살십행품」
도솔천궁회　제21 「금강당보살십회향품」
타화천궁회　제22 「십지품」

으로 이른바 십주·십행·십회향·십지의 수행이 설해진다고 볼수 있습니다.

더구나 도리천궁회 앞의 보광법당회 설법에서는 "믿음은 도의 근원

이고, 공덕의 어머니이다. 일체 모든 선법을 증장해서, 일체 모든 의혹을 제거하여 없애서, 위없는 도를 나타내 보여 개발한다.”(「현수보살품」) 등이 있어, 믿음의 수행을 묘사한다고 생각할 수 있습니다. 실제로 같은 보광법당회의 「보살명난품」, 「정행품」 등에서는 십신(十信)에 해당하는 것도 설합니다.

한편 『팔십화엄』[80권본 『화엄경』] 「십인품(十忍品)」, 「입법계품」에는 등각(等覺)에 해당하는 것을 설한다고 합니다. 따라서 화엄종에서는 52위의 수도론을 사용하는 것이 됩니다.

그러면 부처로 수행해가는 그 도정의 길이를 어떻게 생각하고 있는 것일까요? 실은 화엄의 견해는 독특해서 유식의 길고 먼 수행에 비하면, 맥이 빠질 정도로 짧은 시간의 수행밖에 생각하지 않습니다.

우선 첫째로, 그것을 나타내는 것이 '삼생성불(三生成佛)'의 설입니다.

곧 세 번의 생애에 의해서 부처를 이룬다는 것입니다. 그 삼생이란 견문위(見聞位)·해행위(解行位)·증과해위(證果海位)의 세 번의 생애입니다. 맨 처음의 생에서 화엄의 가르침에 대해서 보고 들어서, 그것에 따라 다음 생에서 화엄의 불법을 신해(信解)해서 수행해가면, 다음 세상에는 이미 부처로 실현되어버린다는 것입니다.

이것에 대해서 『오교장』에는 다음과 같은 것이 있습니다. 제10 「소전차별(所詮差別)」의 세 번째 '행위분제(行位分齊)' 부분에 나오는 것입니다.

첫째는 견문위(見聞位)를 이룬다. 이 다함없는 법문을 보고 들어서 금강(金剛)의 종자를 이룬다는 등 「성기품(性起品)」에서 설하는 것과 같다.

둘째는 해행위(解行位)를 이룬다. 도솔천자(兜率天子) 등이 악도(惡道)에서 빠져 나와서, 한 생에 바로 이구삼매(離垢三昧)가 현전하는 것에 이르고, 십지(十地)의 무생법인(無生法忍) 및 십안(十眼)·십이(十耳) 등의 경계를 얻는다. 널리는 「소상품(小相品)」에서 설한 것과 같다. 또한 선재(善財)가 처음 십신(十信)에서 내지 십지(十地)까지, 선우(善友)가 있는 곳에서 한 생 한 몸 위에서, 모두 다 이와 같은 보현의 모든 행위(行位)를 구족한다는 것도, 이러한 의미이다.

셋째는 증과해위(證果海位)이다. 미륵(彌勒)이 선재에게 "내가 앞으로 올 세상에서 바른 깨달음을 완성할 때, 그대는 나를 볼 것이다."라고 알린 사실과 같은 것이다. 이것은 인과(因果)의 전후에 따라서 두 가지 위(位)를 나누기 때문이라고 알아야 한다. 이런 까닭에 앞의 위는 다만 인(因)의 완성이고, 과(果)는 뒤의 위에 있다. 그러기에 마땅히 "나를 볼 것이다."라고 설한 것이다.

우선 견문위의 생이 있습니다. 이것은 화엄의 가르침을 보고 들어서, 그 불도를 실현할 깨지지 않는 인(因)을 형성하는 기간입니다. 금강의 종자란 다이아몬드와 같이 단단해서 파괴될 수 없는 진실한 불지(佛智)를 실현해가는 원인입니다. 이 한 생이 있는 것에 의해서 화엄의 불도를 걸어가는 기회가 익어가게 될 것입니다.

그렇게 되면 다음 생에서 실제로 신해(信解)가 발생하고, 게다가 성불의 직전까지 수행이 나아간다고 합니다. 단지 한 생만으로 유식에서 삼대아승기겁이 걸린 수행이 완성되어버린다고 합니다.

그 예로서 도솔천자와 선재동자의 예를 듭니다. 도솔천자라는 인물은 지옥에 떨어져 있었지만, 부처의 광명을 만남으로써, 지옥을 나와서 도솔천에 태어났다고 합니다. 지옥을 나올 때까지가 견문위의 생이고, 도솔천에 태어난 한 생이 해행위입니다.

이 한 생의 사이에서 도솔천자는 번뇌의 더러움을 완전히 떠난다는 이구삼매의 현전을 얻습니다. 그것은 십지의 마지막 단계[만심(滿心)]에서 이루는 삼매라고 합니다. 그 삼매를 통해서 십지의 무생법인(無生法忍)* 깨달음의 지혜를 얻고, 게다가 십안(十眼)·십이(十耳) 등의 경계를 얻는다고 합니다. 이것은 초발심주 이상에서 십지까지의 모든 수행도, 그 한 생에서 성취되고 만다는 것을 의미하는 셈입니다.

또한 「입법계품」에서 설한 선재동자의 구도편력 이야기에 의하면, 선재동자는 53인의 선지식을 방문하는 가운데의, 그 한 생의 사이에서 모든 수행을 완성해버립니다. 그래서 이것을 십신·십주·십행·십회향·십지의 수행이, 모두 한 생 동안에 진행되어버리는 것의 증거로 삼습니다.

『오교장』은 거기를 "한 생의 한 몸 위에서, 모두 다 이와 같은 보현의

---

* 무생법인(無生法忍): 불생불멸(不生不滅)의 진리를 체득하는 깨달음.

모든 행위(行位)를 구족한다."라고 합니다. 보현의 행이란 화엄이 강조하는 보살행이며, 그것은 자비행·이타행을 다분히 의미하는 것입니다.

그렇게 되면 세 번째 생의 증과해위(證果海位)[과증위(果證位)]로, 이미 성불해버린 셈입니다. 그 증거로서 역시 「입법계품」에서 미륵보살이 선재동자에게 한 말을 들고 있습니다.

그 가운데 "내가 앞으로 올 세상에서 바른 깨달음을 완성할 때"라는 것은 수행이 완성된 사실을 나타낸다[인만(因滿)]고 합니다. 다시 "너는 마땅히 나를 볼 것이다."라는 것은 그것에 따라 불과가 성취된 사실을 말하는 것[과만(果滿)]이라고 합니다. 여기에 수행의 완성에 따라 불과의 완성이 미래세의 일로서 제시되고 있는 이상, 현재세의 해행위 수행과 별도로, 그 후의 미래세에 증과위가 있는 것이 된다고 합니다.

이렇게 화엄사상에서는 겨우 삼생 가운데의 성불을 설하지만, 그 첫째 특징은 해행위의 한 생에서 모든 수행이 완성해버린다는 것입니다. 사실은 그 한 생에서 성불도 이룬다고 보는 것도 가능하므로, 본래는 이생성불(二生成佛)로 좋다는 설이 있을 정도입니다.

여인성불의 주장

이 삼생성불에 대해서는 십현문 가운데의 '제법상즉자재문(諸法相卽自在門)'에서도 언급됩니다. 거기서는 다음과 같이 말하고 있습니다.

지금 부처가 된다는 것은 처음에 견문(見聞)한 이후, 제2생에까지 바로 해행(解行)을 이루고, 해행의 종심(終心)에서 인위(因位)가 완성된 자가, 제3생에서 그 구경(究竟), 자재(自在), 원융(圓融)의 과(果)를 얻는다는 것일 뿐이다. 이 인(因)의 본체는 과(果)에 의해 성립하기 때문이다. 다만 인위(因位)가 완성된 자만이 뛰어나게 진보해서 과(果)의 바다 속으로 빠지게 되는 것이다. 이것은 깨달음의 경계이기 때문에 말로 할 수가 없다. 이것은 용녀(龍女) 및 보장엄동자(普莊嚴童子), 선재동자(善財童子), 도솔천자(兜率天子) 등이 삼생(三生) 가운데서 그 과(果)를 이루어낸다는 의미 등과도 같다. 넓게는 경(經)에서 말하는 사실과 같다. 마땅히 준하여 이것을 생각하라.

여기서는 "이 인의 본체는 과에 의해 성립하기 때문이다."라며, 수행의 세계는 불과(佛果)에 의거하기 때문에야말로, 불과를 나타내는 일이 가능하다고 합니다. 결국 수행은 끊임없이 불과가 뒷받침되었던 것이고, 거기에는 무언가 불과가 이미 작용하고 있다는 것입니다.

동시에 궁극적 불과의 세계는 '구경, 자재, 원융의 과'라고 중중무진 연기의 세계인 사실을 제시하고 있지만, 한편으로 그것은 깨달아 증득한 세계이기 때문에 불가설이라고도 합니다.

그것은 어쨌든, 여기서는 삼생성불의 예로서 용녀·보장엄동자·선재동자·도솔천자의 네 사람을 듭니다. 이 가운데서 선재동자와 도솔천자에 대해서는 이미 보았습니다.

선재동자라는 인물은『화엄경』의「노사나불품」에 나오는 남자아이로, 화엄종에서는 비로자나불이 수행하던 시대의 이름과 다르지 않다고 합니다.

실은 비로자나불이 무량겁의 수행을 했다고도 이야기합니다. 한편 선재동자는 한 생 안에서 수행을 완성해 성불한다고 합니다. 이 부근은 어떤 일정한 시간과 영원과도 가까운 오랜 시간이 구별 없이 생각되는 셈으로, 화엄다운 융통무애한 해석에 의할 것입니다.

흥미 깊은 것은 뒤에 남은 용녀에 대한 화엄의 견해입니다. 용녀라는 인물은『법화경(法華經)』제12「제바달다품(提婆達多品)」에 나오는, 어느 용왕(龍王)의 여덟 살짜리 여자아이입니다. 경전에서 문수보살은 이 여자 아이의 뛰어난 모습을 극구 찬탄합니다.

곧 "사갈라(娑竭羅) 용왕의 딸은 나이가 이제 여덟 살이었다. 지혜가 있어 영리하고, 중생의 여러 근기의 행업(行業)을 잘 알며, 다라니를 얻어, 모든 부처께서 설하신 깊고 비밀스런 가르침을 모두 잘 받아 지니고, 깊은 선정에 들어서 모든 법을 요달하고, 찰나 사이에 보리심을 내어서 물러남이 없는 지위를 얻었다. 말재주가 걸림이 없으면서, 중생을 자념(慈念)하는 일이 가히 갓난아이 대하듯 했다. 공덕을 구족해서 마음으로 생각하고, 입으로 연설하는 일은 미묘하고 광대해서 자비롭고 어질었다. 의지는 부드러워서 깨달음에 이를 수 있었다."라고 합니다.

이것에 대해서 지적보살(智積菩薩)이나 사리불은 여인의 빠른 성불에 깊은 의문을 나타냅니다. 누구라도 길고 먼 기간을 수행해야 비로소 부처가 될 수 있는 것이지, 그렇게 간단치 않을 거라는 것입니다. 그러나 그 지적보살과 사리불의 눈앞에 다음과 같은 사태가 일어났습니다.

> 그때 용녀에게 하나의 보배 구슬이 있었다. 그 가치는 삼천대천세계와 같았다. 받들어 부처님께 올리니, 부처님은 바로 이것을 받으셨다. 용녀는 지적보살과 사리불존자에게 이르길 "제가 보배 구슬을 받치니, 세존은 받아서 넣어 두셨습니다. 이 일이 빠르지 않습니까?"라고 했다. 답하기를 "매우 빠르다."라고 했다. 용녀가 "당신의 신통력을 가지고 제가 성불하는 것을 보십시오. 또한 이보다도 빠를 것입니다."라고 말했다.
> 그때 모인 대중은 모두 용녀가 홀연한 사이에 변하여 남자가 되어 보살의 행을 갖추고, 바로 남쪽의 무구세계(無垢世界)에 가서 보배 연꽃에 앉아 등정각을 이루어 삼십이상(三十二相)·팔십종호(八十種好)를 갖춰서 널리 시방의 모든 중생을 위하여 미묘한 법을 연설하는 것을 보았다.

이렇게 겨우 여덟 살짜리 여자아이는 실로 빠르게 성불을 이루었던 것입니다. 화엄종에서는 『법화경』의 이 기술을 가지고, 역시 한 생의 사이에 성불을 이룬다는 것으로 해석할 만합니다.

또한 화엄의 입장에서 보면, 성불하기 위해서 여성인 몸을 남성인 몸으로 변할 필요도 없고, 자신이 있는 곳을 떠나서 남쪽의 무구세계 등으로 갈 필요도 없습니다.

그럼에도 불구하고 "변해서 남자로 되어" 성불했다는 등으로 쓴 것은, 그 용맹한 모습을 묘사한 것으로 해석합니다.

또한 남쪽으로 갔다고 쓴 것은『법화경』의 입장에서 다양한 수행자[성문·연각·보살]를 이끌기 위해서, 그 입장에서 그렇게 말했을 뿐이고, 본래는 한곳에서 시방으로 두루 걸쳐 있는 것으로, 그 자리 그대로 성불하는 것이라고 주장합니다. 가령 여자아이라도 화엄에 의하면, 그 자리에서 성불할 수 있는 것입니다.

역시 천태 등의 입장에서도 "다만 주석가들에 의하면 성불의 본질은 여인에 입각한 성불, 곧 여인즉성(女人即成)으로 보는 것이지, 남자로 다시 태어나 성불한다고는 보지 않는다."*고 말합니다. 그렇다고 하면, 불교사상사는 여인성불을 적극적으로 긍정해나가려는 흐름을 형성했던 사실이 있었다고 할 것입니다.

어찌되었든 부처의 세계 그 자체는 말할 수 없다고 해도, 실제로 부처가 된다고 하는 일은 있는 것입니다. 그것이 화엄에 있어서는 남녀를 묻지 않고 삼생 동안에 완수된다고 설합니다.

---

*『法華経(下)』, 岩波文庫.

신만성불의 사상

더욱이 화엄사상에서는 수행하고 훗날 부처가 되기보다는 이미 보리심을 내면 벌써 부처와 같다고 설합니다. 이것도 화엄의 독특한 수도론의 하나입니다.

『화엄경』「범행품」에는 "처음 마음을 냈을 때, 바로 바른 깨달음을 이룬다."(初發心時 便成正覺)는 유명한 말이 있습니다. 대승불교의 경우에 보리심이란 반드시 아뇩다라삼먁삼보리심, 바로 무상정등각(無上正等覺)[이 위없는 바른 깨달음]을 구하는 마음입니다. 이 마음을 일으킨 때에는 벌써 부처가 된 것과도 같다고 『화엄경』은 설하는 것입니다. 성불에 삼생도 필요 없는 듯합니다.

유식의 수도론에 의하면, 십주·십행·십회향·십지·부처라는 41위의 삼대아승기겁의 길고 먼 수행이 필요했습니다. 처음 보리심을 일으켰을 때는 십주의 가장 최초의 자리, 초발심주의 자리에 들어갈 때라고 하는 것입니다. 그때 화엄에서는 이미 정각을 이루었다고, 부처가 되었다고 합니다. 여기에는 수행 길 가운데의 정말로 대폭적인 단축이 있습니다.

52위의 수행 계위에서는 십주의 그 앞에 십신이 있었습니다. 곧 초발심주에 오르기 위해서는 믿음이 성취되는 일이 반드시 필요합니다. 믿음이 결정되어야 비로소 보리심을 내는 일이 가능합니다. 따라서 "초발심 때에 곧 정각을 이룬다."는 것은 믿음이 성취되면 부처가 된 것이나 마찬가지라는 사실과도 다르지 않습니다. 이곳을 예로부터 '신만성불 (信滿成佛)'이라고 하고, 뒤에 보듯이 『오교장』에서도 이것을 설합니다. 이 '신만성불'의 사고방식은 머지않아 중국·일본의 불교에 큰 영향을 주었습니다.

도대체 이러한 사고방식은 어떻게 이루어질까요? 그것은 역시 화엄 의 상즉·상입의 사고방식에 의하기 때문일 것입니다. 화엄에서는 일즉 일체·일체즉일, 일입일체·일체입일이라고 설했습니다. 물론 이것은 공간적으로 뿐만 아니라, 시간적으로도 성립한다고 봅니다. 따라서 수 행의 계위로 이것을 말하면, 예를 들어 초발심주의 계위에 다른 모든 계 위, 불과까지의 계위가 즉해서 들어가 있다는 사실이 됩니다.

혹은 십지의 초지 계위에도, 그 전후 모든 계위가 즉(卽)·입(入)해 있 는 것이 됩니다. 더욱이 수행이 인(因)인 이상은 어디까지나 과(果)에 대 해서의 인(因)이므로, 결국은 인(因)이 있는 곳에 과(果)는 이미 있다는 사실도 됩니다. 화엄의 경우 시간적인 인과가 성립하는 전제에서 인과 동시(因果同時)라는 사태가 있다고 설합니다.

이렇게 해서 '초발심시 변성정각'이 되고, 심지어는 어느 계위도 각각 수행도의 전체를 포함하고 있다는 것이 되는 셈입니다.

여기를 앞[제9장]에서 본 「육상원융의」에서는 다음과 같이 말합니다.

이 의미가 현전한다면, 모든 미혹과 장애는 하나가 끊어지면 모든 것이 끊어져, 구세(九世)·십세(十世)에 걸친 소멸을 얻는다.

수행의 공덕[行德]은 하나가 이루어지면 모든 것이 이루어진다.
진리의 본성[理性]은 하나가 나타나면 모든 것이 나타난다. 또한
보별구족(普別具足)하고, 처음과 끝이 모두 가지런해서, 처음 깨
달음의 마음을 일으킬 때에 즉각 바른 깨달음을 이룬다.

예컨대 수행의 공덕을 하나라도 성취하면, 모든 공덕이 성취된다고
제시하고 있습니다. 하나의 개별 가운데에 모든 전체가 갖춰지고, 인(因)
은 인(因)이기 때문에 과(果)를 동반하고, 시작과 끝도 모두 같다고 설합
니다. 육상원융의 모습을 관찰해서 그 도리가 분명하게 현전하면, 이 사
실을 확실하게 알 수 있다고 합니다.

어느 계위도 불과의 전체

또한 십현문 가운데서도 역시 '제법상즉자재문'으로 이 사실을 자
세하게 설명합니다. 그 가운데에 동체의 상즉과 이체의 상즉을 설합니
다. 이체의 관계는 다른 것끼리의 관계였습니다. 따라서 초심(初心)도 시
(時)를 사이에 둔 불과(佛果)와 상즉한다는 것이 됩니다.

동체의 관계란 어느 하나의 것 안에 그 자신 이외의 요소가 갖춰져
있어, 그 안에서 자타의 관계를 말하는 것이었습니다. 동체의 상즉에 의
하면, 초심 그 자체 안에 불과도 갖추어져 있어서, 그 초심과 불과가 상즉
한다고 보는 것입니다.

이렇게 해서 초심과 불과는 때를 사이에 두고 상즉하는 것이지만, 그것은 애초에 초심 안에서 그 초심과 불과가 상즉해 있기 때문입니다. 이 것은 초심과 불과와의 사이만은 아니고, 초심에서 불과까지의 수도에 관한 모든 공덕이, 41위나 52위의 십주 이후 어느 계위에도 거두어져 있다고 보는 것이 됩니다.

이상의 사실을 제법상즉자재문에서는 『화엄경』의 구절을 몇 개 끌어들여서 해설합니다. 다음과 같습니다.

그러기 때문에 경전에서는 "처음 발심한 보살의 그 일념(一念) 공덕은 깊고 넓어서 한계가 없다. 여래께서 분별해서 설하시는데도 겁(怯)을 다한다고 해도 다할 수가 없다. 어찌 하물며 무량(無量)·무수(無數)·무변겁(無邊劫) 동안에 있어서, 모든 바라밀과 모든 경지에 갖춰진 공덕의 행을 닦음에 있어서야." 라고 설한다.[「현수보살품」]
뜻으로 말하니, 한 생각이 깊고 넓어서 한계가 없다는 것이다. 참으로 연기하는 법계에서는 하나가 일체에 즉하는 것에 말미암을 뿐이기 때문이다. 저 동체문 가운데의 동전 하나가 바로 중중무진의 의미를 얻음과 같다는 것은 이것을 말하는 것이다. 하물며 무변겁이란, 바로 나머지 하나하나의 문 가운데서 각각 무진(無盡)의 뜻을 나타내는 것이다.
그 까닭은 이 경전에서 "초발심 보살은 바로 부처이기 때문이다."라고 다시 말하고 있기 때문이다.[「초발심보살공덕품」]
이 연기의 묘한 이치는 처음과 끝이 가지런해서 처음을 얻으면 바로 끝을 얻는다. 끝을 궁구하면 바야흐로 시작을 캐묻는다. 위에서 말했듯이 동시에 구족했기에 그럴 수가 있는 것이다.

또한 "어느 하나의 경지에서 널리 모든 경지의 공덕을 섭수한다."라고도 설한다.[「세간정안품」] 이렇기 때문에 하나를 얻으면 일체를 얻는다.

또한 "하나가 그대로 여럿이고, 여럿이 그대로 하나라고 알기 때문이다."라고 한다.[「보살십주품」] 십신(十信)의 종심(終心)에서 곧 부처가 된다는 것은 바로 그 일이다.

일즉다(一卽多)란 믿음이 완성된 계위에 불과까지의 모든 공덕을 갖추고 있는 것이고, 다즉일(多卽一)이란 불과까지의 모든 계위에 믿음이 완성된 공덕을 포함하고 있다는 것을 의미합니다. 더욱이 여기서는

이 처음 발심한 보살은 바로 부처이기 때문에, 모두 삼세의 여래와 평등하다. 또한 삼세의 부처 경계와도 평등하다. 모두 삼세의 부처 정법과도 평등하다. 여래의 일신(一身)과 무량신(無量身), 삼세의 제불과 평등한 지혜를 얻는다. 교화한 중생도 모두 다 동등하다.「초발심보살공덕품」

라는 구절도 끌어들이고 있습니다.

이러한 상태는 관념상의 일이라고 생각할 수 있지만, 화엄의 입장에서는 전부 '법성가(法性家)의 실덕(實德)'을 논하고 있는 것이므로, 곧 실

제상의 일이라고 주장합니다.

이상을 정리해서 제시하는 것이 『오교장』 「소전차별」 가운데의 '행위차별'을 설하는 곳의 첫머리 부분입니다.

> 첫째는 계위에 기댄 것과 관련해서 나타내는 것이다. 처음 십신(十信)에서 불지(佛地)에 이르기까지의 여섯 가지 계위는 같지 않으나, 하나의 계위를 얻음에 따라서 모든 계위를 얻는다. 어떤 까닭인가 하면, 육상(六相)으로써 취했기 때문이다. 주도하거나 수반되기 때문이고, 상입하기 때문이고, 상즉하기 때문이고, 원융하기 때문이다. 경에서 "하나의 지위에서 널리 모든 지위의 공덕을 섭수하기 때문이다."라고 했기 때문이다. 따라서 그 경전 속에서 "십신(十信)의 만심(滿心) 승진분(勝進分) 위에서 모든 지위 및 불지(佛地)를 얻는다."라는 것은 그것을 나타내는 것이다. 또한 모든 지위 및 불지 등이 상응한다는 등으로, 곧 인(因)과 과(果)는 다른 것이 아니어서 처음과 끝의 사이에는 어떠한 걸림도 없다. "하나하나의 위(位) 위에서, 그대로 보살이고, 그대로 부처다."라는 것은 이러한 의미이다.

육위(六位)라는 것은 십신·십주·십행·십회향·십지·묘각으로, 그것은 대승시교 등의 계위입니다. 여기서는 굳이 그 계위에 기대어 보살 수도의 관점을 제시한 것입니다.

이렇게 화엄의 관점에서는 수도에 관한 어느 계위에 있어서도, 예를 들어 초발심의 계위에서도 수도론 전체를 포함해서, 불과(佛果)의 무한한 공덕을 담고 있다고 합니다. 모든 수행은 불과로 인도되고, 불과에 의지하고, 불과 위에서 수행한다는 것이 됩니다. 이 말에 수긍이 갔다면, 삼생에 의해서 성불한다는 사실 이상으로, 바로 지금 이곳으로 안심(安心)을 가져다 줄 것입니다.

아마도 부처 지혜는 범부도 포함한 모든 사람들에게 침투해 있는 것이라고 생각합니다. 하지만 어느 계위에도 깊고 넓은 공덕이 갖추어져서 작용하고 있다고 설하는 것은 어디까지나 초발심주 이후인 것 같습니다. 단지 범부도 불과의 공덕을 갖추고 있다고는 대체로 말하지 않습니다. 믿음이 성취되고, 보리심을 낸 이후에만 그것은 말해지고 있습니다. 그만큼 발보리심이라는 것은 결정적으로 중요한 것 같습니다.

그러면 대체 보리심을 내는 일은 어떻게 가능할까요? 삼생성불의 설에서 제1생은 견문위라고 했듯이, 우선 불교의 가르침에 접하는 것, 그것에 의해서야말로 마음은 열려갈 것입니다.

그 가르침이란 부처가 설법해주신 것으로, 부처 자비의 발동, 대비(大悲)의 발동에 의한 것입니다. 우리가 보리심을 낸다고 해도, 그것은 부처의 작용에 따라야 합니다. 그 가운데서 부처의 생명에 지탱된 자신의 진실에 눈을 떴을 때, 그 사람은 이미 부처와 마찬가지다고 화엄에서는 설했습니다.

Part

03

11 화엄사상과 일본문화

일본불교 개관

이제까지 『화엄경』의 사상 그리고 화엄종의 사상을 해설해왔습니다. 아울러 '화엄사상'으로서 그 대부분은 이미 소개했다고 생각합니다. 이번 장에서는 그 화엄사상이 어떻게 일본불교에 영향을 주었는지에 대해서 한번 훑어보기로 합시다.

한마디로 불교라고 해도 일본에는 다채로운 불교가 있습니다. 각 종(宗)에 따라 다양한 가르침이 있고, 그런데도 그들은 다 같이 불교로 불리며 존재합니다. 진종(眞宗)처럼 일신교적(一神敎的)인 불교도 있다면, 선종(禪宗)처럼 무신론적인 불교도 있어서, 그것들은 다 같이 일본불교로서 공존합니다. 바로 융통무애(融通無礙)로, 그 자체가 화엄적 상황이라고 해야 할지도 모릅니다.

우선 일본불교의 역사를 개관해둡시다. 일본불교의 연원은 무엇보다도 쇼토쿠 태자(聖德太子, 574-622)입니다. 쇼토쿠 태자는 불교를 적극적으로 받아들이고, 그 종교적 핵심에 관해서 깊은 이해를 보였습니다. 쇼토쿠 태자는『승만경』이나『법화경』을 강의하고, 호류지(法隆寺)나 시텐노지(四天王寺) 등을 건립하는 등 불교를 기초로 한 당시 선진적인 문화국가의 건설을 목표로 했습니다. 일본의 교주(敎主)로 불리는 사실은 주지하는 바와 같습니다.

나라시대의 불교는 남도육종(南都六宗)이라고 합니다. 삼론종(三論宗)·성실종(成實宗)·법상종(法相宗)·구사종(俱舍宗)·화엄종(華嚴宗)·율종(律宗)의 여섯 가지 종입니다. 다만 성실종은 삼론종 안에서 연구되고, 구사종도 법상종 안에서 연구되었습니다.

오늘날 삼론종은 적어도 유력한 교단으로 존속하지 못하는 듯하지만, 유식을 연구하는 법상종, 화엄사상을 연구하는 화엄종, 계율을 연구하는 율종은 건재합니다. 법상종은 고후쿠지(興福寺)·야쿠시지(藥師寺), 화엄종은 도다이지(東大寺), 율종은 도쇼다이지(唐招提寺)가 중심적인 사찰입니다.

나라의 불교는 팔종겸학(八宗兼學)이라고 하며, 어느 종에 속한다고 해서 그 특정한 종의 가르침만을 깊이 연구하는 것은 아닙니다. 남도의 학승들은 어느 종의 사람이든 화엄종의 교학을 어느 정도 배웠습니다. 화엄종에서는 가마쿠라시대에 교넨(凝然, 1240-1321)이라는 위대한 학자가 나옵니다. 교넨의 유명한 저작의 하나로『팔종강요(八宗綱要)』가 있습니다.

헤이안 시대에 들어가면, 일본불교의 대표적인 조사(祖師)가 출현합니다. 천태종의 전교대사(傳敎大師) 사이쵸(最澄, 767-822)와 진언종의 홍법대사(弘法大師) 구카이(空海, 774-835)입니다. 사이쵸는 히에이산(比叡山) 엔랴쿠지(延曆寺)에 근거하여 『법화경』에 기초한 천태교의를 연찬(硏鑽) · 홍통(弘通)하고, 『범망경(梵網經)』의 대승계(大乘戒) 사상을 고조했습니다. 천태종은 『법화경』을 근본성전으로 합니다.

한편 구카이는 도지(東寺)나 고야산(高野山) 곤고부지(金剛峰寺) 등에 근거해 진언밀교(眞言密敎)를 알리고, 교육 · 복지사업 등에도 힘을 들였습니다. 밀교의 근본성전은 『대일경(大日經)』, 『금강정경(金剛頂經)』으로, 그 깨달음의 세계를 그림으로 나타낸 만다라(曼茶羅)를 이용하는 사실도 유명합니다.

사이쵸의 천태종은 천태 이외에 선(禪) · 밀교(密敎) · 율(律)도 지녀서 총합적인 불교가 되고 있습니다. 가마쿠라 불교의 조사 분들은 모두 한 번은 히에이산에서 수학하여, 히에이산은 확실히 일본불교의 모태가 됩니다. 한편 구카이의 밀교도 『비밀만다라십주심론(秘密曼茶羅十住心論)』, 『비장보약(秘藏寶鑰)』에서 성문 · 연각의 소승불교부터 법상종 · 삼론종 · 천태종 · 화엄종까지의 가르침을 자신의 체계에 집어넣은 것이어서, 역시 총합적인 불교입니다. 그와 같은 모습은 헤이안불교의 특징이라고 할 것입니다.

가마쿠라시대가 되자 일본의 독자적인 불교가 출현합니다. 그 배경에는 그때까지 불교 연구의 축적이 무르익어온 사실, 쿠게(公家) 사회에서 후케(武家) 사회로의 커다란 사회 변동기에 있어서 새로운 불교가 요구된 사실, 말법사상(末法思想)의 자각으로 절실하게 개인의 구제가 추구되었던 사실 등이 있습니다.

물론 가마쿠라 시대에 새로운 불교가 나타난다고 해서, 남도(南都)나 호쿠레이(北嶺)의 전통이 사라진 것은 아닙니다. 남도에서는 신불교의 흥륭에 호응해서 계율부흥운동에 의한 불교개혁운동이 진행되었습니다.

가마쿠라불교로서는 우선 호넨(法然, 1133-1212)의 정토교가 있습니다. 입으로 부르는 염불(念佛)에 의한 구제를 주창해서, 그 쉬운 가르침은 넓은 계층에 급속하게 퍼졌습니다. 호넨은 다채로운 제자들을 품고 있었습니다. 그 가운데 한 사람인 신란(親鸞, 1173-1262)은 믿음의 입장을 철저히 하여 후일 정토진종(淨土眞宗)의 조사가 되었습니다.

또한 쇼쿠(證空, 1177-1247)라는 유력한 제자도 있어서 서산의(西山義)라는 독자적 입장을 전개했습니다. 후에 그 흐름 가운데에 잇펜(一遍, 1239-1289)이 나와서 명호(名號)에 의한 구제를 널리 민중에게 전도했습니다. 잇펜의 정토교는 시종(時宗)이라고 합니다.

호넨(法然) 정토종의 가장 중심이 되는 사찰은 교토의 치온인(知恩院)이라고 해도 좋을 것입니다. 정토진종에서는 오늘날 동(東)·서(西)의 혼간지(本願寺)가 가장 유명하다고 생각합니다. 시종은 가나가와현(神奈川県) 후지사와(藤沢)의 쇼죠코지(清淨光寺)를 본산(本山)으로 합니다.

또한 당시의 중국 송(宋)에서는 선종(禪宗)이 왕성해져서 관계(官界)

에도 큰 힘을 발휘하고 있었습니다. 그러한 동아시아의 동향 가운데서 일본에서도 선종이 성립했습니다.

일본의 선종에는 에이사이(榮西, 1141-1215)에 의한 임제종(臨濟宗) 과 도겐(道元, 1200-1253)에 의한 조동종(曹洞宗)이 있습니다. 에이사이는 비교적 천태종과 협조한 것에 비해, 도겐은 자신의 선(禪)을 불교의 총부 (総府)로서 순수하게 호소하려고 했습니다.

도겐은 천태와 대립적인 처지가 되어 머지않아서 에치젠산(越前山) 에이헤이지(永平寺)에 근거하게 됩니다. 에이사이는 겐닌지(建仁寺)에 근거합니다. 그 후 쇼군가(將軍家)나 후케(武家)와 결합한 임제종에서는 중국의 오산십찰(五山十刹) 제도를 도입하고, 교토고잔(京都五山)·가마 쿠라고잔(鎌倉五山)이라는 사원을 건립했습니다. 임제종에서는 공안 (公案)을 수행에 쓸 수 있게 되었고, 한편 도겐은 지관타좌(只管打坐)를 표방했습니다.

신불교(新佛敎)의 대두로 히에이산도 다양한 의미에서 개혁을 강요 당한 상황에 처했을 것입니다. 그 가운데『법화경』에 기초한 새로운 불 교를 창도한 인물이 니치렌(一蓮, 1222-1282)입니다. 수많은 탄압을 받은 니치렌이지만, 그것에 의해서 오히려『법화경』을 홍포하는 사명을 부 여받은 사람이라는 자각이 깊어졌습니다.『법화경』의 제목을 제창하 는 일의 가운데서 구제를 호소했습니다.

만년(晩年)에는 미노부산(身延山)에서 제자들과 깊은 교류 속에서 살았으며, 후에 병의 요양을 위해서 이바라키현(茨城県)의 히타치(常陸)

로 향하던 도중에 무사시쿠니이케(武蔵国池)에서 사망했습니다.

이상은 극히 간단한 일본불교의 개요였습니다. 그 외에도 종(宗)이 있었고, 파(派)로 나뉘어 가는 상황을 더듬어 가면 더욱더 흥미 깊은 것이 있지만, 대체로는 이상과 같습니다.

쇼토쿠 태자와 화엄사상

그러면 이것들과 화엄사상은 어떠한 관계에 있을까요? 이하에서 생각나는 대로 순서 없이 지적하겠습니다.

우선 쇼토쿠 태자의 저작으로 전하는 『삼경의소(三經義疏)』는 일본불교의 기초라고 할 수 있습니다. 그 삼경(三經)이란 『법화경』·『승만경』·『유마경』으로, 『화엄경』은 포함되지 않습니다. 다만 예를 들어 『유마경』에는 불가사의한 해탈 법문을 설하는 「부사의품(不思議品)」이 있고, 거기서는 수미산을 겨자씨에 넣는다든가, 시방세계를 하나의 터럭 구멍에 나타낸다든가 등의 화엄사상에 가까운 것을 설합니다. 원래 『화엄경』은 '부사의경(不思議經)'으로 불러왔습니다. 이로써 역시 화엄적인 것의 관점은 쇼토쿠 태자가 관련된 불교 가운데에도 침투해 있습니다.

더구나 저는 『유마경의소(維摩經義疏)』 제1 「불국품(佛國品)」에 있는 "그런데도 대비(大悲)를 쉬는 일 없이 기(機)에 따라서 교화를 베푼다."의 구절에서 지은이의 불교 이해에 비상하게 깊은 무언가를 느낍니다.

후일에 신란은 쇼토쿠 태자의 본지(本地)라는 여의륜관음보살(如意輪觀音菩薩)을 모시는 록카쿠도(六角堂)에 틀어박혀 꿈의 계시를 받고서 호넨의 앞에 찾아 갔습니다. 『정상말법화찬(正像末法和讚)』 「황태자 쇼토쿠 봉찬(皇太子聖德奉讚)」에, "상궁황자(上宮皇子) 방편으로, 일본국의 유정(有情)을 불쌍히 여겨서, 여래의 비원(悲願)을 널리 베푸셨으니, 경희봉찬(慶喜奉讚)하세."라는 화찬을 지은 것은, 지금의 『유마경의소』 한 구절에서 직접 언급한 것은 아니라고 해도, 어딘가에 연결되는 느낌이 듭니다.

또한 신란은 『정토고승화찬(淨土高僧和讚)』 가운데 「겐신대사(源信大師)」에서 "번뇌에 눈이 어두워 섭취(攝取)의 광명을 알아채지 못해도, 대비(大悲)는 싫어함 없이 항상 내 몸을 비추고 있다."라고 읊습니다만, 그 '대비무권(大悲無倦) 상조아신(常照我身)' 사상은 바로 지금의 『유마경의소』 '대비무식(大悲無息) 수기시화(隨機施化)'의 사상과 직결됩니다. 진실로 일본불교의 근원은 쇼토쿠 태자에게 있습니다. 역시 그 무궁한 대비를 『화엄경』은 자신의 본원을 완성한 비로자나불의 작용이라는 방식으로 말할 것입니다. [아직 학계에서는 쇼토쿠 태자가 정말로 『삼경의소』를 지었는지 의문시하는 의견이 상당히 있는 것도 사실입니다.]

다음으로 남도육종 가운데의 화엄종이 화엄사상을 선양하는 사실은 말할 것도 없습니다. 그 사상에 대해서야 이제까지 말씀드렸습니다. 그 본산인 도다이지의 대불은 『화엄경』의 교주·비로자나불을 모신 것입니다. 2002년(平成 14)은 그 개안공양(開眼供養) 1250년을 기념할 해였습니다.

현재의 대불전은 에도시기에 건립된 것으로 본래는 더욱더 광폭이 넓은, 아득히 커다란 것이었던 듯합니다. 게다가 그 좌우 바깥쪽에 높이 100미터의 7층탑이 세워져 있었다고 합니다. 고대인이 구상한 스케일의 크기는 허약한 현대인의 상상을 넘어선 것이 있습니다. 그 의지와 기개 자신은 광대한 제불(諸佛)의 바다를 설하는 『화엄경』그 자체에 심취된 것인지도 모릅니다.

더구나 나라의 대불이 나타낸 연화장세계(蓮華藏世界)는, 실은 『범 망경』에 따르고 있다고 합니다. 화엄의 비로자나불은 대승계(大乘戒)를 설한 『범망경』과도 관계되는 것이며, 게다가 율종이나 대승계를 설한 사이쵸와 어딘가에서 연결되고 있습니다.

화엄종의 상승에 대해서는 제1장에서도 언급했지만, 두순－지엄－ 법장－심상－료벤이라는 설이 주창됩니다. 일본 화엄종의 초조는 심 상이라고 합니다. 료벤은 도다이지의 첫 번째 별당(別當)이 되어서 대불 건립에 크게 힘썼습니다.

그 후의 화엄종이지만, 주로 가마쿠라 시대에 유력한 학자가 나옵니 다. 슈쇼(宗性)나 그 제자 교넨(凝然)이 유명합니다. 특히 교넨은 『화엄탐 현기동유초(華嚴探玄記洞幽鈔)』 120권, 『화엄오교장통로기(華嚴五教章 通路記)』 52권, 『화엄법계의경(華嚴法界義鏡)』 2권 등을 지어서 화엄교학 (華嚴敎學)을 종횡으로 이야기합니다. 한편 쇼토쿠 태자가 지었다고 전 하는 『삼경의소』에 대한 극명한 주석이나, 『정토법문원류장(淨土法門

源流章)』이라는 정토가(淨土家) 각가의 계보를 널리 기록한 책을 저술하는 등 그 학식의 광대함이 일본불교의 역사상 최대라고 지목될 정도입니다. 교넨은 도다이지의 가이단인(戒壇院)에 머물며, 율종에 관한 중요한 저작[『율종강요(律宗綱要)』와 기타]도 몇 개 남기고, 계율부흥운동의 일익을 맡아 구불교 활성화에 공헌했습니다.

그 밖에 화엄종의 저명한 학승으로 슈쇼의 선배로 토가노오(栂尾)의 코우잔지(高山寺)에 근거한 묘에쇼닌(明惠聖人) 고벤(高弁, 1173-1232)이 있습니다. 묘에는 성실하고 실천을 중시한 유형으로 이통현(李通玄)의 불광삼매관(佛光三昧觀)의 수행법에 관한 저작을 문제로 삼았습니다. 당시의 신불교의 염불에 대해 『최사론(摧邪論)』을 저술해서 비판한 사실도 유명합니다. 열아홉 살부터 40년 간 본 꿈을 기록한 『몽기(夢記)』는 귀중한 자료이며, 『아류변기야우화(阿瑠辺幾夜宇和)』라는 책도 남기고 있습니다.

또한 사이교(西行)가 꽃의 가인(歌人)이라는 것에 대해, 묘에는 달의 가인이라고 했습니다. 수행이 한창일 때에 달과 한 몸이 되어 왕래하는 모습은 지극히 인상적입니다. 그 시가를 두, 세 개 들어 봅시다.

산기슭에 나도 들어가 버리고 달도 들어가

밤마다 벗이 된다

구름을 타고 나에게 흘러내린 겨울 달빛아
몸에 스며드는 눈이 차구나

밝고 밝구나 밝고 밝고 밝구나 밝고 밝구나
밝고 밝고 밝구나 밝고 밝구나 달

한편 남도육종 가운데에 가장 우세했던 법상종은 삼승사상(三乘思想)[성문·연각·보살로서 인간의 존재를 인식하는 입장]을 설하고, 엄청나게 오랜 시간의 수행을 설해서 화엄과는 대극(對極)에 있는 일면도 있습니다. 그러나 유식이라는 사고방식 그 자체가 『화엄경』의 '삼계유심(三界唯心)'에서 유래한다고 스스로 말했기 때문에, 화엄사상과 결코 무관하지는 않습니다.

또한 특히 일본의 법상종은 그 후에 화엄의 일승(一乘) 사상이나 속질(速疾) 수도론과 어떻게 조화시켜 나갈까를 과제로 삼았습니다. 그 대표적인 성과로서는 료벤(良遍, 1194-1252)의 『관심각몽초(觀心覺夢鈔)』가 있습니다.

도겐과 화엄사상

이번은 좀 시대를 넘어가 선종의 도겐(道元)과 화엄의 관계에 대해서 살펴봅시다. 화엄의 오교판에서는 제4의 돈교 뒤에 원교가 놓여 있어서 선(禪)은 화엄과 친한 것입니다. 화엄종의 제4조 징관, 제5조 종밀은 교선일치(敎禪一致)를 제창했습니다.

도겐 자신이 적극적으로 화엄에 대해서 언급한 것은 많지 않다고 생각하지만, 예컨대『정법안장(正法眼藏)』에는 저 비로자나불이 입정해 있는 선정(禪定)인「해인삼매(海印三昧)」권(卷)이 있습니다. 그 첫머리를 들어 봅시다.

제불(諸佛)·제조(諸祖)라고 하더라도 반드시 해인삼매에 든다. 이 삼매의 헤엄치며 놂에 설시(說時)가 있고, 증시(證時)가 있고, 행시(行時)가 있다. [이 해인삼매라는] 바다 위를 헤엄쳐 간 공덕은[그 바다의 바닥에까지] 철저한 것이다. 이것을 깊고 깊은 해저행(海底行)이라거나 해상행(海上行)이라고 한다. 유랑하는 생사(生死)를 [그 본원인 진실의 세계로] 돌이키려고 원구(願求)하는 일은 이러한 심행(心行)에는 있지 않다. 종래의 투관파절(透關破節)이 본디 제불·제조의 면면(面面)이라지만, 이것은 해인삼매의 조종(朝宗)이다.*

지금은 굳이 번역하지 않습니다. 다만 그 격조를 맛보십시오. 어쨌든 제불·제조는 해인삼매 속에 잠겨 있다는 것입니다.

여기서는 『유마경』의 「문질품(門疾品)」에 나오는 "다만 여러 법으로써 이 몸을 합성한다. 일어남은 오직 법의 일어남이고, 소멸은 오직 법의 소멸이다. 또한 이 법은 각각 서로 알지 못하고, 일어날 때에 내가 일어난다고 말하지 않고. 소멸할 때에 내가 소멸한다고 말하지 않는다."의 문장에 대해서 마조(馬祖)가 "전념(前念)과 후념(後念), 염념(念念)이 서로 기다리지 않고, 전법(前法)과 후법(後法), 법법(法法)이 서로 마주하지 않는, 이것을 해인삼매(海印三昧)라고 한다."라고 말했던 구절을 들어서, 그 도겐류의 해석을 전개합니다.

그 외에 도겐의 사상이 화엄과 서로 통하는 것은 여러 가지에서 지적될 수 있습니다. 예를 들어 수증일등(修證一等)의 사고방식, 「변도화(辯道話)」에 나오는 "초심(初心)의 변도(辯道)가 바로 본증(本證)의 전체(全體)이다."의 사상 등은 화엄적인 수증관과 서로 통하는 것입니다.

「현성공안(現成公案)」에는 "이와 같이 사람이 만약 불도를 수증함에 있어서 한 법(法)을 얻으면, 한 법을 통하고, 한 행(行)을 만나면, 한 행을 닦는다. 여기에 처(處)가 있고, 도(道)를 통달하는 것에 따라서, 알려지는 제(際)가 분명하지 않음은, 이 아는 것이 불법의 궁극과 같은 곳에서 나오고, 같이 섞여 있기 때문이다."라고 합니다. 이것은 하나의 수행을 성취하면 모든 수행을 성취한다는 일성일체성(一成一切成)의 사고방식과 어딘가에서 가까운 것이라고 생각합니다.

또한 존재와 시간의 일치를 설하는 「유시(有時)」 권(卷)에서는 "바로 이와 같은 시(時)일 뿐이므로, 유(有)·시(時)는 모두 진시(盡時)이고, 어떤 풀(有草)·어떤 모습(有象)도 모두 시(時)이다. 때때(時時)의 시(時)에 진유진계(盡有盡界)가 있다. 잠시 지금의 시(時)에서 벗어난 진유진계(盡有盡界)가 있는지 없는지 관상(觀想)하라."라고 하지만, 이것은 '지금·여기'의 한 점에 우주의 시간·공간의 전부[진유진계(盡有盡界)]가 있다는 사실을 이야기하며, 화엄적인 세계관에 다가가고 있습니다.

마지막으로 「변도화」에서 보이지 않는 세계에서 자타(自他)의 교류를 묘사하는 한 구절을 인용해 둡시다.

만일 사람들이 한때라도, 삼업(三業)에 불인(佛印)을 표시하고, 삼매(三昧)에 단정하게 앉을 때, 널리 법계가 모두 불인이 되고, 모든 허공계도 모두 깨달음이 된다. 그러므로 제불여래(諸佛如來)로서는 본지(本地)의 법락(法樂)을 더하고, 각도(覺道)의 장엄을 새로이 한다. 또 시방법계(十方法界), 삼도육도(三途六道)의 무리들이, 모두 함께 일시에 몸과 마음이 밝고 깨끗해져서, 대해탈지(大解脫地)를 깨닫고, 본래면목(本來面目)을 드러낼 때, 제법(諸法)은 모두 정각(正覺)을 증회(證會)하고, 만물(萬物)도 함께 불신(佛身)을 사용하니, 바로 증회(證會)의 변제(辺際)를 한 번에 초월하여, 각수왕(覺樹王)에 단정히 앉아, 일시에 무등등(無等等)한 대법륜을 굴려서, 구경무위(究竟無爲)의 심오한 반야를 개연한다.
이들 등정각(等正覺)이 다시 돌아와 친히 더불어 명자(冥資)하기 때문에, 이 좌선하는 사람은 확실히 신심탈락(身心脫落)하여, 지금까지의 갖가지 더러움의 지견(知見)과 사량(思量)을 끊

고, 천진(天眞)한 불법(佛法)에 증회하여, 널리 미진제(微塵際)
만큼의 제불여래(諸佛如來)의 도량(道場)마다 불사(佛事)를 조
발(助發)하고, 널리 불향상(佛向上)의 근기에 가피를 입게 하여,
두루 불향상의 법을 격양(激揚)한다.

여기도 더 이상 번역하지 않습니다. 한 사람의 좌선(坐禪)과 제불의
증각(證覺)이 교류하며, 서로 작용하는 깊고 신비한 모습이 묘사되고 있
습니다.

정토교와 화엄사상

도겐에 있어서는 한 사람의 좌선이 제불의 깨달음과 서로 통하는 것
이었습니다. 그러고 보니 일본의 정토교 가운데에는 한 사람의 염불이
다른 많은 사람들의 염불과 융합하고, 다른 많은 사람의 염불은 한 사람
의 염불에 들어간다고 했던 사상이 주창되었습니다. 료닌(良忍,
1072-1132)이 열었던 융통염불종(融通念佛宗)의 가르침입니다. 료닌은
히에이산에서 끊임없이 염불을 부지런히 해가는 등 스물두 살의 젊은
나이에 벌써 염불성인(念佛聖人)들이 모여 있던 오하라(大原)로 피신하
여, 후에 라이고인(來迎院)을 지어서 살았습니다. 1117년(永久5) 5월 마흔
여섯 살 때, 염불삼매(念佛三昧)를 닦아서 아미타불로부터 다음의 가르
침을 받습니다.

한 사람이 모든 사람이고, 모든 사람이 한 사람이고, 하나의 행
이 모든 행이고, 모든 행이 하나의 행이니, 이것을 타력왕생(他
力往生)이라고 부른다. 십계(十界)가 일념(一念)이므로, 융통염
불은 억백만(億百萬)에 두루 퍼지고, 공덕은 원만하다.

어떻든 화엄적인 가르침입니다. 무엇보다 이 전승은 반드시 신뢰할
수 있는 것만은 아닌 듯하지만, 그러나 료닌에게 화엄적인 염불사상이
전혀 없었던 것도 아닙니다.

오늘날 정토교의 각종(各宗) 가운데에 융통염불종은 들어 있지 않아
도, 에도시대에는 상응하는 세력을 보유하고 있었을 것입니다. 난보쿠
초시대(南北朝時代)의 료손(良尊, 1279-1349)에 의해서 종(宗)의 기반이
갖추어지고, 에도시대의 유칸(融觀, 1649-1716)에 의해서 종의(宗義)가
확립되었다고 합니다.

염불이라고 하면, 정토종을 연 호넨은 편의선도(偏依善導)라고 하여,
오로지 선도(善導)에 따른다고 합니다. 물론 겐신(源信, 942-1017)의 영향
이 있지만, 선도를 찾아뵌 한 번의 계기로, 도다이지 안의 삼론계에서 깊
이 연구되던 정토교학에 빠진 적이 있었다고 합니다. 요칸(永觀,
1033-1111)이나 진카이(珍海, 1091-1151)는 선도를 연구했고, 그들도 호넨
으로 흘러 들어갔습니다.

후세에 고후쿠지(興福寺) 등에서 염불을 비판한 것에 대하여, 도다
이지에서는 꼭 그러한 움직임에 동의한 것만은 아니었습니다. 호넨은

도다이지에서『무량수경』을 강의했습니다.

　호넨의 제자인 신란은『화엄경』과 꽤 깊은 관계를 가지고 있습니다. 신란의 주된 저서는『교행신증(敎行信證)』이지만, 거기에는 해(海)라는 표현이 자주 나옵니다. 예를 들면

　　　다음에 신락(信樂)이라고 하면, 바로 이 여래의 만족대비원융무애(滿足大悲圓融無礙)의 신심해(信心海)가 된다. 이 때문에 의개간잡(疑蓋間雜)이 있는 일이 없다. 그렇기 때문에 신락(信樂)이라고 한다. 곧 이타회향(利他回向)의 지극한 마음으로써 신락(信樂)의 몸으로 삼는다. 그런데 무시(無始)로부터 그때 이래로 일체군생해(一切群生海), 무명해(無明海)를 떠돌고, 모든 유륜(有輪)에 침미(沈迷)하고, 여러 고륜(苦輪)의 바퀴에 계박되어서 청정한 신락(信樂)이 없다. 법이(法爾)로서 진실한 신락(信樂)이 없다. …… 여래께서 고뇌의 군생해(群生海)를 비련(悲憐)하셔서서 무애광대(無礙廣大)한 정신(淨信)으로 모든 유해(有海)에 회시(回施)하신다. 이것을 이타진실(利他眞實)의 신심(信心)이라고 한다.*

라고 합니다. 이렇게 해(海)를 많이 쓰는 것에는『화엄경』의 영향이 있었다고 생각하지 않을 수 없습니다.

---

*『定本親鸞聖人全集(一)』, 法藏館.

310

신란에게는 신란의 독자적 정토교사상이 있습니다. 그것에는 신심위본(信心爲本)·절대타력(絶對他力)·악인정기(惡人正機) 등등의 가르침이 있으며, 다시 미륵등동(彌勒等同)·여래등동(如來等同)이라는 사상도 그 하나입니다. 이 세상에서 믿음을 얻은 시점에서 미륵과 같은 계위[52위 수도론으로 말하면 등각의 지위], 아니 여래 곧 묘각과도 같은 지위에 들어간다는 것입니다. 이것에 대해서 신란의 어느 편지에서는 다음과 같이 설명합니다.

여래의 서원을 믿는 마음이 정해진 때라고 하는 것은 섭취불사(攝取不捨)의 이익을 받기 때문에, 불퇴(不退)의 지위로 결정되었다고 아셔야 합니다. 진실신심(眞實信心)이 결정된다고 해도, 금강신심(金剛信心)이 결정된다고 해도, 섭취불사이기 때문이라고 합니다. 역시 무상각(無上覺)에 도달할 마음이 일어난다고 합니다. 이것을 불퇴(不退)의 지위라고도, 정정취(正定聚)의 지위에 머문다고도 하고, 등정각(等正覺)에 이르렀다고도 합니다. 이 마음의 결정을 시방제불께서 기뻐하시며, 제불의 마음과 하나라고 칭찬하십니다. 이런 까닭으로 진정한 신심(信心)의 사람을 제불과 하나라고 합니다. 또한 보처(補處)인 미륵과 같다고도 합니다.

여기에 미륵등동·여래등동의 사고방식에 대한 간단한 설명이 있습니다. 이 사고방식의 배경에는, 실은 선재동자의 구도편력 이야기를

설한 『화엄경』「입법계품」의 맨 끄트머리에 놓인 게송이 있습니다. 곧

> 이 법을 듣고 환희해
> 마음에 믿어서 의혹이 없는 자는
> 빠르게 위없는 도를 이루어서
> 모든 여래와 같아지리라.

라는 시입니다. '초발심시 변성정각'을 설하여 신만성불(信滿成佛)을 칭송하는 『화엄경』은, 믿음을 얻는 것은 여래와 같다는 여래등동의 사상을 경전의 바로 마지막에서 보이며, 그것으로 경전을 끝맺습니다.

신란은 아미타불과 자신의 관계를 추구하는 속에서, 이 「입법계품」 말미의 시에 깊은 감격을 받습니다. 실은 앞에서 인용한 편지의 시작에는 죠신(淨信)이라는 제자가 "그 부근 『화엄경』에서 「이 법을 듣고 환희해 마음에 믿어서 의혹이 없는 자는 빠르게 위없는 도를 이루어서 모든 여래와 같아지리라.」고 말씀하시는군요."라고 이 구절을 지적하며, "이 사람은 바로 이 세상에서 여래와 하나라고 느낄 수 있습니다. 이 밖에는 범부의 헤아림을 쓰지 않겠습니다. 이 일을 자상하게 말씀해주십시오." 라고 질문하고 있습니다.

지금은 편지로 소개했지만, 신란은 이 시를 『교행신증』 신권(信卷)에서도 인용합니다. 거기서는 "『화엄경』에서 말씀하시기를, 이 법을 듣고 환희해 마음에 믿어서 의혹이 없는 자는 빠르게 위없는 도를 이루어

서 모든 여래와 같게 된다."라고 합니다.

환희와 신심을 이어서 "신심을 환희해."라고 읽는 것입니다. 그것은 『무량수경』하권의 첫머리에서 "······모든 중생이 그 명호를 듣고서 신심환희(信心歡喜)해 내지 일념으로······."라고 해서, 하나로 보기 때문일 것입니다.

이와 같이 『정토화찬(淨土和讚)』에는 "신심을 기뻐하는 그 사람을 여래와 동등하다고 설하신다. 대신심(大信心)은 불성(佛性)이고, 불성은 바로 여래다."라고도 노래합니다.

어쨌든 여래등동설의 근거를 주는 등 화엄사상은 신란 사상의 핵심에 깊이 관여했던 것입니다. 덧붙여 『교행신증』에는 『화엄경』의 다른 구절도 몇 가지 인용하고 있습니다.

천태·니치렌과 화엄사상

일본불교의 모태라고 하면 뭐라고 해도 히에이산이었습니다. 우선 천태종은 『법화경』을 근거 경전으로 하고 있어서 『화엄경』을 전면에 내세운 사실은 없습니다. 그러나 지의(智顗)의 천태교학에는 화엄의 세계관과 근저에서 공통성을 가진 것이 다분히 있습니다.

예를 들어 십계호구(十界互具)라는 사상이 있습니다. 십계란 지옥·아귀·축생·아수라·인간·천상·성문·연각·보살·부처 등의 각 세계에 관한 것으로, 그 각각은 서로 다른 세계를 포함하고 있다는 것입니다. 지옥의 거주자에게도 부처의 세계가 실은 갖추어져 있고, 부처의 세계에도 실은 지옥·아귀 등의 세계가 갖추어져 있다는 것입니다. 이것은 불가사의한 사태이지만, 인간은 한순간 한순간 탐·진·치의 삼독을 일으키기도 하면서 보살처럼 깨끗한 마음을 일으키기도 하는 일은 실제로 체험되는 것으로, 인간계 속에 지옥계도 있으면 보살계나 부처세계도 있다는 사실은 이해하기 쉬운 것인지도 모릅니다. 어쨌든 천태에서는 십계호구라는 것을 말합니다.

더욱이 이러한 사고방식을 토대로 해서 일념삼천(一念三千)이라는 것을 설합니다. 십계호구라고 하면, 거기에 합쳐서 백계(百界)가 있는 것이 됩니다. 이 각각에 십여시(十如是)가 있어서 천여시(千如是)라는 수가 나옵니다.

십여시라는 것은 『법화경』「방편품(方便品)」에 "唯佛與佛, 乃能究盡, 諸法實相. 所謂諸法, 如是相, 如是性, 如是體, 如是力, 如是作, 如是因, 如是緣, 如是果, 如是報, 如是本末究竟等"[오직 부처와 부처만이 제법의 실상을 궁구해 다할 수 있다. 이른바 제법의 이와 같은 형상, 이와 같은 본성, 이와 같은 본체, 이와 같은 힘, 이와 같은 작용, 이와 같은 원인, 이와 같은 조건, 이와 같은 결과, 이와 같은 과보, 이와 같은 본말구경 등이다.]고 나오는 그 열 개의 여시를 말합니다.

그 위에 오온세간(五蘊世間)·중생세간(衆生世間)·국토세간(國土世間)이라는 세 가지의 세간이 있다는 것으로, 그 각각의 세간에 천여시가 있어서 삼천(三千)이라는 숫자가 나옵니다. 삼천이라는 것의 내용은 그와 같이 복잡한 불교 교리를 배경으로 하지만, 요는 삼천이란 온갖 것이라고 해도 좋을 듯합니다.

따라서 일념삼천 사상이란 한순간의 마음속에 모든 것을 갖춘다는 사상이라고 할 수 있는 것으로, 이것은 화엄의 세계관과 매우 가깝습니다. 지의는 『법화경』을 연구하여 밝힌 가운데서 실로 화엄적인 세계관에 이르렀던 것입니다.

십계호구나 일념삼천 사상에 의하면, 우리들 범부도 항상 부처의 생명을 갖추고 있는 것이 됩니다. 그러니까 수행의 관점도 어느 계위에 있어도 끊임없이 부처의 세계와 즉해 있다는 관점이 됩니다. 이것을 천태에서는 육즉(六卽)이라고 하여, 이즉(理卽)·명자즉(名字卽)·관행즉(觀行卽)·상사즉(相似卽)·분진즉(分眞卽)·구경즉(究竟卽)의 여섯 가지의 계위로써 말합니다. 도겐의 수증일등의 사고방식도 배경에는 이러한 천태의 수도론의 영향도 깊이 있었던 것은 아닌가 하고 생각합니다만, 이와 같은 수증의 관점도 화엄의 관점과 가까운 것입니다.

역시 니치렌은 이 일념삼천을 중시해서, 그것을 단순한 이론으로 세우는 것만이 아니라, 현실의 인생 가운데서 자각해나가려고 했습니다. 더구나 니치렌은 그의 주저인 『관심본존초(觀心本尊抄)』에서 "이 일념삼천의 법문은 『법화경』의 「여래수량품(如來壽量品)」의 글자 밑에 가라앉아 있어"라고 설하며, 자기 마음에 갖춰진 부처세계를 구원(久遠)의 본불(本佛)로 이해합니다. 그 자기 마음의 일념삼천은 『법화경』의 제목을 부르는, 곧 '나무묘법연화경(南無妙法蓮華經)'이라고 부르는 것에서 실현된다고 합니다. 이 제목을 부를 때, 자기 안에 갖춰진 부처의 생명이 열려져, 부처 안에 갖춰진 자기의 자각이 초래된다는 것입니다.

구카이의 밀교와 화엄사상

일본불교의 큰 흐름을 형성하는 것으로 구카이(空海)의 진언밀교(眞言密敎)가 있습니다. 이 밀교는 화엄종 이외의 종에서 가장 화엄과 친한 것입니다. 밀교의 중심을 이루는 부처는 대일여래(大日如來)이지만, 그 부처의 이름은 비로자나불과 거의 다르지 않습니다.

밀교는 7세기경에 인도에서 성립한 불교로, 대승불교의 이념을 이어 받으면서, 그 오래고 긴 수행을 요하는 수도론에 비판적인 시각을 담아서 새로운 불교를 형성한 것입니다. 밀교는 역사상의 석존께서 설한 것은 아니고, 법신불 내지 보신불[자수용신(自受用身)]이* 깨달음의 세계를 직접 설한 가르침이라고 주장합니다. 언어를 상징적·다중적으로 사용하면서, 심오한 가르침을 이야기한다고도 주장합니다. 말하자면 암호(暗號)·밀호(密號)로서 쓰고 있는 것이어서, 그저 말대로 문헌을 읽

---

* 법신불(法身佛)은 불변의 진리 그 자체를 부처로 본 것이고, 보신불(報身佛)은 수행의 과보로서 부처가 된 존재이다. 자수용신이란 스스로의 깨달음을 즐기는 부처라는 의미로, 부처의 자리(自利)의 측면을 강조한 말이다.

어도 사실은 알 수 없는 경우가 있습니다. 밀교를 알려면 반드시 진정한 스승에게 나아가는 일이 불가결합니다.

구카이의 주저는 앞에서도 언급한 『비밀만다라십주심론』입니다. 그것은 인간의 마음을 열 단계로 나누어 설하여 마지막 제10주심(第十住心)에서 밀교의 영역에 도달한다고 주장합니다. 그 일보 직전 제9주심(第九住心)에 화엄의 입장이 놓여서 밀교 이외의 가르침[현교(顯敎)] 가운데서는 화엄사상을 가장 높이 평가하는 사실을 알 수 있습니다. 밀교의 중심적인 사상으로 즉신성불(卽身成佛)의 사상이 있습니다. 이 사상도 화엄의 '삼생성불' 사상이나 '초발심시 변성정각' 사상 등이 기반을 이루고 있는 것입니다.

밀교 그 자체의 인간관이나 세계관이 어떠한 것인지 이것을 구카이의 저작에서 찾아 가면, 너무나도 난해하거나, 꼭 체계적인 것만은 아니어서, 좀처럼 파악하기가 곤란합니다. 지금은 구카이의 저작으로 전하는[부정하는 학자도 있다] 『즉신성불의(卽身成佛義)』 가운데 「즉신성불게(卽身成佛偈)」라는 시를 들어서 화엄사상과의 관련을 살펴봅시다.

「즉신성불게」의 전반부에서는 다음과 같이 말합니다.

　　　육대(六大)는 걸림이 없어서 항상 유가(瑜伽)하니
　　　사종만다라(四種曼茶羅)는 각각 떨어져 있지 않다.
　　　삼밀가지(三密加持)하면 신속히 나타난다.
　　　중중제망(重重帝網)함을 즉신(卽身)이라고 한다.*

처음의 '육대(六大)'란 지(地)·수(水)·화(火)·풍(風)·공(空)·식(識)
의 물질적·정신적인 여섯 가지 원소입니다. '유가(瑜伽)하니'란 결부되
어 있다는 것입니다. 그런데 여기에서 자주 구카이는 우주를 걸림 없이
서로 결부된 지·수·화·풍·공·식의 원소에 의해서 설명하고 있다고
설명됩니다. 확실히 그 사실도 부정할 수 없지만, 더 중요한 사실은 이 육
대는 부처의 여러 특질을 말하는 것입니다.

『즉신성불의』는 우선 『대일경(大日經)』의 "나는 본래 생겨남이 없
음을 깨달아, 언어의 도를 벗어나서, 모든 오류에서 해탈을 얻어, 인연의
굴레에서 멀리 떠났고, 공(空)은 허공과 같다고 안다."의 문장을 들어서,
이것에 육대의 의미가 있다고 제시합니다. 곧 지대(地大)는 본불생(本不
生)을, 수대(水大)는 출과언어도(出過言語道)를 …… 의미한다는 것입니
다. 다시 한번 『금강정경(金剛頂經)』의 마찬가지 글인 "제법은 본래 생겨
남이 없고, 자성은 언설을 떠나거나, 청정해서 더러움에 물든 적이 없다.
인업(因業)은 허공과 같다."도 제시해서, 육대의 또 하나의 의미를 밝히
고 있습니다.

정리하면 다음 쪽의 표와 같습니다.

이와 같이 육대는 밀교가 보는 부처의 내용을 나타내는 것이어서, 여
기에 밀교가 말을 암호·밀호로서 쓰고 있는 방법이 잘 엿보입니다. 육
대라고 해도, 결코 단순히 지·수·화·풍·공·식은 아닙니다. 요컨대 이

---

* 勝又俊教, 『弘法大師著作全集(第一卷)』, 山喜房佛書林. 이하 동일.

처음 구절은 지금 인용한 『대일경』이나 『금강정경』의 문장 내용을 넣어서 지은 것입니다.

六大 육대	=	識大 식대	地大 지대	水大 수대	火大 화대	風大 풍대	空大 공대
大日經 대일경	=	我覺 아각	本不生 본불생	出過語道 출과어도	諸過得解脫 제과득해탈	遠離於因緣 원리어인연	知空等虛空 지공등허공
金剛頂經 금강정경	=	諸法 제법	本不生 본불생	自性離言說 자성리언설	淸淨無垢染 청정무구염	因業 인업	等虛空 등허공

다음으로 제2구의 '사종만다라(四種曼茶羅)'란 법만다라(法曼茶羅)·삼매야만다라(三昧耶曼茶羅)·대만다라(大曼茶羅)·갈마만다라(羯磨曼茶羅)는 네 가지 만다라입니다. 이것에 대해서 저의 해석을 말해보겠습니다.

법만다라는 자(字)로, 이것은 모든 언어이며 설법입니다.

삼매만다라란 인(印)으로, 제불제존(諸佛諸尊)이 가지고 있는 표치(標幟), 곧 도검(刀劍)이나 보옥(寶玉)이나 금강(金剛)이나 연화(蓮花) 등에 관한 것이라고 합니다.

약사여래(藥師如來)는 약병을 가지고 계시고, 부동명왕(不動明王)은 칼을 쥐고 있습니다. 그것들은 중생의 번뇌를 끊으려고 하거나, 중생의 고뇌를 구제하려는 마음을 나타낸 것입니다. 그러니까 이들 표치(標幟)·인(印)은 부처의 간절한 마음을 상징했던 것으로 해석됩니다.

대만다라는 형상(形像)으로, 하나하나의 불보살(佛菩薩) 상호(相好)

의 몸으로 있는 것으로서, 바로 신체의 모습을 의미합니다.

그렇게 하면, 법만다라·삼매야만다라·대만다라는 설법[語], 구제의 의지[意], 신체의 상호[身]을 의미해서, 결국 신(身)·어(語)·의(意) 곧 신(身)·구(口)·의(意) 세 방면을 의미하는 것이 됩니다.

만다라란 윤원구족(輪圓具足)이라고 하기 때문에, 그 전부라는 것으로 받아들여도 좋을 것입니다. 반드시 그림에 관한 것만은 아니라, 각각의 총체라는 것과 같이 받아들여야 합니다.

갈마만다라는 상술한 세 방면의 위의사업(威儀事業)으로 있습니다. 요컨대 신·어·의의 다채로운 활동의 모든 것입니다. [불교에서 위의(威儀)란 사위의(四威儀)로 행주좌와(行住坐臥)를 의미합니다.]

그렇다면 "사종만다라는 각각 떨어져 있지 않다."란, 부처에게는 [그 분신인 보살들에게도] 신·어·의 세 방면에 걸쳐서 중생을 구제해 가는 훌륭한 활동이 무한하게 갖추어져 있다는 사실을 기술하려는 것으로 해석됩니다. '본불생'이나 '자성청정' 등[밀교가 말하는 육대(六大)]을 본질로 하는 부처는 항상 신·어·의 전부에서 중생구제를 위해서면 멈추지 않는 존재로 제시한 것입니다.

제3구, '삼밀가지(三密加持)'의 삼밀(三密)은 신·어·의 세 방면의 활동인 삼업(三業)을 밀교에서 말하는 것입니다. 가지(加持)란, 부처가 중생에게 나타나서, 중생이 부처를 감득하고, 중생이 부처에게 지탱된 자기의 생명을 자각하는 것입니다.

『즉신성불의』에는 "가지(加持)란, 여래의 대비와 중생의 신심으로 나타난다. 불일(佛日)의 그림자가 중생의 심수(心水)에 나타남을 가(加)라고 하고, 행자(行者)의 심수(心水)에 충분히 불일(佛日)을 느끼는 것을 지(持)라고 한다."는 설명도 있습니다.

밀교에서는 우리가 "손으로 인계(印契)를 만들고, 입으로 진언(眞言)을 외우고, 마음이 삼마지(三摩地)에 머물면" 곧 인상(印相)을 맺고, 진언을 부르고, 마음을 통일된 상태에 놓으면, 대일여래의 삼밀과 상응해서 즉신성불한다고 합니다. 이것을 "삼밀가지 하면 신속히 나타난다."라고 한 셈입니다. 그 자신, 부처의 훌륭하고 깊고 위대한 작용에 의한 도리입니다.

그리고 네 번째 구에서 "중중제망(重重帝網)함을 즉신(卽身)이라고 한다."라고 했습니다. 이미 아시듯이 화엄의 십현문 제4 인다라미세경계문에서 설했던 제석천의 궁전에 걸린 그물이 제망이어서, 여기서 「즉신성불게」는 바로 화엄의 사상을 가지고 밀교의 세계를 말하는 것입니다.

인드라망은 특정한 하나에 대해서 '일즉일체·일체즉일' 등의 관계가 있다는 일중(一重)의 관계만이 아니라, 모든 하나가 마찬가지 관계 속에 있는 것으로, 그런데도 하나에 즉하는 다른 하나하나가 다시 일체에 즉하는 등이라는, 그 다중(多重)·중중(重重)의 관계를 나타내는 비유로서 쓰인 것입니다. 그것이 '중중제망함'입니다.

삼밀가지해서 즉신성불할 때, 거기서 자각된 자기는 다른 모든 불신(佛身)·중생신(衆生身) 등 또한 그 활동과 중중무진하게 상즉·상입하는 자기로서 자각된다고 할 것입니다.

『즉신성불의』에는 "이와 같은 등의 몸은 종횡으로 중중(重重)해서, 거울속의 영상과 등불 빛이 섭입(涉入)하는 것과 같다. 저 몸이 바로 지금 이 몸이고, 이 몸이 바로 지금 저 몸이고, 불신(佛身)이 바로 지금 중생신(衆生身)이고, 중생신이 바로 지금 불신이다. 같지 않아서 같다. 다르지 않아서 다르다."라는 설명이 이루어지고 있습니다.

"거울 속의 영상과 등불 빛이 섭입하는 것과 같다."라는 것은 육면(六面)이 거울로 둘러싸인 방의 중앙에 등불을 하나 놓으면, 그것이 여러 방면으로 서로 무한하게 비추어 어우러지는 것을 말합니다. 이것도 인다라망과 마찬가지로 중중무진의 관계를 나타내기 위한 비유입니다. 이와 같이 밀교의 세계관은 화엄과 매우 가까운 것입니다.

지금은『즉신성불의』의 전반부를 보았으며, 그 후반부에서는

법연(法然)으로 살반야(薩般若, sarvajñāna)를 구족해서
심수(心數), 심왕(心王), 찰진(刹塵)을 지나
각각 오지(五智)와 무제지(無際智)를 갖추며
원경력(圓鏡力)이므로 실각지(實覺智)이다.

라고 합니다. 이제 와서 자세한 해설은 생략하지만, 인간의 마음에는 원래 무한하고 훌륭한 작용이 실제로 갖추어져 있다는 사실을 말하고 있습니다.

이상의 「즉신성불게」에는 화엄적인 견해가 넘쳐흐르고 있지만, 뭐

라고 해도 "중중제망함을 즉신이라고 한다."는 곳에서 화엄의 영향이 여실하게 나타납니다. 쿠카이의 진언종과 화엄은 얼마나 깊은 관계에 있는지가 알려질 것입니다.

구카이는 도다이지의 별당이었습니다. 구카이는 화엄불교를 자신의 불교와 다른 것으로는 생각하지 않았던 것입니다. 화엄이 형태를 바꾸어 밀교 속에 살아 있는 셈입니다.

이상으로 화엄사상과 일본불교의 관계를 살펴보았습니다. 일본불교 가운데 화엄종은 도다이지의 대불이 유명하지만, 그 철학 사상 등이 잘 알려져 있지만은 않습니다. 그 탓인지, 일본불교에 대한 화엄사상의 영향은 별로 없는 것은 아닌가라고 생각할지도 모르겠습니다. 그러나 도겐이나 신란이 화엄사상과 인연이 없다고는 할 수 없고, 구카이는 화엄 그 자체라고도 할 수 있습니다. 여기에 우리가 그다지 알지 못했던 또 하나의 대승불교가 있는 것입니다.

일본불교에서 화엄사상의 중요성은 앞으로 새롭게 다시 인식해도 좋을 것입니다.

12 지금 화엄사상을 생각하다

화엄사상을 되돌아보다

이제까지『화엄경』및 화엄종의 사상에 대해서 배워왔습니다. 드디어 마지막 장이 되었습니다.

그래서 이 책의 마지막에서 다시 화엄사상에 대해서 돌아봄과 동시에, 그 의의에 대해서, 주로 니시다 기다로(西田幾多郞)의 사상을 참조하면서 생각해보려고 합니다.

『화엄경』은 대승불교의 대표적인 경전의 하나임과 동시에 대단히 큰 경전으로서 다양한 사상을 포섭하고 있었습니다. 일반적으로『화엄경』은 석존의 깨달음의 세계[자내증의 세계]를 그대로 설한 경전이라고 합니다. 석존이 깨달음을 실현해서 보면, 그 세계는 비로자나불의 깨달음의 세계 그 자체이기도 했습니다. 거기에서 증명된 광경은 경전의 첫머리에서 눈부시게 설합니다.

한편 예로부터 "인분가설 과분불가설"이라고 하여 그 깨달음의 세계 그 자체는 도저히 말로는 설명할 수 없다고도 합니다. 그러나 그 불과에 이르는 길은 설할 수 있다고도 합니다.

실제로『화엄경』은 믿음의 수행에서부터 시작되어서 십주·십행·십회향·십지의 수행을 설하는 것으로 해석되어왔지만, 실제로 그 주안점은 보살도의 본래 모습을 설한 사실에 있다고도 합니다. 보현행이라고 불리는 것과 같은 보살의 원행이 간절한 설법 속에서 되풀이됩니다.

나아가「입법계품」선재동자의 53인의 선지식을 방문하는 구도편력 이야기는 보살도의 모습을 또 하나의 다른 형태로 나타낸 것입니다.

그런데『화엄경』여기저기서는 처음으로 보리심을 냈을 때, 이미 부처가 된다고 설합니다. 또는 믿음이 성취될 때 바로 부처라고도 합니다. 소위 신만성불의 사상이 항상 기조에 있고, 그 위에서 다채로운 내용의 불도를 설하는 것입니다. 저는 이제까지『화엄경』및 화엄종의 사상을 생각해 오며, 이 신만성불의 사상이야말로 화엄의 가장 중요한 사상이 아닐까라고 생각합니다.

그것은 지금 여기에서 불도로의 각오가 부처의 대비에서 재촉된 것인 사실의 깊은 요해를 의미하여, 그 안에서 자기라는 존재의 의미를 긍정하여 완수한다는 일이라고 생각합니다.

종교의 문제는 자기가 행복해지는 것보다도 원래 이 자기란 무엇인지 분명한 요해를 달성하는 것에 있다고 생각합니다. 신만성불 사상은 화엄의 대해(大海), 비로자나불의 대비의 대해원(大海原) 속에서 기사구명(己事究明)의 모습을 말하는 것이므로, 이것이야말로 가장 중요한 가르침이라고 생각합니다.

이렇게 보면, 『화엄경』의 주제는 부처가 깨달은 세계의 서술, 보살이 수행할 도정의 설명, 신심의 성만에 있어서의 구제의 강조, 이 세 가지로 정리할 수 있다고 생각합니다.

이 세 가지 주제에 대한, 세계 실상의 구명에 있어서는, 무자성·공의 사상, 유심의 사상, 여래장의 사상과 대승불교의 중요한 사상 전부를 채용하여, 교묘하게 엮어서 설합니다.

그러나 그것은 뭐라고 해도, 소위 중중무진 연기의 사상, 일즉일체·일체즉일, 일입일체·일체입일이라는 사사무애사상으로 통합되어갑니다. 비로자나불이 깨달음의 눈으로 볼 수 있었던 세계도, 바로 이 중중무진 연기의 세계처럼 그려져 있습니다.

이 책의 처음에서도 말씀드렸듯이, 저는 역시 이곳이야말로 화엄사상의 핵심이 된다고 생각합니다.

연기의 사상사를 더듬어가다

그러면 이 중중무진 연기의 사상은 불교사상 속에서 어떠한 위치에 있는 것일까요? 또한 그 사상의 의의를 어떻게 생각할 수 있을까요? 이하에서 잠시 이 문제를 생각하기로 합시다.

원시불교경전에는 연기라는 사실은 석존이 세상에 나오든지 아니든지 확립되어 있는 진리라고 설합니다. 그만큼 연기사상은 불교의 근본을 이루고 있습니다.

실제로 석존의 전기(傳記)인 '불전(佛傳)'을 보면, 예를 들어 『율장(律藏)』「대품(大品)」의 불전에서 도(道)를 이루는 장면에서는, 십이연기(十二緣起)를 깊이 연구하여 밝힌 것을 기록하고 있습니다. 정말 석존의 깨달음과 연기는 나눌 수가 없는 일입니다. 또한 여기에 나오는 연기설은 어디까지나 십이연기이며, 그것은 후세에 우리들의 생사윤회가 어떻게 성립하는가를 해명하는 것이라고 할 수 있었습니다. 십이연기란

무명→행→식→명색→육입→촉→수→애→취→유
→생→노사

라는 열 두지 항목에서 연기를 설하는 것입니다. 이것을 간단히 말하면, 무명[惑]에 기초해 행위를 하는[業] 사실로 인해, 나아가서는 노사[苦]를 피할 수 없는 생존을 얻어버리고 마는 것입니다.

역으로 무명만 멸하면, 고통으로 가득한 생사윤회에서 해탈할 수 있다는 것이기도 합니다. 어쨌든 십이연기설은 우리의 괴로운 생존의 성립이 어떤 구조에서 오는지의 해명을 다한 것이어서, 그것에 관한 한에서 연기설입니다.

이 연기설은 일반화되어서 "이것이 있을 때, 그것이 있고, 이것이 생

길 때, 그것이 생긴다. 이것이 이루어지지 않을 때, 그것이 이루어지지 않고, 이것이 멸할 때, 그것이 멸한다."라고 정리됩니다. 이러한 법칙이 인식되면, 머지않아 그것이 모든 사상의 생멸에도 응용되어간 사실은 당연한 결과입니다. 연기의 사상은 오히려 세계의 모든 事象의 생성을 설명하는 것으로서 이해되어가는 것입니다. 이른바 상관성(相關性)이라든가 상의성(相依性)으로서의 연기사상입니다. 대개 모든 事象은 서로서로 의지하고, 서로 관계해 성립하는 것입니다. 다만 연기란 단순히 공간적인 관계성을 말하는 것만은 아닙니다. 연기라는 것은 인(因)과 연(緣)과 과(果)로 성립합니다. 차라리 인과관계(因果關係)가 축으로, 다시 거기에 연(緣)의 게재를 불가결로 보는 것이 연기의 사상입니다.

이것의 설명에 자주 쓰는 것이 식물의 씨앗입니다. 씨앗은 인(因)에 해당합니다. 그 씨앗[因]만이 거기에 있더라도, 일반적으로 발아하는 것은 아닙니다. 그러나 그것을 땅속에 묻고 수분 등을 잘 보급해주면, 이윽고 싹이 틉니다.

곧 인(因)이 인(因)의 공능을 발휘하기 위해서는 반드시 연(緣)[간접적 보조인(助因). 조건(條件)]이 있어야 한다는 것입니다. 땅속의 양분이나 수분, 발아한 뒤의 햇빛 등 갖가지 연(緣)이 인(因)에 관계해 인(因)을 돕는 것에 의해서, 씨앗은 이윽고 식물로서 생장하여, 꽃을 피우거나 열매를 맺을 것입니다. 곧 과(果)가 맺어지는[結果] 것이 됩니다.

연기의 사상은 그와 같이 인(因)에 연(緣)이 맺어지는 사실에 의해서 과(果)가 성립한다는 사상이며, 불교는 이 연기에 의해서 세상을 설명해가는 것이었습니다.

특히 세계의 성립에 대해서 상세하게 분석한 아비다르마의 세계에서는 인(因)·연(緣)·과(果)의 각각에 대해서 가능한 많은 분석을 더해갑니다. 오위칠십오법으로써[법(法)＝다르마는 이른바 세계의 구성요소] 세계를 설명하는 설일체유부에서는 육인(六因)·사연(四緣)·오과(五果)를 열거하여 제시합니다.

곧 다음과 같습니다.

이제 와서 이것들 하나하나의 상세한 설명은 하지 않겠지만, 어쨌든 다르마의 연기에 따라서 세계를 설명합니다.

실은 설일체유부에서는 세계의 구성요소라고도 할 수 있는 다르마를 과거·현재·미래의 삼세에 존재해 지속하는 것으로 생각했습니다. 과거의 다르마도 미래의 다르마도 현재의 다르마와 마찬가지로 존재하고 있다는 것입니다. 연기는 다르마의 작용에 관련된 것이라고 합니다.

그러나 대승불교에서는 다르마 그 자체를 연기 속의 존재로 보며, 다르마의 실재성을 부정합니다. 이른바 일체법공(一切法空) 사상의 선양입니다. 아(我)[ātman*]뿐만 아니라 법(法)[dharma]도 모두 공(空)이라는 것입니다.

공(空)이란 어떤 것에 그 자체로서의 본체(本體)·자체(自體)가 없는 것, 실체적 존재는 아닌 것이었습니다.

『반야경』은 그 일체법공의 설명에서 "연기(緣起)이기 때문에 무자성(無自性)이고, 무자성이기에 공(空)"이라는 논리를 씁니다. 연기 속의 존재이며, 다른 것을 기다려서 비로소 존재할 수 있는 것은, 스스로 자신의 존재를 드러낼 수 없는 것으로, 그것은 자체(自體)를 가진 것이 아닌 무자성입니다. 무자성이면 공이라는 것입니다.

이렇게 연기의 사상은 대승불교에서는 세계의 구석구석까지 적용되게 됩니다. 대승의 아비다르마를 설한 유식에서는 이것을 아뢰야식이라는 심층의 식을 설정하면서 이야기합니다. 아뢰야식 가운데의 종자(種子)[잠재적 因]으로부터 보거나[眼識], 듣거나[耳識] 등 혹은 생각하거나[意識] 등이 일어나서, 세계가 나타나며, 그것의 정보는 즉시 아뢰야식에 저장되어서 미래의 같은 감각, 지각 등의 인(因)[種子]이 됩니다. 이

---

* 아(我): ātman. 원래는 기식(氣息), 호흡(呼吸)을 의미하고, 영혼(靈魂)이나 자아(自我) 등을 나타낸다. 브라만교에서는 우주의 근본원리인 범(梵, brahman)에 대해서, 개인의 본체인 아트만의 존재를 설하여, 범아일여(梵我一如)에 의해서 해탈이 달성된다고 한다. 그것에 대해서 불교는 아트만의 존재를 부정하는 무아(無我, anātman)를 주장했다.

것이 찰나찰나 행해지면서 흘러간다는 것입니다.

　여기도 상세한 설명은 생략하지만, 유식에서는 이 '아뢰야식연기설'이라고 불릴 것 같은 연기설로 세계를 설명했습니다.

　이와 같이 대략 불교에서는 연기사상을 중핵으로 한다고 볼 수 있습니다.

연기와 궁극의 진리

　이상과 같이 보시면, 불교가 설한 진리는 연기에서 궁극에 달하는 듯합니다. 실제로 석존이 직접 나셨든 아니든, 결국은 깨달음을 열었든 열지 않았든, 연기는 변하지 않는 진리라고 했던 것입니다. 그렇기는 하지만 연기는 정말이지 진리일까요? 혹은 정말이지 궁극의 진리일까요?

　왜냐하면 연기의 중심은 인(因)＋연(緣)→과(果)라는 것이었습니다만, 여기에는 적어도 인과관계를 포함합니다. 이 인과관계가 참으로 성립하는가는 서양철학에 있어서 큰 문제가 되기 때문입니다. 특히 시간적인 인과관계가 어떻게 성립한다고 말할 수 있는지, 사실은 결코 간단하지 않습니다.

　돌이켜 생각하면 불교에서도, 실은 이 사실을 잘 알고 있었습니다. 그래서 때때로 인과관계는 있을 수 없다고까지 설했습니다. 이 사실은 용수의『중론』에서 두드러집니다.

정말 『중론』에서는 연기를 강조합니다. 제24장 「사성제(四聖諦)의 고찰」의 제19 계송에서는 "어떠한 법이라도 연기하지 않는 것은 있을 수 없다. 그러므로 어떠한 법이라도 공(空)이 아닌 것은 있을 수 없다."라고 합니다.

모든 것은 연기에서 생긴 것이며, 모든 것은 공(空)이라는 것입니다. 그러나 이 경우는 '공이 아닌 것', 결국 자체를 가진 것, 본체가 있는 것의 존재를 부정하기 위해서, 이것을 설하는 것으로 생각할 수 있습니다. 결국 『중론』은 머지않아 공(空) 그 자체마저 넘어가려고 하기 때문입니다.

제13장 「행(行)[saṃskāra]의 고찰」의 제7 계송에서는 "만약 어떤 것이 공(空)이 아닌 것이 있다면, 어떤 것이 공인 것이 있을 것이다. 그러나 공이 아닌 어떤 것도 존재할 수 없는 이상, 어떻게 공인 것이 존재할 수 있겠는가?"라고 합니다.

『중론』은 이러한 형식으로 공(空)도 다시 부정합니다. 물론 공이 진리가 아니라는 것은 아닐 것입니다. 그러나 그것은 어디까지나 공이 아닌 것에 대해서, 그것을 부정하는 한에서 진리입니다. 결국은 진리에도 단계성, 계층성이 있다는 것입니다.

제24장 「사성제의 고찰」의 제8 계송, 제9 계송에서는 "이제(二諦)[두 가지의 진리]에 의거해서 제불(諸佛)은 법을 설하셨다. 그것은 세간세속제(世間世俗諦)*와 승의제(勝義諦)이다. 이 이제의 구별을 알지 못하는

---

* 세간세속제(世間世俗諦): 승의제가 초세속의 궁극적인 진리를 나타내는 것에 대해서, 세속·세간에 통용하는 한도의 진리. 혹은 언어로 나타낸 진리.

사람들은 부처의 가르침 가운데의 깊은 진실을 알지 못한다."라고 합니다.

승의제야말로 궁극의 진리라는 것이지만, 『중론』은 이것을 종종 열반(涅槃)이라는 말로써 이야기하며, 그 세계는 희론적멸(戲論寂滅)의 세계[언어가 해체되지 않을 수 없는 세계]인 것을 밝히고 있습니다[제25장 「열반의 고찰」 제3 게송, 제24 게송, 그 외].

그래서 공뿐만 아니라, 연기도 또한 궁극의 진리 앞에서 사라지는 것이 됩니다. 그 주장을 몇 가지 들어봅시다.

제20장 「[인연(因緣)] 화합의 고찰」의 가운데부터입니다.

"만약 원인이 원인되는 것을 결과에 주어서 없어진다면, 준 것과 소멸한 것의 두 가지 자체가 원인에 있는 것이 될 것이다(제5 게송).

만약 원인이 원인을 과(果)에 주지 않고 없어진다면, 원인이 소멸한 것에서 생긴 그 결과는, 원인이 없는 것이 될 것이다(제6 게송).

또한 만약 결과가 [인연의] 화합과 동시에 현출하는 것이라면, 발생하는 것과 발생시키는 것이 동시에 있다고 하는 것이 될 것이다(제7 게송).

한편, 만약 결과가 화합보다 앞에 현출하는 것이라면, 그 결과는 인·연을 떠난 원인이 없는 것이 될 것이다(제8 게송).

만약 원인이 소멸한 것에 결과가 있다면, 원인의 추이가 있는 것이 될 것이다. 또한 앞서 발생한 원인이 다시 거듭 생겼다는 일이 될 것이다(제9 게송).

소멸해서 무(無)로 돌아간 것이 어떻게 생긴 결과를 생기게 하겠는가? 결과와 함께 존재하는 원인은 어떻게 [결과를] 생기게 하겠는가?(제

10 게송)

한편 과(果)와 함께 없는 그 [원인]은 어떻게 결과를 낳을 것인가? 왜냐하면 원인은 결과를 보지 못해서 생긴 것도 아니고, 보아서 생긴 것도 아니기 때문이다(제11 게송).

실로 원인과 결과가 하나인 것은 없다. 그러나 원인과 결과가 다른 것도 없다(제19 게송).

원인과 결과가 하나라면, 발생하는 것과 발생되는 것이 같게 될 것이다. 한편 원인과 결과가 다르다면, 원인은 원인이 아닌 것과 같게 될 것이다(제20 게송)."

이상의 사실상 인과관계를 고찰하는 장에서 몇 가지의 논의를 소개해보았지만, 어느 것도 인계관계라는 것은 성립하지 않는다고 주장하고 있습니다.

그 주장을 단순하게 정리해보면, 특히 시간적 인과관계라는 것을 생각했을 때에, 우선 결과보다도 뒤에 원인이 있다는 일은 물론 있을 수 없는 것입니다. 결과와 원인이 동시에 있는 것이라면, 적어도 시간적 인과관계로는 되지 않게 됩니다.

그렇다면 원인이 결과보다도 앞에 있다고 해야 할까요? 이 경우는 원인이 없어지고서 결과가 있는 것이 되겠지만, 이미 소멸해 무(無)로 돌아간 것이 어떻게 결과를 낳을 수 있을까요? 만일 실은 소멸한 것이 아니라 원인이 계속 존재하며 형태를 바꾸어 결과로서 나타난 것이라면, 어떤 것이 상주하는 상태의 하나의 모습이라는 일이 되어버려서, 인과관계 나아가서는 연기는 성립하지 않게 되어버립니다.

이와 같이 인과관계를 규명해가면, 상당히 어려운 문제에 부딪치게 됩니다. 따라서 연기라는 사실도 그렇게 함부로 말할 수 있는 것이 아닙니다. 그래서『중론』은 자꾸만 희론적멸을 말하는 것입니다.

실은 이것은 유식 쪽에서도 마찬가지로 자각하고 있습니다.『성유식론(成唯識論)』3권에서는 아뢰야식이 찰나찰나 생멸하면서 한순간의 틈도 없이 상속해가는 사실을 설명하는 가운데서 '대승연기(大乘緣起)의 정리(正理)'라는 것을 말합니다. 그 가운데에는 다음과 같은 설명이 있습니다. 조금 어렵지만, 들어둡니다.

> 마땅히 대승연기의 바른 이치를 믿어야 한다. 이 바른 이치는 깊고 묘해서 말을 떠난다. 인(因), 과(果) 등의 말은 모두 임시로 시설한 것이다. 현재의 법이 뒤의 법을 이끄는 작용이 있는 것을 관찰해서, 임시로 미래의 과(果)를 세우고, 상대해서 현재의 인(因)을 말한다. 현재의 법이 앞에 응수한 양상이 있는 것을 관찰해서, 임시로 과거의 인(因)을 세우고, 상대해서 현재의 과(果)를 말한다. 가(假)라고 함은 현재의 식(識)이 그것과 닮은 모습을 나타내는 것이다. 이와 같이 인(因)과 과(果)는 이치의 취지가 명확하다. 두 극단을 멀리 떠나서, 중도(中道)에 계합해 모이는 것이다. 지혜 있는 자들은 마땅히 수순해서 수학(修學)해야 한다. *

여기에서는 연기라는 것이 임시의 설정이라고 말하고 있습니다. 과거가 있어서, 현재가 있고, 미래도 있다면, 어떤 인과관계라는 것도 성립할지 모릅니다.

그러나 미래가 존재하지 않는 것과 마찬가지로, 과거도 존재하지 않는다면, 도대체 어떻게 인과관계는 성립할 수 있을까요? 유식은 그것을 모두 현재법(現在法) 위의 가상적 표현일 뿐이라고 합니다. 연기라는 것은 결국 현재에 다한다고 하는 셈입니다. 현재에 입각할 때, 연기라고 내세운 말도 지멸(止滅)될 수밖에 없을 것입니다. 현재라는 대상적으로는 파악될 수 없는 세계에 일여(一如)하는 것 외에, 어느 것도 진리는 아닌 것이 되어버리기 때문입니다.

그와 같이 『중론』도 『성유식론』도 연기를 궁극의 진리로서 내세우는 것은 아니고, 오히려 연기라는 것조차도 해체하는 바에서 궁극의 진리를 찾아내려고 했습니다. 그렇다면, 연기라는 것도 반드시 불교의 궁극적 진리라고만은 할 수 없다는 것도 생각해보지 않으면 안 됩니다.

화엄 연기의 특질

그러면 화엄이 설하는 중중무진의 연기는 도대체 어떤 의미를 가지는 것일까요? 여기서 저는 화엄불교 전체에 대한 시각인 오교판을 상기

---

* 新導本 『成唯識論』 卷三.

합니다. 오교판의 교상판석에서는 불교 전체를 소승교·대승시교·종교·돈교·원교의 다섯 종류로 분류했습니다.

대승불교의 대표적인 사상인 유식과 중관은 실로 대승시교에 위치됩니다. 여래장사상의 입장은 종교로 여겨집니다. 그것들은 다시 돈교에 의해서 초월되어가지만, 그 돈교의 세계란 '일념불생즉불'을 설하는 것이었습니다. 그 위에서 화엄은 원교로서 위치되고 있습니다. 곧 화엄의 중중무진 연기는 일념불생으로 궁구된 모습을 지나서, 그 후에 설한 세계라는 것입니다.

용수의 『중론』은 연기를 설하는 것 같기도 하지만, 오히려 연기라는 것조차도 해체하여 희론적멸의 팔불(八不)의 세계에 다다른 것입니다.

팔불이란, 불생(不生)·불멸(不滅), 불상(不常)·부단(不斷), 불일(不一)·불이(不異), 불래(不來)·불거(不去)라는 것입니다. 그것은 모든 이원대립(二元對立)을 넘어선 것이며, 또한 모든 대상적 비판을 넘어선 것이기도 합니다. 그 세계는 첫머리의 불생·불멸로 대표됩니다. 불생이면 불멸이기 때문에, 불생에서 궁극에 달한다고 해도 좋다고 생각합니다.

반야중관은 대승시교가 되지만, 실제로 모든 분별이 발생하기 이전의 세계를 자각했을 때, 그때는 이미 돈교의 세계에 들어갔다고 해도 좋을 것입니다.

화엄의 연기는 그곳을 통과해서 설한 연기입니다. 실제로 일단 모든 분별을 떠나고, 궁극의 진리[勝義諦]를 깨달은 뒤에는, 어떤 말을 사용하는 것도 가능해집니다.

『중론』에도 제25장 「열반의 고찰」 제24 게송에서 "[열반은] 모든 대상적 인식[有所得]이 적멸한, 희론이 적멸한, 적정(寂靜)한 것이다. 불타는 어떤 법도 어디에서든 누구에게도 설하지 않았다."라고 하는 한편, 제18장 「아(ātman)의 고찰」에서는 제6 게송에 "제불(諸佛)은 아(我)가 있다고도 가설(假設)하고, 아는 없다고도 설하고, 또한 아가 있는 것도 아니고 없는 것도 아니라고 설했다."라고 하며, 또한 제8 게송에는 "일체는 진실(tathya)이고, 일체는 진실이 아니고, 일체는 진실이고 동시에 진실이 아니고, 또한 일체는 진실이 아니고 진실이 아닌 것도 아니다. 이것이 제불의 가르침이다."라고도 합니다.

언어가 해체된 바를 끝까지 지켜보면, 거기서 자유롭게 언어를 조종하고, 표현을 전개해갈 수 있습니다. 연기라고 하는 내세운 말조차도 일단은 해체되어야 합니다. 그러나 그 뒤로는 다시 연기로 되돌아올 수 있는 것입니다. 화엄의 연기는 돈교를 거친 원교에 관한 것이기 때문에, 그와 같이 승의제를 깨달은 위에 나타나는 연기의 세계인 사실을 이해해야 할 것입니다.

그러한 연기의 특색으로서 중요한 것은, 이 연기는 이미 대상적으로 요해되어야 할 것은 아니라는 것입니다. 우리는 연기라는 사상(思想)에서, 어느덧 자기를 세계의 밖에 놔두고, 그 자기의 눈앞에 펼쳐진 세계의 모습이, 관계성의 안에 있다는 듯이 요해하여 버립니다.

그러나 일념불생을 거쳐서 보게 된 연기는, 자기도 포함하여 세계 전체가 관계성의 안에 있는 것이, 분명하게 요지되는 것과 같은 세계여야 합니다. 화엄의 연기는 대상적 세계의 사실로서 받아들일 것이 아니라, 자신도 그 안에 있는 세계 전체의 것으로서 생각되는 것이 아니면 안 됩니다.

그것은 자기로부터 세계를 보는 관점을 바꾸어서, 세계로부터 자기를 보는 관점을 취한다는 것입니다. 자기는 세계의 무한한 관계성 속에서 성립하는 자기라는 통찰이 거기서 열립니다. 자기의 한 털구멍에 세계의 모든 것이 머무는 것입니다. 세계의 모든 것에 자기가 관여하는 것입니다. 이러한 자각이 열렸을 때, 저절로 관계되는 타자에게 배려하지 않을 수 없는 삶의 방식이 촉구될 것입니다. 자비심과 한 몸이 된 보리심이라는 것이 저절로 일어날 겁니다.

그렇게 화엄의 연기설이란, 단지 세계가 관계성의 속에 있는 사실을 밝힐 뿐만 아니라, 이 주체 그 자체가 세계 속의 일원으로서 무한한 관계성 아래서 성립하고 있는 사실의 깊은 요해를 가져오도록 하는 것이라는 바에, 그 커다란 특징이 있다고 생각합니다.

중중무진 연기의 가르침

그런 세계를 화엄종에서는 십현연기무애법문의라든가, 육상원융의라든가, 사종법계설 등으로 이야기했습니다. 그 관계의 무한성을 화려하게 설한 교의(敎義)도, 화엄 연기의 커다란 특징입니다.

이것들을 다시 한번 간단하게 복습해두면, 우선 십현문이란 다음의 열 가지 문입니다. 곧 동시구족상응문·일다상용부동문·제법상즉자 재문·인다라미세경계문·미세상용안립문·비밀은현구성문·제법순 잡구덕문·십세격법이성문·유심회전선성문·탁사현법생해문입니다.

상당히 어려운 말을 쓰고 있지만, 이 법문의 근저에 있는 사고방식은 하나의 것이 다른 것과[異體], 체(體) 및 용(用)으로 서로 관계되는 동시에 하나의 것 안에서[同體], 그 자신이 그 안에 갖춘 다른 것의 요소와 체 및 용으로 서로 관계하는 것입니다.

이때 어떤 하나의 것 가운데서 다른 모든 것의 요소를 보게 됩니다. 곧 모든 것은 스스로에 닫힌 것이 아니라 다른 것에 열려 있는 존재라는 사실입니다. 자기에 관해서도 본래부터 타자의 요소를 자기 안에 풍부 하게 가지는 것이어서, 세계 안의 한 존재인 동시에 원래부터 모든 타자 에게 열려진 존재인 사실이 보일 것입니다.

육상원융의는 총상·별상·동상·이상·성상·괴상의 여섯 가지 상 (相)의 관점에서 전체와 그중에 어떤 하나의 구성요소와의 관계를 보고 가는 것으로, 또한 이것을 통해서 어떤 하나의 구성요소와 다른 구성요 소와의 관계도 봐가는 것이었습니다.

거기서는 예를 들어 전체는 하나의 구성요소와 다름없다고 합니다. 구성요소의 하나하나가 각각 전체이고, 동시에 다른 전체의 구성요소 그 자체로도 존재한다고 합니다. 이것은 집을 예로 이야기 되었습니다 [제9장 참조]. 그 비유를 들어서 자기가 둘도 없는 자기이기 때문에 전체이며, 동시에 다른 모든 주체와 상즉·상입해 있는 사실을 생각해야 할 것입니다.

그리고 사법계설은 사법계·이법계·이사무애법계·사사무애법계라는 네 가지의 법계관으로 이루어졌습니다.

이사무애법계란 이른바 절대와 상대가 융합되어 있는 상황이지만, 거기에서 다시 사사무애법계로 나아갑니다. 그러면 理가 사라져버린, 절대가 사라져버린 서로 무한히 관계해 어우러진 세계만이 남습니다. 이 사실을 자신에게 끌어당겨 생각하면, 자기의 근저에 근저 없음[無底]을 지닌 절대적으로 자유로운 주체가 성립하고, 그런데도 그 각각이 서로 관계하면서 세계를 형성한다는 사실이 됩니다.

사사무애의 事 하나에서 자기가 발견되어오는 것입니다.

니시다 철학의 개요

이상으로 화엄 연기사상의 특질을 불교 연기사상의 여러 모습 가운데에 위치시켜보았습니다.

마지막으로 이 화엄의 세계관을 현대의 사상 상황에 있어서 어떻게 평가해야 할까요? 이 문제는 냉정하게 깊이 구명해보아야 합니다만, 적어도 현대사회로의 길을 주도해온 근대 합리주의의 분할하면서 지배하는[divide and rule] 입장에 깊은 반성을 촉구하는 사실은 틀림이 없다고 생각합니다. 다시 한번 여기서 일본의 철학자 니시다 기타로(西田幾多郎)의 사상과 비교하면서, 화엄사상을 생각해보려고 합니다.

니시다의 서재에는 『화엄경탐현기』가 있었다고 합니다. 그것은 꽤 어린 시절, 아직 학생 시절에 구입한 것이었다고 합니다. 아마 니시다는 화엄의 세계관에 큰 관심을 품고 있었던 듯합니다. 다만 그 후에 철학의 길로 나아갔기 때문에, 화엄불교에 대해서 전문적으로 공부한 사실은 역시 없었다고 생각합니다.

그렇다고 해도 니시다는 자신의 철학이 어딘가에서 화엄과도 가깝다고 느꼈던 듯합니다. 시마타니 슌조우(島谷俊三)는 다음과 같이 니시다의 말을 전합니다. "서양에는 아리스토텔레스 이래로, 일관된 논리라는 것이 있어서, 정치도, 경제도, 문화도, 모두 거기서 생각해내는데, 그런데 동양에는 그런 것이 없다. 그러나 만일 동양에는 동양의 사물을 생각하는 방식이 있다면, 생활에 관한 모든 것이 그것에 의해서 생각된다는 것과 같은 논리가 밝혀지지 않으면 안 된다. 화엄이나 천태의 논리라는 것도 어느 정도 그것에 가까운 것이지만, 나의 일생의 일이라고 하면, 그것을 찾았다는 그 사실뿐이다."*

니시다는 니시다 독자적으로 동양이나 일본의 독특한 시각에서 논리적인 표현을 부여하려고 했던 것입니다. 거기에는 천태나 화엄이 가까운 바가 있다고 느꼈던 것입니다.

---

* 「先生に叱られた話その他」, 務台理作他 編, 『西田幾多郎(その人と学)』, 大東出版社

그러면 니시다의 철학이란 어떤 것일까요? 이하는 전적으로 제 나름의 이해에 지나지 않습니다만, 간추려 적어봅니다.

니시다는 언제나 이 현실세계의 논리구조라는 것을 생각하고 있습니다. 그것은 개물(個物)과 개물이 더불어 서로 작용해 맞는 세계라고 생각합니다. 그 경우에 단순한 物과 物이 서로 작용해 맞는 것은, 물리적인 운동에 지나지 않고, 참으로 서로 작동해 맞는 세계라고는 할 수 없습니다.

주체적으로 자기의 모습을 결정하고, 타자와 자기의 관계를 결정해서, 타자를 규정해나가는, 그러한 주체 그 자체가 서로 작동해 맞는 세계, 그것이 현실세계라고 합니다. 그러니까 니시다가 말하는 개물(個物)이란, 그와 같이 자기의 존재 방식을 스스로 결정하여 세계를 규정해가는 것을 말하는 것으로, 요컨대 자기라고 바꾸어 말할 수 없는 것입니다.

현실세계는 단순한 물리적·기계적 운동의 세계가 아니라, 많은 주체[自己]가 서로 작용해 맞는 세계여서, 그러한 주체 그 자체, 바꾸어 말하면 개물의 존재는, 논리적으로 어떻게 생각할 수 있을까요?

보통 개물은 일반자(一般者)를 한정해가서 그 극한에서 생각될 수 있습니다. 예컨대 인류라는 하나의 일반자가 있습니다. 그것을 한정해 동양인이라는 일반자를 생각하고, 더욱 한정해 일본인이라는 일반자를 생각할 수 있습니다. 이렇게 한정을 더해가 그 극한에서 개인[個物]을 생각할 수 있는 것입니다.

그러나 니시다는 아무리 일반자를 한정해도, 그것이 일반자의 한정으로서 생각될 수 있는 한, 진실한 개물로는 생각될 수 없다고 합니다. 정말 개물은 일반자로 있습니다. 인간이라는 종(種)을 떠난 개인은 있을 수 없듯이, 일반자를 떠난 개물이라는 것은 있을 수 없습니다. 그러나 일반자를 한정한 앞에 생각될 수 있는 것은, 무언가 일반자로 규정될 뿐인 것으로, 참다운 개물이라고는 할 수 없는 것입니다.

여기서 니시다는 개물은 결국 궁극적으로 유(有)의 일반자를 일반자의 방향에서 초월한 무(無)의 일반자로 있는 것이라고 생각합니다. 곧 무(無)의 일반자로 있기 때문에, 스스로 자기를 규정할 수 있는 자유를 지닌 주체, 참다운 개물이 성립한다는 것입니다.

그 궁극적 무(無)의 일반자가 종교적으로는 신(神)[절대자(絶對者)]이 됩니다. 그 부근을 니시다는 다음과 같이 말합니다.

"절대는 어디까지나 자기부정에 있어서 자기를 가진다. 어디까지나 상대적으로, 자기 자신을 뒤집는바에, 참다운 절대가 있는 것이다. 참다운 절대적 일(一)은 참다운 개물적 다(多)에서 자기 자신을 가진다."

"그러므로 위에서와 같이 우리의 개적(個的) 자기, 인격적 자기의 성립의 근저에는, 절대자의 자기부정이라는 것이 없으면 안 된다. 참다운 절대자란, 단순히 자기 자신의 상대를 끊는 것이 아니다. 어디까지나 자기 자신 안에 자기부정을 품고, 절대적 자기부정에 대한 사실에 의해 절대의 부정즉긍정적(否定卽肯定的)으로 자기 자신을 한정하는 것이다. 관계된 절대자의 자기부정에 있어서, 우리의 자기 세계, 인간의 세계가 성립하는 것이다. 관계된 절대적(絶對的) 부정즉긍정(否定卽肯定)이라는 것이 신(神)의 창조라고 하는 것이다."*

이렇게 해서 우리의 개물(個物)[진실한 자기]은 절대자의 자기부정
[절대무(絶對無)]에서 존재하는 것이라고 이야기합니다.

무엇보다도 절대자의 자기부정으로 개물적 다(多)가 성립하는 것입니
다. 혹은 개물이라는 것이 성립하는 국면을 생각했을 때, 개물은 개물에 대
해서 개물이라는 사실이 되지 않을 수 없다고, 니시다는 말합니다. 왜냐하
면 단지 하나의 개물은 어떤 것도 아닌 것과 다름없습니다. 또한 두 개의
개물은 하나의 것의 양단(兩端)으로 생각될 수 있어서, 역시 참다운 개물
이라는 것이 되지 못합니다. 거기에 타자[제삼자(第三者)]가 들어오는
사실에 의해서, 둘도 없는 개물이 생각되어온다고 합니다. 그러한 까닭
으로, 유일한 존재라고 해야 할 개물은 오히려 다른 개물에 대한 바에 의
해서야말로 참다운 개물이 됩니다.

니시다에 의하면, 개물은 그러한 논리구조를 가지고 있다고 합니다.
이렇게 해서 "개(個)**는 개(個)에 대해서 개(個)다."라고, 니시다는 강조
합니다.

그러면 니시다의 개물은 절대의 무(無)에서이며, 저 다른 개(個)에 대
해서 있다는 것이 됩니다. 전자는 말하자면 이사무애입니다. 그런데도
니시다의 절대자는 자기를 부정해서 절대의 무로 되는 것이기 때문에,
자기를 지우는 것이기도 합니다. 이것은 이사무애에서 사사무애로 理

---

* 「場所的論理と宗教的世界觀」, 『西田幾多郎全集(第十一卷)』, 岩波書店.
** 개(個): 하나하나의 사물·사람.

가 사라지는 사실과 동일하게 됩니다. 법장도 "진여는 자성을 지키지 않는다."라고 했습니다.

동시에 개(個)는 개(個)에 대해서 개(個)라는 것은 다른 개(個)와 관계해서 비로소 개(個)인 사실을 말하는 것이어서, 관계 속의 개물(個物)을 주장하는 것입니다. 이 사실은 바로 사사무애법계와 대응한다고 볼 수 있습니다.

이렇게 보면 니시다 철학과 화엄사상은 확실히 가깝고 서로 통한다고 하지 않을 수 없습니다. 니시다는 역시 화엄사상에서, 어떤 형태로든 영향을 받고 있었을지도 모릅니다.

니시다의 불교비판과 화엄

그렇지만, 그럼 완전히 같은가 하면, 역시 다르다고 하지 않을 수 없는 면도 있습니다. 그것은 일단 연기 가운데 事와 현실세계 가운데 개물의 차이라고 할 것입니다.

저는 화엄의 연기는 대상계의 사실이 아니라, 주체[自己] 그 자체가 거기에 조직한 것과 같은 세계의 사실이라고 말했습니다. 또한 사사무애의 事는 단순한 '物'이 아니라, 주－객 상관적인 것이어서, 자기 그 자체라고도 생각할 수 있는 것으로 설명했습니다.

그러나 그렇다고 해도 전체적 인상으로서, 아무래도 화엄의 세계관에서는 하나의 事가 다른 事를 규정해나가며 전체 관계를 바꾸어간다는, 하나의 事의 주체적인 방면이 그다지 강조되지 않습니다. 원래 시간적·공간적으로 중중무진의 관계를 조직한 화엄의 세계에서는 하나하나의 事가 염념(念念)[瞬間瞬間]으로, 새로운 관계를 만들어간다는 사실이 강조되어도 좋을 것이지만, 어딘가 그 부근의 시점에 부족한 감이 있습니다. 단지 일즉일체·일체즉일, 일입일체·일체입일의 화려한 연기가 설해지고, 그 중중무진성(重重無盡性), 무한성(無限性)으로의 언급만이 고조됩니다.

대체로 불교의 연기사상에서는 인과(因果)의 대응관계를 법(法)에 있어서 거의 고정적으로 생각하고, 어떤 인(因)에 어떠한 연(緣)이 게재되면 어떤 과(科)가 있는가라는 사실을 기계적으로 해명해도, 어떤 과(果)를 어떻게 창조해갈까라는 발상을 그다지 하지 않는 듯합니다.

이것에 대해 니시다의 개물은 어디까지나 스스로 자기 자신을 결정해가는 주체 그 자체인 것이었습니다. 그것은 또한 자기와 타자의 관계를 새롭게 다시 규정하는 것이어서, 이미 형성되어 있는 관계 그 자체를 다시 규정하고, 바로 세우고, 창조해가는 주체입니다.

곧 이 세계의 역사적 현실을 어떻게 미래로 향해 창조해나갈지, 그 주체의 일을 충분히 고려한 것입니다. 거기에 큰 특징을 볼 수 있습니다.

니시다는 화엄사상에 친밀감을 느끼고는 있어도, 불교가 역사에 관계되는 주체를 결여하고 있다는 문제를 알아차리고 있었습니다. 다음과 같은 말에서 니시다의 불교관을 엿볼 수 있습니다.

대략적으로 말하면, 서양논리는 物을 대상으로 한 논리이며, 동양논리는 心을 대상으로 한 논리라고도 생각할 수 있을 것이다. 心을 대상으로 한 논리라는 것은 없고, 논리는 언제나 객관적 대상의 논리가 아니면 안 된다는 것도 있다. 그러나 우리들의 자기라는 것도 역사적 세계에 있어서 사물(事物)이다. 그 한에서 생각되는 것, 논해지는 것으로 있다. 그리고 物이라는 것도 실은 역사적 세계에 있어서의 사물에 다름 아니다. 도무지 자기라는 것을 떠나서, 단순한 物이라는 것은 없다. 모든 것이 역사적 사물의 논리에 포함되지 않을 수는 없다. 나는 불교논리에는 우리들 자기를 대상으로 하는 논리, 心의 논리라는 것과 같은 맹아가 있다고 생각하지만, 그것은 오직 체험이라는 것과 같은 것 이상으로 발전하지 못했다. 그것은 사물의 논리라는 것까지 발전하지 못했다.*

이 마지막 '사물의 논리'란 그 앞에 나온 '역사적 사물의 논리'를 말할 것입니다. 요점은 불교는 역사라는 사실, 세계를 창조적으로 만들어가는 사실을 생각하지 않는다는 것입니다. 또한 다음과 같은 말도 합니다.

그 원천을 인도에서 일으킨 불교가 종교적 진리로서는 심원한 것이지만, 출리적(出離的)임을 면할 수 없다. 대승불교라고 해도 참으로 현실적으로는 도달하지 못했다. 일본불교에 있어

---

* 「日本文化の問題」, 『西田幾多郎全集(第十二巻)』, 岩波書店.

서는 신란(親鸞) 성인의 뜻 없음을 뜻으로 하거나, 자연법이(自
然法爾)라는 바에, 일본정신적으로 현실이 곧 절대로서, 절대
의 부정이 곧 긍정인 것이 있다고 생각하지만, 종래는 그것이
적극적으로 파악되고 있지 않다. 단지 절대적 수동이라든가,
단지 비합리적으로 무분별하다고만 풀이되어 있다. 나는 이
에 반해 참다운 수동에서는 참다운 절대적 능동이 나오지 않
으면 안 된다고 생각한다.*

니시다는 불교가 출리적이어서, 대승불교라 할지라도, 참으로 현실
적으로는 도달하지 못했다고 합니다. 역사의 창조에 관여하는 주체가
불교에서는 나오고 있지 않다고 하는 것입니다. 그것을 다시 생각하려
고 니시다 철학이 발생한 것이었습니다. 그 특징을 한마디로 말하면, 인
간존재를 종교적인 깊이로부터 바라보면서도, 역사적 현실의 주체로
서 파악해간다고 하는 것입니다.

이상의 니시다의 불교비판을 받아낼 때, 불교의 과제는, 이 현실세
계 그 자체의 역사를 창조해나가는 주체를, 어떻게 명확하게 내세울 수
있는가에 있다고 생각합니다. 확실히 이 사실은 매우 중요해서 진지하
게 생각해가지 않으면 안 되는 문제일 것입니다.

돌이켜 화엄사상을 다시 한번 생각해보면, 이 입장으로부터 그 사실
을 생각해가는 일은 충분히 가능하다고 생각합니다. 사사무애의 事는

---

* 「場所的論理と宗教的世界観」,『西田幾多郎全集(第十一巻)』, 岩波書店.

자기[니시다의 개물]로 보아야 하고, 각각의 자기가 보리심을 내서 보살도를 걸어갈 때, 그 사실이 타자에게도 큰 영향을 주고, 또한 현실적·구체적으로 세계를 창조해가는 길도 열려가는 것이 아닐까요? 그것만으로는 바로 역사에 관계된 것은 아니라고 해도, 그 시점에서부터 현실세계와 연결되어 갈 수는 있다고 생각합니다.

지금이야말로 불교는 다른 종교나 철학사상과 대화를 깊게 하면서 자신의 과제 해결을 향해 도전해나가야 할 것입니다.

하여간 화엄이라고 하는, 이 유례가 드문 심원한 사상을 현대에 어떻게 살려 나갈 것인가, 이 사실은 깊이 물어져야 합니다.

후기

인도 대승불교에서 『화엄경』이라는 경전이 제작된 사실은 잘 알려져 있다고 생각합니다. 그러나 그것은 분량이 너무 많은 탓인지 혹은 이 경전에 의거해 민중에게 광범위하게 침투한 종파가 성립하지 않았던 탓인지 『화엄경』의 내용이 친숙하게 알려져 있지는 않다고 생각합니다.

그 『화엄경』에 근거하여 중국에서 화엄종이 성립하고, 일본에서는 주로 도다이지에서 계속 깊이 연구되어왔지만, 그 사상 내용은 너무나도 깊어서 역시 사람들에게 널리 전해진 적은 없었던 듯합니다. 다만 도다이지의 대불은 『화엄경』의 교주인 비로자나불을 본뜬 사실은 알고 계신 분도 많을 것입니다.

『화엄경』의 사상과 화엄종의 사상을 합해서 화엄사상이라고 부르려고 합니다. 실제로 그것은 일본의 불교 제종(諸宗) 가운데에 모습을 숨기면서 깊이 흘러들어 있습니다. 신란의 '여래등동' 사상, 도겐의 '수증일등' 사상 등에서도 그 사실이 인정되고, 특히 구카이의 밀교적 세계관은 화엄사상 그 자체의 한 변형이라고 해도 과언은 아닐 듯합니다. 그와 같이 일본의 불교를 깊이 파악하기 위해서는 화엄사상의 요해가 불가결할 것입니다.

한편 화엄사상의 핵심은 일즉일체·일체즉일, 일입일체·일체입일이라는 무애자재한 연기, 중중무진 연기의 사상에 있습니다. 그 세계관은 현대사회의 여러 가지 부(負)의 면을 산출해온 근대 합리주의의 사고방식을 다시 살핌에 있어서 많은 참조가 될 것입니다. 최근 자주 강조되는 생태학적인 시점은 이 화엄사상과 서로 꽤 겹치는 것입니다. 화엄사상은 현대사회에서도 극히 매력적인 측면을 가지고 있습니다.

그러한 의미에서 화엄사상은 매우 중요하고 흥미 깊은 것이라고 생각합니다. 작년도(2002년 4월에서 2003년 5월까지) NHK 텔레비전의 '마음의 시대(こころの時代)'에서 화엄사상에 대해서 말씀드렸을 때, 그 텍스트 부독본을 만들었습니다. 본서는 그것을 기초로 해서 단행본으로서 간행한 것입니다. 그 성격상 되도록 쉽게 해설하려고 노력했습니다. 현재 화엄사상에 관한 평이한 해설서가 적은 상황 속에서, 그 간편한 입문서의 하나로서 활용하면 좋겠다고 생각합니다.

최근 10년 이상 츠쿠바대학·도요대학의 대학원 수업을 통하여 학생들과 함께 법장이나 교넨의 저작 등 화엄 관계의 문헌을 많이 읽어왔습니다. 본서에는 그 성과가 어느 정도 포함되어 있다고 생각합니다. 사사무애법계의 구조를 해명하는 십현·육상의 법문에 대해서, 비교적 세밀히 그 논리를 추적해본 것도, 그러한 배경이 있어서입니다.

그러나 아직도 그 입구에 선 정도이므로, 앞으로도 화엄사상의 깊은 뜻을 더욱 깊이 연구하여 밝혀 나가려고 합니다. 동시에 그 현대적 의의나, 특히 유의할 점 등에 대해서도 더욱더 고찰해나가려고 생각하고 있습니다.

마지막으로 방송의 기회를 주신 NHK의 다노코 쇼지(田遺祥二)씨, 본서의 간행에 진력해주신 슌쥬사(春秋社) 편집부의 사토 키요야스(佐藤清靖)씨, 그 외 여러 가지지로 신세를 졌던 많은 관계자 여러분께, 깊이 감사드립니다.

2004년 1월 11일

츠쿠바시 고도암(故道庵)에서

다케무라 마키오

신장판에 붙여

이번에 졸저『화엄이란 무엇인가』의 신장판(新裝版)을 세상에 내놓게 되었습니다. 이 책은 구판 후기에도 있듯이, 원래 2002년도에 교육텔레비전(현, Eテレ)의 '마음의 시대(こころの時代)'에 1년간 출연했을 때의 텍스트 상하 두 권을 합쳐서, 2004년에 슌쥬샤(春秋社)에서 단행본으로 출판했던 것을 바탕으로 한 것입니다. '마음의 시대'에서는 전반부에『화엄경』의 간략한 해설, 후반부에 화엄종의 화엄사상 해설했고, 본 서도 그와 같이 구성되었습니다.

한마디로 불교라고 하더라도, 석존 자신의 가르침뿐만이 아니라, 그 후의 이른바 소승불교의 가르침, 대승불교의 가르침, 심지어는 밀교의 가르침까지 각각 독자적인 특질을 가집니다. 또한 대승불교 가운데서도 중관(中觀)[삼론(三論)], 유식(唯識)[법상(法相)], 천태(天台), 화엄(華嚴) 등 다채로운 내용을 지니고 있습니다. 각각 철학적으로도 고도의 사상을 전개한 것이지만 자기 자신의 궁극적 구원을 구하는 입장에서는 그들 가운데서도 어떤 불교에 근거해야 하는지를 진지하게 물었을 것입니다.

중국에서는 전체 불교 가운데 각각의 불교를 독자적인 관점에서 분류하여, 사상의 심천(深淺), 고저(高低)를 위치시키는 일이 활발히 이루어졌습니다. 그것을 '교상판석'이라고 합니다. 화엄종 자신은 소승교·

대승시교·종교·돈교·원교라는 오교판의 교상판석을 제시하여, 그 가장 높은 위치의 원교에 동교일승의 천태와 별교일승의 화엄을 두어서, 화엄종의 가르침을 불교 가운데서 최고의 가르침이라고 주장합니다. 그것은 실재와 현상, 절대와 상대가 융즉하고 또한 현상 혹은 상대의 하나하나가 중중무진하게 관계하는 것을 밝히고 있는 점, 누구나 불성을 가지고 있어서 화엄의 가르침에 따르면 성불을 삼생에서 실현하는 점 등에 근거한 것이라고 생각합니다.

홍법대사 구카이는 『비장보약』 및 『비밀만다라십주심론』에서 십주심(十住心)[얕고 깊음, 높고 낮음의 관점에서 볼 때 열 가지 마음의 모습을 설한 것]의 체계를 말하여 독자적인 밀교를 설했지만, 그 교상판석에서도 화엄종의 가르침은 현교 가운데서 최고의 가르침이라고 평가합니다. 화엄종의 삼생성불의 사상은 밀교의 즉신성불의 사상에 한없이 가깝고, 밀교의 만다라 세계관은 화엄종의 사사무애법계의 사상을 인인무애(人人無礙)로 번안한 것이라고 할 수 있습니다. 화엄사상과 밀교사상과는 꽤 가까운 것이 있고, 구카이는 도다이지의 별당이 되기도 해서, 진언종의 이해에도 화엄종의 교의 이해는 빠뜨릴 수 없습니다.

또한 전교대사 사이쵸도 『법화경』에 기초해서 즉신성불이 가능한 것을 설하여 이른바 획기적인 법화불교를 창시했지만, 그 배경에는 화엄종 사상의 해독·섭취도 있었습니다.

물론 불교 전체에 대한 견해는 다양하게 있을 수 있고 화엄종이나 밀교의 사상적인 입장만이 바른지는 논란이 있습니다. 그러나 화엄종의 교의에서는 대승불교의 가운데서도 매우 깊은 철학이 들어 있다는 사실은 틀림없을 것이라고 생각합니다.

한편 오늘날 지구사회에서는 빈부격차나 빈곤의 문제, 환경 문제 등 여러 가지 심각한 문제가 가로놓여 있습니다. 동시대에 있어서 다른 사람들과의 공생 또한 자연환경과의 공생, 게다가 미래세대의 사람들 및 환경과의 공생이 큰 과제가 되고 있습니다. 현대에 있어서 공생의 의미는 "자신과 타자가 융합하는 공동체로 회귀하는 바람이 아니라, 타자된 존재와의 대립 긴장을 받아들이고, 거기에서 풍부한 관계성을 창출하려는 영위이다."라고 합니다[井上達夫, 『岩波哲学・思想事典』, '共生']. 화엄의 중중무진 연기사상은 바로 이 점을 뒷받침하는 이론이고, 현대에 서야말로 그 의미가 재인식·재평가되어도 좋을 것이라고 생각합니다.

그와 같이 화엄사상은 불교사상 가운데서도 매우 중요한 것이어서, 졸저는 어쩌면 여러 미비점이 있어도 『화엄경』과 화엄사상의 비교적 쉬운 해설서가 되고 있다고 생각하기 때문에, 많은 사람들이 읽어주시면 다행으로 생각하겠습니다.

마지막으로 이번 졸저의 신장 출판에 힘써주신 슌쥬사의 칸다 아키라(神田明) 회장, 리전 코와(澤畑古和) 사장, 사토 키요야스(佐藤清靖) 편집부장, 편집부 토요시 유오(豊嶋悠吾) 씨께 깊은 감사를 드립니다.

2017년 3월 25일

츠쿠바시 고도암에서

다케무라 마키오

356

저·역자 소개

다케무라 마키오 竹村牧男

1948년 도쿄 태생으로 도쿄대학 문학부 인도철학과를 졸업하였다. 문화청 종무과 전문직원, 미요대학 조교수, 츠쿠바대학 교수, 도요대학 교수를 거쳐서 현재 도요대학 학장이다. 전공은 불교학·종교철학. 유식사상 연구로 문학박사학위를 받았다. 저서로는 『유식삼성설의 연구』, 『유식의 구조』, 『『성유식론』을 읽다』, 『『화엄오교장』을 읽다』, 『『대승기신론』을 읽다』, 『종교의 핵심: 니시다 기다로와 스즈키 다이세쓰에게서 배우다』, 『마음이란 무엇인가: 불교의 탐구에서 배우다』, 『일본 정토교의 세계』, 『대승불교의 마음』, 『입문 철학으로서의 불교』, 『일본불교 사상의 발자취』, 『부디스트·에코로지─공생·환경·생명의 사상』 외에 다수가 있다.

조배균 趙培鈞

성균관대학교를 졸업하고, 전남대학교 대학원에서 철학박사학위를 받았다. 화엄사상을 중심으로 불교철학을 공부하고 있으며, 현재 전남대학교 철학과 BK21플러스 학술연구교수이다. 논문으로는 「『화엄오교장』「삼성동이의」에서 법장의 구상」(『범한철학』 69집, 2013), 「십중유식설로 보는 법장의 포월논리」(『불교학연구』 38호, 2014), 「『화엄오교장』「심식차별」 논의에 대하여」(『동아시아불교문화』 19집, 2014), 「법장 연기인문육의법의 화엄학적 해명」(『동아시아불교문화』 32집, 2017), 「화엄사상의 포월 구도: 사사무애설을 중심으로」(『동아시아불교문화』 37집, 2019)가 있다.

화엄이란 무엇인가

초판인쇄 2019년 9월 23일
초판발행 2019년 9월 30일

저   자 다케무라 마키오(竹村牧男)
역   자 조배균
펴 낸 이 김성배
펴 낸 곳 도서출판 씨아이알

책임편집 박영지, 최장미
디 자 인 김진희, 윤미경
제작책임 김문갑

등록번호 제2-3285호
등 록 일 2001년 3월 19일
주   소 (04626) 서울특별시 중구 필동로8길 43(예장동 1-151)
전화번호 02-2275-8603(대표)
팩스번호 02-2265-9394
홈페이지 www.circom.co.kr

I S B N 979-11-5610-760-6 93220
정   가 22,000원